法|学|研|究|文|丛
——诉讼法学——

民事诉讼程序繁简
分流改革研究

徐 卉 等◎著

知识产权出版社
全国百佳图书出版单位
—北京—

图书在版编目（CIP）数据

民事诉讼程序繁简分流改革研究 / 徐卉等著 . —北京：知识产权出版社，2023.1
ISBN 978-7-5130-8534-2

Ⅰ . ①民…　Ⅱ . ①徐…　Ⅲ . ①民事诉讼—诉讼程序—体制改革—研究—中国
Ⅳ . ① D925.118.4

中国版本图书馆 CIP 数据核字（2022）第 253299 号

内容提要

本书立足中国民事诉讼程序繁简分流改革实践，以司法确认、完善小额诉讼程序、完善简易程序规则、扩大独任制适用范围、健全电子诉讼在试点法院的改革推进为研究内容，对民事诉讼程序繁简分流改革展开实证研究，同时对域外的相关理论与制度规范进行比较研究；通过实证分析与效果评估，对我国民事诉讼程序繁简分流改革从价值目标、制度衔接、效果实现程度、继续推进方案等予以系统总结并作前瞻性分析，以期为进一步深化民事诉讼程序改革提供经验支持和理论支撑。

本书可供法学研究人员和法律实务人员等阅读参考。

责任编辑： 龚　卫　　　　　　　　　　　**责任印制：** 孙婷婷
封面设计： 智兴设计室

民事诉讼程序繁简分流改革研究
MINSHI SUSONG CHENGXU FANJIAN FENLIU GAIGE YANJIU

徐　卉　等著

出版发行：知识产权出版社 有限责任公司	网　　址：http：//www.ipph.cn	
	http：//www.laichushu.com	
电　　话：010-82004826		
社　　址：北京市海淀区气象路50号院	邮　　编：100081	
责编电话：010-82000860转8120	责编邮箱：gongway@sina.com	
发行电话：010-82000860转8101	发行传真：010-82000893	
印　　刷：北京建宏印刷有限公司	经　　销：新华书店、各大网上书店及相关专业书店	
开　　本：880mm×1230mm　1/32	印　　张：9.5	
版　　次：2022年12月第1版	印　　次：2022年12月第1次印刷	
字　　数：226千字	定　　价：58.00元	

ISBN 978-7-5130-8534-2

前　言

2019 年，习近平总书记在中央政法工作会议上指出："要深化诉讼制度改革，推进案件繁简分流、轻重分离、快慢分道。"❶党的十九届四中全会对完善正确处理新形势下人民内部矛盾有效机制作出部署，要求完善人民调解、行政调解、司法调解联动工作体系，完善社会矛盾纠纷多元预防调处化解综合机制，努力将矛盾化解在基层。❷习近平总书记和党中央对深化诉讼制度改革、完善矛盾纠纷化解机制提出了明确要求，指明了方向。为进一步从诉讼制度和机制层面提升司法效能，满足信息化时代人民群众高效、便捷、公正解决纠纷的需求，有必要改进和完善部分民事诉讼程序

---

❶《对〈关于授权在部分地区开展民事诉讼程序繁简分流改革试点工作的决定（草案）〉的说明》，2019 年 12 月 23 日最高人民法院院长周强在第十三届全国人民代表大会常务委员会第十五次会议上的讲话，载全国人大网 http://www.npc.gov.cn/npc/c30834/201912/d610dc027bd74271afa7c7ba2c70af74.shtml，最后访问日期 2022 年 9 月 1 日。

❷ 周强向全国人大常委会作关于开展民事诉讼程序繁简分流改革试点工作的说明推进繁简分流 满足人民群众多元司法需求［N］.人民法院报，2019-12-24.

规则。●2019 年 12 月，十三届全国人大常委会第十五次会议作出
《关于授权最高人民法院在部分地区开展民事诉讼程序繁简分流改
革试点工作的决定》。随着 2020 年 1 月最高人民法院印发《民事诉
讼程序繁简分流改革试点方案》，并据此制定了《民事诉讼程序繁
简分流改革试点实施办法》，为期两年的"试点"正式启动，而该
机制在法院如何构建已成为深化民事诉讼制度改革重大理论与实践
课题。

　　关于民事诉讼程序的繁简分流建构，国内研究方面，自 21 世
纪初，伴随多元化纠纷解决理念的兴起，已有学者指出：原有审判
制度的局限性已无法有效满足纠纷数量、诉讼类型与日俱增下新的
社会需求，单一程序和单一价值取向设置纠纷解决机制不能实现程
序正当化，应构建多类型、多层次民事司法救济体系。❷随着法院
案多人少的矛盾持续加剧，通过繁简分流机制实现程序体系的完善
进而提升司法效能，应成为民事诉讼制度改革的新路径。对此，学
者认为：程序设计应考虑纠纷性质、争议事项重要性、复杂程度、
争议金额等因素；在明晰各自本质属性、功能定位基础上，遵循解
纷方式与纠纷类型相适应，实现两者关系的科学化。在制度层面上
应建构先行调解的分流机制。一方面，设立常设性法院附设调解机
构及其可持续发展是关键；❸简易程序应与独任制分离，以利益衡量

　　●《对〈关于授权在部分地区开展民事诉讼程序繁简分流改革试点工作的决定（草
案）〉的说明》，最高人民法院院长周强 2019 年 12 月 23 日在第十三届全国人民代表
大会常务委员会第十五次会议上的讲话，载全国人大网 http：//www.npc.gov.cn/npc/
c30834/201912/d610dc027bd74271afa7c7ba2c70af74.shtml，最后访问日期 2022 年 9 月 1 日。
　　❷ 傅郁林 . 繁简分流与程序保障 [J] . 法学研究，2003（1）.
　　❸ 徐卉 . 先行调解的规范与适用 [N] . 人民法院报，2012-10-17.

确定其适用范围和正当性标准；小额诉讼应以诉讼费用为杠杆，体现大众化、简易化、快捷化，其功能应作单一化设定，并建立独立诉讼程序、审理规则和救济途径；小额、简易、普通程序的转换应赋予当事人申请权，法院依职权行使应征得当事人同意。❶在现代科技背景下进行司法创新，应通过立法明确电子诉讼的技术规制方法与限度，通过阶段细分引入技术措施，使其适应不同的程序保障要求。❷但也有学者提出：以分流案件、分解司法压力为目标引入小额诉讼，其强制适用和一审终审限制了当事人诉讼权利，加剧强制调解，降低裁判品质；简易程序扩大将引发"效率性高"与"公信力低"悖论等问题。❸

　　另一方面，在域外，繁简分流改革源于对诉讼迟延、费用高昂等关于民事诉讼制度弊端的探讨。对此，学者指出：诉讼成本应受到长期关注；民众有权利期待提供保护其合法权益的合理程序；应根据诉讼标的额和复杂程度确定不同标准诉讼程序，用于解决给定法律争议的程序应与争议价值、重要性和复杂性成比例；❹民事诉讼制度应发挥大量吸收并处理日常生活简单小额纠纷的解纷功能，进而达到法院亲近市民之目的。伴随"管理型司法""费用相当性理论"的兴起，自 20 世纪 90 年代，围绕提高司法效能、降低诉讼成

❶ 范愉.小额诉讼程序研究［J］.中国社会科学，2001（3）；肖建国，刘东.小额诉讼适用案件类型的思考［J］.法律适用，2015（5）.
❷ 王福华.电子诉讼制度构建的法律基础［J］.法学研究，2016（6）.
❸ 范愉.司法资源供求失衡的悖论与对策：以小额诉讼为切入点［J］.法律适用，2011（3）；李浩.宁可慢些，但要好些：中国民事司法改革的宏观思考［J］.中外法学，2010，22（6）.
❹ 孙永军.微观的司法管理：基于英美民事司法的考察［J］.北京政法职业学院学报，2019（3）.

本，各国纷纷对民事诉讼程序体系进行立法完善，如美国 1990 年颁行的《民事司法改革法》、德国 1990 年颁行的《司法简便化法》、日本 1998 年颁行的新《民事诉讼法》、英国 1999 年颁行的《民事诉讼规则》等。可以看到，各国民事诉讼程序繁简分流机制的构建，均凸显出其对自身国情、诉讼理念、司法传统审判制度的传承，特别是在司法技术、运作成本、资源配置、运作效能等多方面的充分考量。❶

作为一项重要的制度安排，民事诉讼程序繁简分流在我国已有诸多理论积累和实践探索，但仍存在不足。实践中，体现为法律依据不充分、操作规则不明确、实践做法不一致以及过分追求指标效应的现象。同时，诉前解纷机制衔接不畅，质量、效能尚未得到有效提升；司法确认范围狭窄，适用率低；简案、繁案的甄别适用标准模糊；小额诉讼门槛过高，无法消除当事人对于一审终审的顾虑；简易程序适用不合理，庭审程序与裁判文书的简化不规范；独任制与合议制的结构设定僵化；电子诉讼与智慧法院的建设尚不能适应新时代信息化发展等问题。在理论研究上，依然呈现碎片化的研究视角，无法形成理论体系；实证研究的样本不够丰富，特别是持续性的样本研究较少；在研究内容方面侧重观点的阐释，有效性研究与可操作性的规则构建阙如。此种状况，影响到我们对于改革实践的客观判断和整体把握，因此，探寻"中国经验"与"域外视野"的有机结合，同样是在繁简分流改革研究中需要重点关注的

❶ 高桥宏志.民事诉讼法：制度与理论的深层分析［M］.林剑锋，译.北京：法律出版社，2003；史蒂文·苏本，玛格瑞特（绮剑）·伍.美国民事诉讼的真谛：从历史、文化、实务的视角［M］.蔡彦敏，徐卉，译.北京：法律出版社，2002.

问题。

　　为此，中国社会科学院法学研究所诉讼法研究室承担了北京市法学会 2020 年重点课题"民事诉讼程序繁简分流"研究。本课题以民事诉讼程序繁简分流改革为研究对象，于 2020 年 10 月组建了研究团队，围绕司法确认、完善小额诉讼程序、完善简易程序规则、扩大独任制适用范围、健全电子诉讼在北京法院的试点改革推进为主要内容展开研究。旨在通过实证研究，梳理北京法院繁简分流改革试点的实践，总结北京法院民事诉讼程序繁简分流改革所取得的阶段性成果。在此基础上，提炼总结北京样本中存在的制度创新与经验，特别是其中具有可复制、可推广的经验，分析北京经验对于全国法院民事诉讼程序繁简分流改革的借鉴作用，以及如何在当前的立法与司法实践语境下将北京法院的有益经验加以推广、扩大，形成示范效应，以期有所裨益于民事诉讼法修改和司法体制改革的目标推进、内容设计、逻辑发展、路径选择等方面的研究，特别是在充分保障当事人程序选择权与程序正当性前提下，建构中国特色民事诉讼程序繁简分流理论分析框架、制度规范体系和运作模式。

　　在研究方法上，首先，本课题组立足实证研究方法，这是本项研究的主要研究方法。课题组通过调取司法统计数据、集中与个别访谈、问卷调查、庭审观察法等研究方法，获取客观材料，对北京法院民事诉讼程序繁简分流改革试点进行全面、深入了解，从个别到一般，归纳、整理北京改革试点的经验。其次，运用了系统研究的方法，将全国范围内的改革试点法院的繁简分流机制看作一个系统，将北京的试点改革经验纳入全国法院系统的整体中予以讨论研究，以分析民事诉讼程序繁简分流改革北京试点所具有的共性与个性，从而便于对北京样本与经验进行更全面的评判、分析，以确定为全国范围的民事诉讼程序繁简分流改革提供有益借鉴与发展方向。再次，采用了比较研究的方法，以民事诉讼程序繁简分流改革在世界范围内的发展与演进趋势作为参照，从横向和纵向进行了比较。繁简分流改革不仅仅是中国在进行的工作，放眼世界，主要法治国家都在民事诉讼领域进行着或大或小、或多或少的繁简分流机制改革，这些改革措施对于揭示法治发展中的共同问题有着重要参照，其中的一些措施对于研究我国的繁简分流改革问题、推动我国民事诉讼法的修改与发展具有一定的借鉴意义。最后，采用了历史研究的方法，溯源我国近些年的繁简分流改革实践，研究本次为期两年的试点改革的特点，探寻繁简分流改革与北京试点的实践目的，以过程和目的为导向研究、分析、评价繁简分流北京试点改革的经验与规则提炼、完善的路径方法，为全国性的繁简分流改革提供必要的理论分析框架与实践基础。

目　录

第一章
民事诉讼程序繁简分流改革实证研究：以北京法院为样本 *

根据十三届全国人大常委会第十五次会议作出《关于授权最高人民法院在部分地区开展民事诉讼程序繁简分流改革试点工作的决定》，授权在全国 15 个省（区、市）的 20 个城市开展试点工作，具体包括北京、上海市辖区内中级人民法院、基层人民法院；南京、苏州、杭州、宁波、合肥、福州、厦门、济南、郑州、洛阳、武汉、广州、深圳、成都、贵阳、昆明、西安、银川市中级人民法院及其辖区内基层人民法院；北京、上海、广州知识产权法院；上海金融法院；北京、杭州、广州互联网法院。北京作为民事诉讼程序繁简分流改革的全域试点地区之一，从研究角度看，能够满足样本的代表性和丰富性要求。

---

* 本章撰稿人：徐卉，中国社会科学院法学研究所研究员。

第一节　北京法院民事诉讼程序繁简分流改革实施概况

北京法院深入贯彻落实习近平总书记重要指示精神，落实全国人大常委会、最高人民法院的决策部署，按照最高人民法院改革试点方案和实施办法，以"让人民群众更加公正、高效、便捷、低成本地解决纠纷"为目标，全市 5 家中级人民法院，17 家基层人民法院同步启动、一体推进改革试点。

一、系统组织推进改革试点

为强化全域改革试点的统一领导，北京市高级人民法院（以下简称"北京市高院"）成立了民事诉讼程序繁简分流改革试点领导小组，由北京市高院党组书记、院长寇昉任组长，明确北京市高院督查办为改革试点协调机构，归口管理，牵头督促各项试点任务具体落实。为强化统筹管理，领导小组细化改革试点工作安排，明确责任部门，限定完成期限，阶段性压实推进各项试点工作。同时，繁简分流改革作为北京市全市法院重大政治任务和优化营商环境的重要抓手，推动纳入北京市委《全面深化改革委员会2020年工作要点》，在北京市高院党组领导下，各院"一把手"亲自抓，确保在改革试点工作上，全市法院目标一致、同步启动、一体推进、共同发展。❶

---

❶ 人民法院司法改革案例选编（九）// 案例143 北京市高级人民法院——积极履行主体责任 统筹推进试点工作［N］.人民法院报，2020-07-30.

（一）统筹改革试点的管理机制

在管理机制上，北京市高院实行统一"对上"进行报告反馈和"对下"开展监督指导，力求使改革试点的成效、问题和建议得到"整体反馈、条线直通"。

一方面，建立了统一的试点模式。在报经最高院审核批准后，北京市高院推出北京法院"1+6+1"改革试点模式，即全市一个统一的工作实施方案，六个统一实施细则，一套统一信息系统，要求各级法院必须在该模式框架内开展工作。为此，北京市高院开展了专门的统一培训。组建改革试点培训授课专门小组，强化内容解读和政策引导，印发涉及 15 项改革试点文件的政策材料汇编，确保各级法院都能够"吃透"试点精神和内容。❶

另一方面，强化对下指导，确保具体举措符合试点精神。为此，北京市高院建立了试点举措的报备审核机制和试点专项工作联席会议制度，高院立案庭、研究室、审管办、技术处、督查办为主要成员单位。改革试点以来共审核备案 22 家法院 100 余份规范性文件，避免各级法院进行的探索创新突破或违背试点精神；同时，研究探讨多家法院上报的 50 余项创新举措，对偏离改革试点精神、忽视当事人诉讼权益的做法一律进行制止整改，对注重提升群众体验、促进提高审判质效的举措及时予以指导推广，努力推出具有明显亮点且切实可行的改革创新体制机制。为改革试点运行建立了一个"专线双向"沟通反馈机制，明确北京市各级法院由专门联络人员与市高级法院督查办进行对接，收集了各级

---

❶ 人民法院司法改革案例选编（九）：案例 143 北京市高级人民法院——积极履行主体责任 统筹推进试点工作［N］.人民法院报，2020-07-30.

法院反馈的涉五大方面 80 余个问题，收到改革建议 100 余条，统一筛选回复 30 余次。对于市高院无法及时解答的问题，经梳理整合后集中向最高人民法院请示，有效指导全市法院深化改革试点各项工作。

（二）强化基层创新探索

依托改革试点报备审核机制，北京市高院鼓励北京市各级法院在不突破试点方案的前提下，结合工作实际落实试点任务，各中院和基层法院根据北京市高院"1+6+1"改革试点模式，出台相关文件实施细则和配套举措，分别推出具有法院特点和区域特征的改革试点规范体系和落实模式。同时，北京市高院建立统一经验推介展示平台，设立"民事诉讼程序繁简分流改革试点系列信息"专栏，对北京市法院试点改革的推进和工作成效进行总结梳理。

二、制定规范配套实施细则

2020 年 2 月，北京市高院根据最高人民法院《民事诉讼程序繁简分流改革试点方案》《民事诉讼程序繁简分流改革试点实施办法》，按照"统筹推进、分类指导、务求实效"的工作原则，坚持"最高标准、最严要求、最好效果"，结合北京法院工作实际，制定了《北京市高级人民法院关于民事诉讼程序繁简分流改革试点的工作办法》，明确了"1+6+1"改革试点推进模式，即一个统一的工作实施方案，六个配套实施细则，［具体包括：《北京市高级人民法院关于民事诉讼程序繁简分流改革试点的工作办法》（简称《工作办法》)和《优化司法确认程序试点工作实施细则》《小额诉讼试点工作实施细则》《完善民事诉讼简易程序实施细则》《扩大独任制适用范围的实施细则》《电子诉讼实施细则》《关于推进集约送达工作的规定》]，和一套信息系统，即全市法院民事诉讼程序繁简分流改革试点成效检视系统，确保改革试点各项指标数据客观及时、实时呈现，一体推进各项试点任务，确保各项改革试点举措落地见效。

三、建立实践导向的改革试点落实机制

北京市高院专门建立了试点专项考核机制。按照"科学合理""简明有效"的原则，将民事诉讼程序繁简分流改革试点工作纳入全市全年目标责任制考核内容，明确五方面、八小项考核内容，囊括五大改革试点任务成效的关键性指标。作为北京市法院重点工作，单独列为考核项目，细化考核指标，提高考核权重，增加分值占比，切实督促各项试点改革举措得到有效落实。

为此，北京市高院成立改革试点数据分析指标体系研究专班，研究开发改革试点数据评价指标和统计系统，研发上线了全国首个"民事诉讼程序繁简分流统计分析系统"，将104个涉及改革试点的重点数据指标嵌入系统中，全面涵盖改革试点各项工作任务，不仅使相关改革数据公开透明、实时呈现，而且保证了数据的动态更新和随时提取。

同时，加强对改革试点成效的督查评估。抓实抓细各项改革试点工作任务的督查评估，市高院督查办配合最高人民法院改革试点评估工作，强化对各级法院试点运行情况的督促检查，落实改革试

点月报机制，及时掌握各级法院改革试点动态。

四、开展统一专项培训与评估总结

2020年2月，北京全市法院全面启动繁简分流改革试点工作，并同步启用"1+6+1"规范体系。2020年第一季度，北京市高院司改办组织全市法院进行改革试点文件的专题培训，高院教培处和各法院相关部门根据改革试点工作要求，同步加强教育培训和政策引导工作，由北京市高院各牵头部门组织各法院对口部门进行专项培训。北京市高院面向全市法官开展了1场专项工作部署会，1场试点介绍发布会，6场线上专项培训和2场线下政策解读，发布北京法院改革试点配套解读说明4份，印发涉及15项改革试点文件的政策材料汇编，确保各法院"吃透"试点精神和内容。强化内容解读和政策引导，对试点相关问题作深入解读。北京市高院组建了改革试点培训授课专门小组，组织全市范围的专门培训，北京市各法院同时组织开展试点工作专题培训，实现改革试点教育培训全覆盖。

在教育培训和试点经验总结方面，北京市各法院都基于本院的改革实践，对标最高院的实施方案和市高院的工作办法，有针对性地开展专项培训总结工作。例如，海淀法院组织召开"民事诉讼程序繁简分流改革试点工作推进会"和"诉讼服务、信息化工作专题推进会"，针对简易程序适用、电子诉讼应用等改革试点实施中的突出问题，分析原因、提出对策。石景山法院举办"民事诉讼程序繁简分流改革试点相关问题理解"专题培训，结合全市法院及该院改革试点情况，就简易程序及独任制审理的适用范围、适用方式、制度衔接等重点内容予以解读。

五、加强外部协调和舆论引导

北京市高院注重建立与繁简分流改革试点相配套的外部协作机制，强化与检察院等相关单位的沟通协调。特别是与检察院做好沟通，根据改革具体内容，就出现变化的民事诉讼程序，及时与检察院等相关部门做好协调沟通，确保法院与检察院对试点改革内容在认识上保持一致。

同时建立相应的机制，在试点改革宣传方面严格把关。紧紧围绕"绝不能认为开展试点就是为了给法院卸压减负，坚决防止以减损人民群众诉讼权益换取审判提速增效"的价值取向，在各法院的试点宣传上严把审核关。司改办及时总结各法院好经验、好做法，通过司法改革典型案例、专题报道等多种形式，加大改革创新推介力度。市高级法院新闻办和各法院相关部门密切跟踪改革舆情，关注试点改革的宣传引导工作，广泛听取各方意见，及时回应社会关切，正确引导社会预期，把握正确宣传导向，把宣传重点聚焦在通过试点提升人民群众的获得感上。试点工作开展以来谨慎筛选关于各法院改革创新举措和实践成效宣传稿50余篇，全国人大代表闫建国、李勇撰文对北京法院改革试点"点赞"。北京法院改革试点举措入选第九批人民法院司法改革案例选编。通过外部协调机制和舆论导引凝聚改革共识，形成良好的试点改革工作氛围。

建立在上述组织机制和实施保障的基础上，自 2020 年 1 月 15

日开展民事诉讼程序繁简分流改革试点以来，北京法院充分发挥"全域"改革试点主体多元、层级丰富的优势，收效明显。

多元化解纠纷体系运行效果增强。2020年北京全市法院新收案件83.92万件，同比下降14.7%，其中民商事新收案件48.78万件，同比下降22.0%，全市中基层法院诉前委派调解纠纷18.52万件，成功化解6.02万件，数量分别是改革初期的十多倍，纠纷诉前化解率达33.50%；受理司法确认案件1.37万件，裁定确认调解协议有效1.35万件，数量较改革初期大幅增长。在小额诉讼程序和简易程序适用方面，2020年全市法院小额诉讼程序和简易程序共审结案件31.04万件，占所有民商事一审案件结案数的75.54%，较改革初期增长了3个百分点，独任制适用率稳步提升，基本形成一审"独任制为主，合议制为辅"，二审"合议制为主，独任制为辅"的高效审判组织新格局。在线诉讼应用规模和质量不断提升，2020年全市法院在线立案民商事案件22.64万件，同比增长59.21%，网上开庭15.82万次，占所有庭审的三分之二，网上开庭适用率65.36%，在线平均开庭时长49.85分钟，较线下庭审缩短60%左右。电子送达适用案件34.35万件，送达141.33万次，电子送达适用率58.32%，同比增长35.53个百分点，电子送达成功率90.15%，同比增长6.46%。

通过改革试点，前端小额、简易程序快速消化大量案件，为后端精审赢得时间和资源，有效保障了办案质量。2020年，各类一审判决案件的改判发回重审率为0.50%，生效案件服判息诉率97.4%。小额诉讼程序案件提起再审率仅0.16%，且无再审改发情况；简易程序案件上诉案件数同比下降7.8%，简易程序案件二审改发率仅

0.58%；适用独任制案件上诉率 6.42%，同比下降 0.3 个百分点，独任制上诉案件二审改发率 0.33%。

第二节 北京法院民事诉讼程序繁简分流改革的"1+6+1"模式

在遵循最高人民法院的部署安排下，为确保试点工作顺利推进，北京法院在"优化司法确认程序、完善小额诉讼程序、完善简易程序规则、扩大独任制适用范围、健全电子诉讼规则"这五个重点领域，构建起了一个统一的工作实施方案、六个配套实施细则和一套信息系统的"1+6+1"改革试点模式。

一、制定全市法院有关民事诉讼程序繁简分流改革试点的实施方案

2020 年 1 月 20 日前，北京市高院司改办以"统筹推进、分类指导、务求实效"为基本指导原则，完成了全市法院试点工作办法的制定工作，统一开展试点工作的部署和管理。❶

在总体目标和基本原则上，工作办法规定，民事诉讼程序繁简分流改革试点应以全面促进司法公正、提升程序效能，以坚持正确政治方向、坚持以人民为中心、坚持依法有序推进、坚持强化科技驱动、坚持首善标准为基本原则，坚持"最高标准、最严要求、最

---

❶ 北京市高级人民法院关于印发《北京市高级人民法院关于民事诉讼程序繁简分流改革试点的工作办法》的通知（京高法发〔2020〕59 号）。

好效果"，严格贯彻落实改革试点各项工作要求，打造审判业务高地、改革创新高地、审判研究高地、人才聚集高地，推动优化营商环境法治化，促进审判能力和审判体系的现代化建设，服务于国家治理体系和治理能力现代化。

在分工安排和工作步骤上，明确在 2020 年 2 月，由北京市高院立案庭完成制定关于优化司法确认程序的实施细则。拓宽司法确认范围，确保非诉纠纷解决方式的效力和效果，重点完善特邀调解名册，强化对特邀调解组织、特邀调解员的管理指导，明确司法确认案件管辖规则。同时，由北京市高院立案庭牵头，在民一庭、民二庭、民三庭、执行局的配合下，制定关于完善小额诉讼程序和简易程序规则的实施细则。解决小额诉讼程序适用门槛过高，效率优势体现不足的难题，实现小额诉讼程序便利群众"接近司法、高效解纷"的立法初衷。重点完善小额诉讼程序适用案件范围，简化小额诉讼程序审理方式，完善小额诉讼程序与简易程序、普通程序转换适用机制，制定简化适用小额诉讼程序的文书样式。在完善简易程序规则的实施细则制定上，强调在充分保障当事人诉讼权利的基础上，进一步简化简易程序，完善审理规则和审限规定，尽快实现当事人诉讼利益。重点明确扩大简易程序的适用范围，确定简易程序的庭审简化规范，制定简化适用简易程序的文书样式。❶

同时，由北京市高院司改办牵头，在立案庭、民一庭、民二庭、民三庭、研究室和审管办的配合下，完成制定关于扩大独任制审理适用范围的实施细则。推动解除独任制与简易程序的绑定，进

---

❶ 北京市高级人民法院关于印发《北京市高级人民法院关于民事诉讼程序繁简分流改革试点的工作办法》的通知（京高法发〔2020〕59 号）。

一步优化配置审判资源。重点明确扩大独任制审理的适用范围，明确基层法院采取独任制适用普通程序审理案件的具体情形和审理方式，中级人民法院和专门人民法院采取独任制审理部分简单上诉案件的具体情形，建立独任制与合议制转换适用机制，并由北京市高院诉服办牵头，制定关于完善电子送达机制的实施细则。重点完善电子送达机制，对电子送达的适用范围、条件和生效标准等事项予以明确，在经当事人同意的情况下，明确可通过电子方式送达裁判文书，包括判决书、裁定书、调解书等。由北京市高院研究室牵头，在立案庭、民一庭、民二庭、民三庭、申诉审查庭、审监庭、执行局、审管办、诉服办和技术处的配合下，制定关于健全电子诉讼规则的实施细则。主动适应司法的信息化应用和发展趋向，推动构建新型电子诉讼规则体系。重点健全电子诉讼规则，完善提交电子化材料、在线庭审等相关规则。由北京市高院审管办、技术处牵头，在立案庭、民一庭、民二庭、民三庭和研究室的配合下，建立民事诉讼程序繁简分流改革试点数据统计系统。根据改革试点内容，北京市高院审管办明确数据分析指标、口径、算法和展现方式后，根据信息化项目管理规范要求，成立相关数据分析专班进行统计系统研发，建立科学有效的试点成效检视系统，确保改革试点的各项指标数据客观及时、实时呈现，便于即时提取和统计分析，为进一步确保试点改革顺利落地见效提供信息化、可视化的系统支撑。● 由此，构建起一个内容清晰、可操作性强的改革试点实施的制度规范体系，有序推进改革试点。

● 北京市高级人民法院关于印发《北京市高级人民法院关于民事诉讼程序繁简分流改革试点的工作办法》的通知（京高法发〔2020〕59号）。

二、优化司法确认程序的规则与适用

作为极具中国特色的非讼程序，调解协议的司法确认程序能够通过有效促使调解协议的落实以达到降低民事诉讼率的效果。但是，在试点改革期间，根据《民事诉讼法》的规定，只有依据《人民调解法》达成的调解协议才能适用司法确认程序，并且受理法院也仅限于人民调解组织所在的基层人民法院，调解组织自行开展调解的，向当事人住所地、标的物所在地、调解组织所在地的基层人民法院提出；调解协议所涉纠纷应当由中级人民法院管辖的，向相应的中级人民法院提出。《民事诉讼法》第201条，是在2021年12月修法后的规定，在试点期间（2020年1月至2021年12月），还并没有这一规定，试点期间，关于调解协议司法确认，适用的仍然是《人民调解法》的规定，仅限于基层法院受理，受理法院层级低。试点的目的就是为了扩大调解协议司法确认的范围而进行的，不然这个要试点改革的目标就没了这样的规定将商事调解和行业调解等广泛的多元解纷机制排除在司法确认程序的适用范围之外，未能发挥多元非诉解纷机制所起到的作用，且由于受理法院的层级过低，不利于在中级法院和专门法院推进诉前调解程序的适用。有鉴于此，扩大司法确认程序的适用范围已是势在必行。对此，北京法院在试点改革中，明确司法确认程序应坚持促进非诉调解和依法确认相结合，方便快捷与防范虚假诉讼相结合的原则，充分运用现代信息技术助力司法确认程序以实现其快速解纷的功能，并开展了更进一步的细化和对《工作办法》的贯彻落实工作。

（一）建立特邀调解名册

北京法院将建立特邀调解名册作为刚性任务，各级法院均会同司法行政机关、相关行政机关、行业协会等共同建立特邀调解名册，依法吸纳符合条件的调解组织和人员成为特邀调解组织或者特邀调解员，并对名册进行管理。北京市高院制定的特邀调解名册，全市法院均可适用，中级、基层人民法院制定的特邀调解名册报北京市高院备案。对拟进入特邀调解名册的调解组织和调解员进行资格审查，并公布所建立的特邀调解名册。首批纳入了 971 个特邀调解组织，890 名特邀调解员，494 名常驻法院特邀调解员编入审判团队。

在考核管理方面，建立了特邀调解组织、特邀调解员电子档案，特邀调解组织、特邀调解员由会同建立特邀调解名册的司法行政机关、相关行政机关、行业协会负责监管和业绩考核。常驻人民法院的特邀调解组织、特邀调解员由常驻的人民法院进行日常管理和业绩考核。法院对本院特邀调解名册中的特邀调解组织、特邀调解员的工作情况向会同建立该特邀调解名册的司法行政机关、相关行政机关、行业协会进行反馈。

在调解员的培训指导方面，北京法院建立两级特邀调解培训指导制度。北京市高院负责全市法院特邀调解组织和特邀调解员的业务指导和培训，各人民法院负责本院特邀调解组织和特邀调解员的培训指导。同时，各级法院会同司法行政机关、相关行政机关、行业协会制定特邀调解名册管理办法，建立特邀调解组织和特邀调解员退出、辞退及惩戒机制。

（二）明确司法确认案件的管辖规则

根据实施细则，司法确认案件按照以下规定确定管辖：（1）委派调解的，由作出委派的人民法院管辖。（2）当事人选择由人民调解委员会、特邀调解组织调解的，由调解委员会、调解组织所在地基层人民法院管辖；当事人选择由特邀调解员调解的，由调解协议签订地基层人民法院管辖。（3）当事人共同向两个以上有管辖权的人民法院申请司法确认的，由最先立案的人民法院管辖。案件符合级别管辖或者专门管辖标准的，由对应级别的中级人民法院或者专门人民法院管辖。案件属于北京市第四中级人民法院、北京互联网法院等法院集中管辖范围的，由对应的集中管辖法院管辖。

在分类上，司法确认包括：（1）人民法院对委派给人民调解委员会、特邀调解组织、特邀调解员调解达成的民事调解协议的司法确认；（2）人民法院对当事人选择由人民调解委员会、特邀调解组织或者特邀调解员调解所达成的民事调解协议的司法确认。当事人达成调解协议后申请司法确认的，应当向人民法院提交司法确认申请书、调解协议，人民调解委员会、特邀调解组织或特邀调解员主持调解的证明等材料的原件，以及与调解协议相关的财产权利证明等材料的复印件，并提供原件予以核实。同时应填写送达地址确认书，提供双方当事人的身份、住所、联系方式等基本信息。委托代理人代为申请的，除向人民法院提交上述材料外，还必须提交由委托人签名或者盖章的授权委托书以及受托人的身份、住所、联系方式等基本信息。必要时，人民法院可要求当事人亲自到法院办理委托等手续。

当事人也可以通过主持调解的人民调解委员会、特邀调解组织或者特邀调解员向人民法院提交申请材料。人民调解委员会、特邀调解组织或者特邀调解员应协助当事人通过"北京法院分调裁一体化平台"中的北京法院调解平台（当事人端）上传申请材料，线上发起在线司法确认申请。人民法院收到当事人司法确认申请后，应当在 3 日内决定是否受理。委派调解的案件、在调解过程中人民法院予以指导或者预先审查的案件以及双方当事人共同到法院申请司法确认的案件，符合法律规定的，人民法院可以当即受理。

（三）司法确认案件的审查

根据实施细则的规定，法院在受理司法确认申请后，应当指定一名速裁法官对调解协议进行审查。对于中级人民法院、专门人民法院受理的标的额大等重大司法确认案件，应当组成合议庭进行审查。法院可以采用书面形式审查调解协议。审查时，要注重审查基础法律关系的真实性及调解协议是否损害国家利益、社会公共利益或者案外人的合法权益。

在必要时，法院可以通知双方当事人同时到场，当面询问当事人。当事人应当向法院如实陈述申请确认的调解协议的有关情况，保证提交的证明材料真实、合法。经审查，法院认为当事人的陈述或者提供的证明材料不充分、不完备或者有疑义的，可以要求当事人限期补充陈述或者补充证明材料。必要时，法院可以向调解组织核实有关情况。当事人无正当理由未在限期内补充陈述、补充证明材料或者拒不接受询问的，法院可以按撤回申请处理。

法院可以在线办理司法确认案件。具体可以通过"北京法院分调裁一体化平台"接受当事人提交的申请材料，并通过上述信息化平台的在线司法确认功能办理立案审查、询问当事人、进行司法确认、送达裁判文书等事项。

对于司法确认案件，法院应当自立案之日起 30 日内审结。有特殊情况需要延长的，由本院院长批准。对于法院委派调解的案件、在调解过程中法院予以指导的案件以及双方当事人同时到法院申请司法确认的案件，法院可以当即作出是否确认的裁定。在确认调解协议的裁定作出前，当事人撤回申请的，法院应当准许。经审查符合确认条件的，法院应当裁定确认调解协议效力。裁定书送达双方当事人后发生法律效力。一方当事人拒绝履行或者未全部履行的，对方当事人可以向法院申请执行。

（四）规定虚假调解的法律责任和救济方式

首先，双方当事人应当在司法确认申请书中以书面形式明确承诺以下内容：（1）双方系出于解决纠纷的目的自愿达成协议，没有恶意串通、规避法律的行为；（2）调解协议没有违反法律、行政法规强制性规定；（3）调解协议没有损害国家利益、社会公共利益和案外人合法权益；（4）如果因为该协议内容而给国家、集体或他人造成损害的，愿意承担相应的民事责任和其他法律责任。当事人提交的司法确认申请书中不包含上述书面承诺内容的，法院应当要求当事人补充修改或另行提交书面承诺书。

法院受理的司法确认案件，经审查发现当事人有伪造证据、虚假陈述、虚构民事纠纷等虚假调解行为的，应当根据情节轻重对虚假调解的当事人予以罚款、拘留。特邀调解组织或特邀调解员参与、协助虚假调解的，法院应当予以纠正并作出除名处理。人民调解委员会或其所属的人民调解员参与、协助虚假调解的，由司法行政机关或有关部门、组织依照法律法规规章等作出处理。虚假调解损害他人民事权益的，虚假调解参与人应当承担赔偿责任。虚假调解行为涉嫌刑事犯罪的，法院应当依法将相关线索和有关案件材料移送侦查机关。

在救济程序上，对法院作出的确认调解协议的裁定，当事人、利害关系人认为有错误的，可以向作出该裁定的人民法院提出异议。当事人有异议的，应当自收到裁定之日起 15 日内提出；利害关系人有异议的，自知道或者应当知道其民事权益受到损害之日起 6 个月内提出。法院可以将调解协议确认的情况、存在的问题和意见建议等定期或者不定期通报同级司法行政机关和相关行政机关、人民调解委员会，以促进司法确认工作的协调沟通，保障调解协议和司法确认工作的质量。

三、强化小额诉讼程序的优势

作为 2012 年《民事诉讼法》修改增设的重要程序之一，小额诉讼程序在实践中的适用状况并不理想，可以说远未达到立法者创设该程序制度时的预期目的。这主要应归结于小额诉讼程序过于严苛的适用条件使其缺乏程序的独立作用，并且，由于司法管理中对法官的指标考核压力，使得法官亦缺乏适用小额诉讼程序的动力，而小额诉讼程序一审终审的审级构造对于当事人来说也存在无从救济的隐忧，这些因素的共同作用导致小额诉讼程序本应具备的高效率、低成本和节约资源、实现普惠司法的功能无从得以实现。为充分发挥小额诉讼程序的优势，在试点改革期间，北京法院对其适用范围、审理方式、裁判文书、审理期限等作了调整和完善。

（一）扩大小额诉讼程序适用范围

基于公正和效率相结合、法定适用和约定适用相结合、简化诉讼程序和不减损当事人诉讼权利相结合的原则，试点改革期间，在适用标的上，北京市基层人民法院审理的事实清楚、权利义务关系明确、争议不大的简单金钱给付类，且标的额为人民币5万元以下的民事案件，应当适用小额诉讼程序，实行一审终审。对于标的额在人民币5万元以上10万元以下的简单金钱给付类民事案件，双方当事人约定适用小额诉讼程序的，可以适用小额诉讼程序审理；双方当事人没有约定的，承办法官应当就是否同意适用小额诉讼程序征求双方当事人的意见，并记入笔录。

不适用小额诉讼程序审理的案件包括：（1）人身关系、财产确权纠纷；（2）涉外民事纠纷、涉港澳台民事纠纷；（3）需要评估、鉴定或者对诉前评估、鉴定结果有异议的纠纷；（4）一方当事人下落不明的纠纷；（5）其他不宜适用小额诉讼程序审理的案件。立案法官在立案登记时，对于应当适用小额诉讼程序审理的案件，即在审判管理系统中作出标记，进行程序分流。

（二）确立简化的程序规则

在传唤送达方面，规定适用小额诉讼程序审理的案件，法院可通过电话、电子邮件、传真、手机短信等简便方式传唤当事人、送达或进行证据交换，但不得减损当事人陈述、答辩、举证、质证、辩论等诉讼权利。

当事人对适用小额诉讼程序审理的案件提出管辖权异议的，人民法院应当作出裁定。裁定一经作出即生效。法院经审查，认为当事人管辖权异议不成立的，可以口头裁定，并以笔录或录音录像的方式记录；认为当事人管辖权异议成立的，应当作出书面裁定。

适用小额诉讼程序审理的案件，经法院告知明确放弃答辩期间、举证期限的法律后果后，当事人明确表示放弃的，法院可以直接开庭审理。当事人明确表示不放弃答辩期间的，法院可以在征得其同意的基础上，合理确定答辩期间，但一般不超过 7 日。当事人明确表示不放弃举证期限的，可以由当事人自行约定举证期限或者由法院指定举证期限，但一般不超过 7 日。

在开庭审理方面，适用小额诉讼程序审理的案件，庭审可以不受法庭调查、法庭辩论等庭审程序限制，直接围绕诉讼请求或者案件要素进行，原则上应当一次开庭审结，但法院认为确有必要再次开庭的除外。经双方当事人同意，可根据情况运用远程视听传输技术等方式开庭审理，可用庭审录音录像替代书记员庭审笔录。在审理期限上，均应在立案之日起两个月内审结，有特殊情况需要延长的，经本院院长批准，可以延长一个月。审理当事人提出的管辖异议的期间不计入案件审理期限。

适用小额诉讼程序审理的案件，可以比照简易程序进一步简化裁判文书，主要记载当事人基本信息、诉讼请求、答辩意见、主要事实、简要裁判理由、裁判依据、裁判主文、一审终审的告知以及诉讼费用负担等内容。对于案情简单、法律适用明确的案件，法官可以当庭作出裁判并说明裁判理由。对于当庭裁判的案件，裁判过程经庭审录音录像或者庭审笔录完整记录的，法院在制作裁判文书时可以不再载明裁判理由。

（三）程序转换

适用小额诉讼程序审理的案件，出现下列情形之一，符合适用简易程序审理条件的，裁定转为简易程序审理：（1）当事人认为案件不符合关于小额诉讼程序适用条件的规定，在开庭前向法院提出异议，经审查认为异议成立的；（2）当事人申请增加或者变更诉讼请求、追加当事人，致使案件标的额在 5 万元以上 10 万元以下，且一方当事人不同意继续适用小额诉讼程序的；（3）当事人申请增加或者变更诉讼请求、追加当事人，致使案件标的额超过 10 万元或者不符合小额诉讼程序的其他适用条件的；（4）当事人提出反诉的；（5）需要鉴定、评估、审计的；（6）其他不宜继续适用小额诉讼程序的情形。适用小额诉讼程序审理的案件，审理中发现案情疑难复杂，且不适宜适用简易程序审理的，裁定转为普通程序审理。由小额诉讼程序转为简易程序审理的案件，一般不得再转为普通程序审理，但确有必要的除外。

裁定转为简易程序审理的，法院可以采用口头或书面形式。口头裁定的，应以笔录或者录音录像的方式记录。适用小额诉讼程序审理的案件，转为简易程序或者普通程序审理前，双方当事人已确认的事实，可以不再举证、质证。在转程审批上，小额诉讼案件需转为简易程序或者普通程序审理的，应在转换程序事由出现后 3 日内，或至迟在审限届满 7 日前，报本院院长审批。适用小额诉讼程序审理的案件出现复杂情形，需要适用普通程序，并由前端立案速裁团队转入后端审判团队审理的，承办法官应当在转程事由出现两个工作日内提出转程申请，报本院院长审批。经审批后裁定转为简易程序或者普通程序的，应在审判管理系统中作出标识。

（四）建立小额诉讼程序适用的配套机制

试点改革期间，北京市高院要求，基层人民法院应根据本院实际情况合理配置审判资源，组建相应审判团队，集中审理小额诉讼案件。适用小额诉讼程序审理的案件，诉讼费用按照《诉讼费用交纳办法》第 16 条的规定减半收取。小额诉讼程序适用率现已纳入北京法院系统的目标责任制考核范围，作为法院和法官审判业绩的重要指标。

对于当事人无正当理由对小额诉讼程序的适用提出申诉信访的，不计入法院和法官的考核范围。

四、完善民事诉讼简易程序实施

为提高简易程序适用率，完善程序设置，推进"案件繁简分流、轻重分离、快慢分道"，实现简案快审，繁案精审，满足人民群众多元、高效、便捷的纠纷解决需求，用足用好简易程序，北京法院在试点改革中，进一步优化了简易程序的适用规则，并加强适用规范指引。

（一）扩大简易程序的适用范围

根据《民事诉讼法》的规定，基层人民法院审理事实清楚、权利义务关系明确、争议不大的简单民事案件，应适用简易程序。在此基础上，北京法院结合民事审判工作实际，确定下列案件，可以适用简易程序：（1）同类案件已有生效示范裁判的；（2）事实清楚、权利义务关系明确、争议不大的简单民事案件需要公告送达的；（3）事实清楚、权利义务关系明确、因需确定赔偿标准、财产价值而进行鉴定评估的。示范裁判，是指法院在处理群体性民事纠纷中，选取在事实争点和法律争点方面具有共通性和代表性的案件先行审理，并作出的对同类案件具有示范性和引领性的裁判。

与之相对应的，简易程序适用的排除情形包括：（1）发回重审的；（2）当事人一方人数众多的，案情疑难复杂的；（3）适用审判监督程序的；（4）涉及国家利益、社会公共利益的；（5）第三人起诉请求改变或者撤销生效判决、裁定、调解书的；（6）其他不宜适用简易程序的案件。

在简易程序的适用上，当事人提出管辖权异议属于下列情况的，法院依法不予审查，告知当事人理由并记入笔录：（1）上级法院指定管辖的案件；（2）其他法院裁定移送管辖的案件；（3）执行法院受理的执行异议之诉案件；（4）被告超出答辩期提起管辖权异议的；（5）案件第三人提出管辖权异议的；（6）反诉被告针对反诉提出管辖权异议的。

（二）庭审和裁判文书适用简化规则

在庭审方式简化方面，北京市高院规定，适用简易程序审理的案件，法院可以根据案件情况，采取下列方式简化庭审程序，但应当保障当事人答辩、举证、质证、陈述、辩论等诉讼权利：（1）开庭前已经通过庭前会议或者其他方式完成当事人身份核实、权利义务告知、庭审纪律宣示的，开庭时可以不再重复；（2）经庭前会议笔录记载的无争议事实和证据，可以不再举证、质证；（3）庭审可以将法庭调查与法庭辩论合并处理，直接围绕诉讼请求或者案件要素进行。

适用简易程序审理的案件，法院可以采取下列方式简化裁判文书：（1）对于能够概括出案件固定要素的，可以根据案件要素载明原告、被告意见、证据和法院认定理由、依据及裁判结果；（2）对于一方当事人明确表示承认对方全部或者主要诉讼请求的、当事人对案件事实没有争议或者争议不大的，裁判文书可以只包含当事人基本信息、诉讼请求、答辩意见、主要事实、简要裁判理由、裁判依据和裁判主文；（3）要素式裁判文书可参照"北京法院分调裁一体化平台"已公布的样式使用。简化后的裁判文书应当包含诉讼费用负担、告知当事人上诉权利、迟延履行罚息等必要内容。

（三）完善简易程序的审限延长规定

试点改革期间，北京法院适用简易程序审理的案件，应当在立案之日起 3 个月内审结。有特殊情况需要延长的，经本院院长批准，可以延长 1 个月。明确将适用简易程序审理的案件的审限延长时间从 3 个月缩短为 1 个月，从而真正发挥简易程序快速解决纠纷的功能，使小额诉讼程序、简易程序和普通程序在审限上形成合理的梯次，以便给当事人提供更为充分的优化选项。

在转程时限上，按照北京法院的改革试点要求，适用简易程序审理的案件，人民法院可以根据具体情形决定延长审限或者裁定转为普通程序审理，应在转换程序事由出现后 5 日内，或至迟在审限届满 7 日前作出相应决定。简易程序案件出现复杂情形，需要适用普通程序由前端速裁团队转入后端审判团队审理的，承办法官应当在转程事由出现后 2 个工作日内提出转程申请，报本院院长审批。决定延长审限或裁定转为普通程序审理的，延长审限决定应根据《最高人民法院关于人民法院通过互联网公开审判流程信息的规定》及时向当事人公开；转换程序裁定可以采用口头或书面形式。采用口头形式的，应当记入笔录并附卷。

五、扩大独任制的适用范围

根据我国《人民法院组织法》和《民事诉讼法》的规定，合议制应当是法院审判的基本组织形式，但是长期以来，"合而不议"的现象在司法实践中一直是个痼疾。这种形式上的合议制与事实上的独任制不仅是对司法资源的巨大浪费，而且也无法使司法责任制改革走向纵深。因此，从优化司法资源配置、保证公正审判的目标出发，在繁简分流改革中，北京法院明确在民事诉讼程序中扩大独任制适用范围，并强调应坚持以下原则：（1）坚持以人民为中心。始终将不断满足人民群众司法需求作为出发点，着力推动保障人民群众合法诉讼权益和提升司法效能相统一。（2）坚持正当程序原则。严格依法办案，确保诉讼程序公平公正。强化人民法院的释明和告知义务，充分尊重当事人程序选择权。（3）坚持审判组织与审判程序相分离。根据案件类型和复杂程度，准确适用不同审判组织和相应审判程序。（4）坚持有效监督原则。强化对法官独任审判的监督管理，不断完善审判管理监督配套机制，确保有序放权与有效监督的统一。

（一）明确基层法院可以适用独任制的情形

基层法院适用小额诉讼程序、简易程序审理的案件，由法官一人独任审理。同时，试点改革期间，北京市各基层人民法院审理的以下案件，可以由法官一人适用普通程序独任审理：（1）事实需经评估、鉴定、审计、调查取证等耗时较长的程序，但法律适用明确的简单案件；（2）因送达等程序性事项超过审限而转为普通程序审理的简单案件；（3）其他事实不易查明，但法律适用明确的案件。

需要明确的是，这里所说的"事实不易查明"完全不同于"疑难复杂"案件事实，这里的"不易查明"强调的是行为意义上的"不易查明"，即从调查案件事实的过程和方法上看需要较多的时间、步骤或程序。例如，案件需要通过调查取证、审计、评估、鉴定等程序来确定相关的事实问题，这些程序经过既耗时较长，且相较于适用简易程序审理的案件，在事实查明上具有一定的难度，特别是需经过较长的时间和程序步骤，但是，这类案件并不属于疑难复杂案件，只要查明相关事实，法官单独一人即可对案件的事实问

题和法律问题作出认定，并适用法律进行裁判。❶

（二）明确规范基层法院应当适用合议制的情形

在实施细则中，北京市高院明确了不得由法官一人独任审理的情形，主要包括：（1）涉及国家利益、公共利益的；（2）涉及群体性纠纷，可能影响社会稳定的；（3）产生较大社会影响，人民群众广泛关注的；（4）新类型或者疑难复杂的；（5）与本院或者上级人民法院已经生效的类案判决可能发生冲突的；（6）发回重审的；（7）适用审判监督程序的；（8）第三人起诉请求改变或者撤销生效判决、裁定、调解书的；（9）其他不宜采用独任制的案件。对于基层法院审理的上述案件，应当依法组成合议庭，适用普通程序审理。

（三）第二审人民法院适用独任制

根据实施细则，对于事实清楚、法律适用明确的下列案件，可以由二审法官一人独任审理：（1）第一审适用简易程序审理结案的；（2）不服民事裁定的。

由二审法官一人独任审理的上诉案件，应当开庭审理。对于没有提出新的事实、证据的案件，具备下列情形之一的，独任法官经过阅卷、调查或者询问当事人，认为不需要开庭的，可以不开庭审理：（1）不服民事裁定的；（2）上诉请求明显不能成立的；（3）原判决认定事实清楚，但适用法律明显错误的；（4）原判决严重违反

---

❶ 刘峥，何帆，李承运.《民事诉讼程序繁简分流改革试点实施办法》的理解与适用［N］.人民法院报，2020-01-17.

法定程序，需要发回重审的。

（四）独任制与合议制的转换规则

根据实施细则规定，当审理的案件出现涉及国家利益、公共利益等上述不得由法官一人独任审理的情形时，法院应当裁定组成合议庭进行审理，并将合议庭组成人员及相关事项以书面形式通知双方当事人，原独任法官继续参加案件审理。院庭长根据审判管理和监督职责，认为案件存在不得由法官独任审理的情形时，经本院院长批准后，可以转换审判组织，必要时院庭长应当参与案件审理。

同时，当事人对审判组织适用具有异议权。当事人一方或双方对法官一人独任审理提出异议的，应当于案件开庭前书面提出异议申请，由独任法官进行审查，并按照下列情形分别处理：（1）异议成立的，应当于审理期限届满前裁定组成合议庭进行审理，并将合议庭组成人员及相关事项以书面形式通知双方当事人，原独任法官继续参与案件审理。（2）异议不成立的，口头告知双方当事人，并将上述内容记入笔录。

关于审判组织的转换，法院应当作出书面裁定。裁定书应当载明裁定结果和理由，由转换后的审判组织署名，加盖法院印章。对审判组织转换的裁定不得提起上诉。审判组织发生转换的案件，审理期限自法院立案之日起计算，已经作出的诉讼行为继续有效。双方当事人已确认的事实，可以不再举证、质证，但合议庭认为确有必要的，可以重新组织开庭。

（五）扩大独任制适用范围的配套机制

根据北京市高院《关于加强审判团队建设的指导意见（试行）》有关独任制审判团队的相关规定，各法院应结合扩大独任制适用范围的具体情形，加强独任制审判团队建设。结合实际，建立健全可以适用独任制的速裁快审机制，探索由法官一人独任审理第二审案件的简化程序。

法院对决定受理的案件，应当以书面或者口头等适当方式向当事人告知所适用的审判组织形式和审判组织异议权。同时，对于由法官一人独任审理的案件，各法院应加强审判监督管理，促进依法履职尽责。按照目标责任制考核要求，完善法官一人独任审理第二审案件的考核权重和考核标准。在推进扩大独任制适用范围改革试点中，严格落实执行北京市高级人民法院《关于促进法律适用统一的实施办法（试行）》等规范，确保独任制适用范围扩大与裁判尺度统一相结合。并根据北京市高院《关于建立专业法官会议制度的意见》，进一步细化完善独任法官提请专业法官会议讨论的工作机制，确保为独任法官审理案件准确适用法律提供指导和参考。

六、推进集约送达工作

为优化资源配置，提升审判质效，保障当事人诉讼权利，在民事诉讼程序繁简分流试点改革中，北京市法院全面开展推进集约送达工作。

（一）构建集约送达平台

根据改革部署，法院送达诉讼文书，应以送达地址确认为基础，优先引导当事人选择电子送达，以直接送达、邮寄送达为主要方式，以留置送达、委托送达等其他方式为补充，以公告送达为最后手段。充分运用信息技术，建设"北京法院集约送达一体化平台"（以下简称"集约送达平台"）。送达人员通过集约送达平台开展窗口预约送达、电子送达、法院专递送达、外出直接送达、公告送达、委托送达、转交送达和公证参与送达。

法院诉讼服务部门通过设立送达窗口、成立集中送达组、引入第三方驻点、购买社会服务等形式完成送达事务。利用集约送达平台收集、整合、汇总当事人送达地址信息，形成北京法院送达地址信息库，逐步实现全市共享。加强与基层组织和有关部门的沟通协商，完善送达信息化平台建设。

（二）建立送达地址确认制度

送达地址确认书作为确保法院有效送达的重要条件，北京市法院制作了统一的送达地址确认书，该确认书包括当事人提供的送达地址、人民法院告知事项、当事人对送达地址的确认、送达地址确认书的适用范围和变更方式等内容。当事人填写送达地址确认书之前，法院向其告知填写要求、注意事项、法律后果等内容。对于受送达人拒不提供送达地址、提供虚假送达地址或者提供送达地址不准确、送达地址变更未及时告知法院、受送达人拒绝签收的法律后果均进行全面、详细、明确的告知。

当事人在送达地址确认书中确认的送达地址，适用于第一审程序、第二审程序和执行程序。当事人变更送达地址的，应及时告知人民法院。当事人未及时告知的，以其确认的地址为送达地址。确认节点在原告起诉时，被告应诉答辩或向其首次送达时，第三人或其他诉讼参与人参加诉讼或向其首次送达时，人民法院即要求其确认送达地址并引导受送达人选择电子送达方式。

对于当事人具有以下情形之一的，法院可认定为"拒不提供送达地址"：（1）拒绝确认送达地址或当面向人民法院明确表示不愿提供送达地址的；（2）送达地址不明，但能通过电话方式与之取得联系，其在人民法院电话通知后，拒不到院领取诉讼文书，也不提供准确送达地址的；（3）向法院提交管辖权异议或要求回避等书面材料，但材料中又未明确提供送达地址的；（4）在本案中拒接电话、避而不见送达人员、搬离原住所等故意躲避、规避送达，且不提供或确认送达地址的。当事人拒不提供送达地址的，法院应当制作送达工作记录，并将相关书面证明材料附卷备查。无法联系到当事人或无法证明当事人有故意躲避、规避送达行为的，不能认定其为拒不提供送达地址。

对于当事人具有拒不提供送达地址情形，人民法院不能或无法要求其确认送达地址的，可以分别以下列情形处理：（1）当事人在诉讼所涉及的合同、往来函件中对送达地址有明确约定的，以约定的地址为送达地址；（2）没有约定的，以当事人在诉讼中提交的书面材料中记载的自己的地址为送达地址；（3）没有约定、当事人也未提交书面材料或书面材料中未载明地址的，以一年内进行其他诉讼、仲裁案件中提供的地址为送达地址；（4）无以上情形的，以当事人一年内进行民事活动时经常使用的地址为送达地址。法院按照上述地址进行送达的，可以同时以电话、短信等方式通知受送达人。在仍不能确定送达地址的情形下，自然人以其户籍登记的住所或在经常居住地登记的住址为送达地址，法人或其他组织以其工商登记或其他依法登记、备案的住所地为送达地址。因受送达人拒不提供送达地址、提供虚假送达地址或者提供送达地址不准确、送达地址变更未及时告知法院、受送达人拒绝签收，导致诉讼文书未能被受送达人实际接收，直接送达的，诉讼文书留在该地址之日为送达之日；邮寄送达的，诉讼文书被退回之日为送达之日。

（三）完善电子送达机制

受送达人同意电子送达的，在填写送达地址确认书时，自愿选择微信等即时通信账号、电子邮件、中国审判流程信息公开网、北京法院审判信息网、传真等电子送达方式并确认接收诉讼文书的电子送达地址。具备下列情形之一的，法院可以确定受送达人同意电子送达：（1）受送达人明确表示同意的；（2）受送达人对在诉讼中适用电子送达已作出过约定的；（3）受送达人在提交的起诉状、答辩状中主动提供用于接收送达的电子地址的；（4）受送达人通过回复收悉、参加诉讼等方式接受已经完成的电子送达，并且未明确表示不同意电子送达的。

经受送达人明确表示同意，人民法院可以电子送达判决书、裁定书、调解书等裁判文书。作为重点推广的送达方式，北京市高院与北京市律协签订了合作协议，经北京市注册律师同意，优先适用电子送达；并规定，经国家行政机关、银行、保险以及其他企业等机构同意，优先适用电子送达。

在生效标准上，对当事人主动提供或主动确认的电子地址，适用"到达主义"，送达信息到达其电子地址即为有效送达；对于由法院主动获取而非当事人方提供的受送达人电子地址进行送达的，适用"收悉主义"。❶ 对此，北京法院实施细则规定，对于受送达人同意电子送达但未主动提供或者确认电子地址，法院向能够获取的受送达人电子地址进行送达的，根据下列情形确定是否完成送达：（1）受送达人回复已收到送达材料，或者根据送达内容作出相应诉讼行为的，视为完成有效送达；（2）受送达人的电子地址所在系统反馈受送达人已阅知，或者有其他证据可以证明受送达人已经收悉的，推定完成有效送达，但受送达人能够证明存在系统错误、送达地址非本人使用或者非本人阅知等未收悉送达内容的情形除外。对于采用电子送达方式完成有效送达的，法院应当制作包含发送地址信息、受送达人名称、接收地址信息、发送时间、诉讼文书名称等内容的电子送达凭证，存卷备查。电子送达凭证具有送达回证效力。

七、健全电子诉讼规则

现代信息网络技术的迅速发展，有助于法院为人民群众提供高效快捷、普惠均等、智能便利的司法服务。为充分发挥"互联网+"司法的创新功能，北京法院在试点改革中，结合电子诉讼特点以及北京法院电子诉讼实际，从多个维度健全了电子诉讼规则。

---

❶ 刘峥，何帆，李承运.《民事诉讼程序繁简分流改革试点实施办法》的理解与适用［N］. 人民法院报，2020-01-17.

（一）身份认证与自助在线服务规则

根据实施细则的规定，当事人、其他诉讼参与人使用诉讼平台实施诉讼行为的，应当在诉讼平台上完成实名注册后取得登录诉讼平台的专用账号，并通过证件证照比对、生物特征识别、国家统一身份认证平台认证等方式在线完成身份认证。使用专用账号登录诉讼平台所作出的行为，视为被认证人本人行为，但因诉讼平台技术原因导致系统错误或者被认证人能够证明诉讼平台账号被盗用的除外。

法院可以综合案件情况、诉讼事项的重要性、诉讼事项对当事人权利的影响等因素，在相关诉讼活动中采用短信验证、二维码扫描、人脸识别等方式进行身份验证。当事人及其他诉讼参与人在线提交的诉讼材料和证据材料，经法院审核通过后，可以直接在诉讼中使用，不再提交原件。对方当事人对上述材料真实性有异议且有合理理由的或者法院根据案件审理需要，要求提供材料原件的，当事人应当提供。

诉讼平台提供诉讼指南、诉讼问答、诉讼工具等自助服务，推送法律法规、指导性案例、北京法院参阅案例等资料，完善类案智能推送、案件中立评估等功能，便利当事人自主协商解决纠纷、合理选择纠纷解决方式、理性预估诉讼风险。当事人、诉讼代理人可以通过诉讼平台、中国审判流程信息公开网、北京法院审判信息网、北京移动微法院、北京法院诉讼服务微信公众号等查询案件审判流程信息。法院可以通过系统消息、手机短信、电子邮箱、即时通信软件等，向当事人、诉讼代理人推送案件审判流程信息。当事人、诉讼代理人可以在线查询收案、立案、结案，审判组织、审判程序，庭审、质证等诉讼活动，裁判文书的公布等关于案件的程序性信息，也可以在线查询案件回避、管辖争议、保全、先予执行、评估、鉴定等流程信息。

当事人、诉讼代理人可以在线查询下列诉讼文书：（1）起诉状、反诉状、上诉状、再审申请书、申诉书、国家赔偿申请书、答辩状等诉讼文书；（2）受理案件通知书、应诉通知书、参加诉讼通知书、出庭通知书、合议庭组成人员通知书、传票等诉讼文书；（3）判决书、裁定书、决定书、调解书，以及其他有中止、终结诉讼程序作用，或者对当事人实体权利有影响、对当事人程序权利有重大影响的裁判文书；（4）法律、司法解释规定应当公开或者法院认为可以公开的其他诉讼文书。除法律规定不公开审理的情形以外，开庭前当事人、诉讼代理人、公众可以在线查询案件当事人姓名、案由和开庭时间、地点。对庭审直播的案件，公众可以通过诉讼平台、中国庭审公开网、北京法院审判信息网在线查询并观看。对不适宜庭审直播又确有旁听需求的案件，可以于在线庭审一日前通过诉讼平台提交旁听申请，经审核后，开庭时在线进入庭审参与旁听。当事人、诉讼代理人可以在线查阅调查取证、勘验、询问、庭前会议、庭审、宣判等诉讼活动的笔录，可以在线申请查阅庭审录音录像、电子卷宗、电子档案。

（二）立案前在线调解

在北京法院的繁简分流试点改革中，当事人、诉讼代理人通过诉讼平台提交起诉状等立案材料的，即视为向法院提出立案申请，提交日期为申请日期。诉讼平台与在线调解系统对接，对于符合条件的案件，法院开展立案前在线调解并按规定编立字号。

立案前线上调解成功的，双方当事人可以自调解协议生效之日起 30 日内共同在诉讼平台上向法院申请司法确认。立案前在线调解不成功的，按照繁简分流机制处理。立案前在线调解的期限为 30 日，经当事人同意延长的，可以再延长 30 日。立案前调解超过 60 日调解不成功的，由在线调解系统转立案系统立案。立案前在线调解的期限自特邀调解员或者特邀调解组织签收法院移交材料之日起计算。

（三）在线立案与繁简分流

法官在收到线上立案申请材料进行审查后，在诉讼平台上作出下列处理：（1）符合起诉条件的，登记立案并向当事人、诉讼代理人发送登记立案信息。（2）提交材料不符合要求的，及时发出补正通知，并于收到补正材料后次日重新起算受理时间；原告未在指定期限内按要求补正的，起诉材料作退回处理。（3）不符合起诉条件的，经释明后，原告无异议的，起诉材料作退回处理；原告坚持起诉的，依法作出不予受理裁定。对于无法通过诉讼平台完成在线立案审核的案件，法官可以终结线上审核，转为线下审核。

立案后，诉讼平台生成缴纳诉讼费用通知书，当事人可以通过网上支付工具在线缴费。当事人未在规定期限内缴纳诉讼费且不符合申请减、免、缓交条件的，法官借助诉讼平台制作撤诉裁定，按撤诉处理。

诉讼平台与北京法院分调裁一体化平台对接，通过"系统算法＋人工识别"的智能案件分流模式，实现案件繁简分流的自动识别。简单案件在当事人同意的基础上先行开展立案前在线调解，调解不成以及当事人不同意调解的简单案件、确认调解协议案件、督促程序案件，通过速裁机制审理。其他案件按照简易程序或者普通程序审理。

开展要素式立案、调解、速裁，法院诉讼服务部门引导当事人在诉讼平台上填写格式化要素表，围绕要素开展调解和庭审，自动生成要素式裁判文书。当事人、诉讼代理人可以通过诉讼平台申请诉前保全及诉讼保全。经审查符合条件的，要求申请人提供担保，裁定采取保全措施，对于能够在线完成查封、扣押、冻结等保全措施的，通过诉讼平台办理。

（四）在线庭审与裁判

在线庭审是在法庭与特定场所之间，借助网络技术、声视频传输终端设备等，实现在不同地点完成法庭审理全过程的诉讼活动。在线庭审应当以在线视频方式进行，不得采用书面或者语音方式。在线庭审以法官、当事人、其他诉讼参与人同时参加庭审为主要方式。如果实现同时参加庭审确有困难，经当事人申请且其他各方当事人同意，法院审核后，可以采用当事人、其他诉讼参与人在不同时间参加庭审的非同时庭审方式，并在指定时间内完成庭审。

法官可以根据案件实际情况，在诉讼平台上组织当事人召开庭前会议，通过视频、语音、文字等形式完成明确诉辩意见、证据交换、归纳争议焦点、组织调解等诉讼活动。

不适用在线庭审的情形主要包括：（1）双方当事人明确表示不同意，或者一方当事人表示不同意且有正当理由的；（2）双方当事人均不具备参与在线庭审的技术条件和能力的；（3）需要现场查明身份、核对原件、查验实物的；（4）人民法院认为存在其他不宜适用在线庭审情形的。对于仅一方当事人选择在线庭审的，法院可以根据案件情况，采用一方当事人线上、另一方当事人线下的方式开庭。

在线庭审中法庭调查、法庭辩论等程序参照线下庭审相关规定在线上进行。判决前能够调解的案件，法官可以在诉讼平台上组织当事人进行调解。调解成功的，当事人确认调解协议，法官通过诉讼平台制作调解书。调解不成的，法官依法作出判决。对于事实清楚、权利义务关系明确的简单案件，需要公告送达的，可以适用简易程序在线审理。对于适用简易程序审理的案件，法官可以根据案件情况，简化在线庭审程序，但应当保障当事人答辩、举证、质证、陈述、辩论等诉讼权利。在线庭审全程录音录像。经当事人同意，简易程序案件庭审录音录像可以替代庭审笔录。在线庭审使用语音识别技术，同步将庭审录音录像转化为庭审笔录，庭审结束后，由当事人、其他诉讼参与人、法官、书记员等确认。法官、法官助理、书记员、当事人、其他诉讼参与人等通过在线确认、电子签章等在线方式对调解协议、庭审笔录、送达凭证以及其他诉讼材料进行确认的，视为符合法律中关于签名的要求。适用普通程序审理的案件，法官可以在诉讼平台上随时、随地、多人同时阅卷，开展在线合议，通过诉讼平台生成合议笔录，由合议庭成员确认。

除查明确属网络故障、设备损坏、电力中断或者不可抗力等原因外，当事人不按时参加在线庭审的，视为拒不到庭，当事人庭审中擅自退出的，视为中途退庭，法院按照法律和司法解释相关规定处理。当事人、其他诉讼参与人、其他人员违反庭审纪律、破坏庭审秩序、妨碍网上诉讼活动顺利进行的，应当追究法律责任，庭审录音录像可以作为追究相关人员法律责任的依据。

对于诉讼平台智能生成裁判文书部分或者全部内容，由法官修改形成裁判文书。案件事实清楚、当事人对法律适用无争议或者争议不大的案件，法官可以在诉讼平台上当庭宣判。未当庭宣判的案件，法官可以在诉讼平台上定期宣判。法官宣判时，通过诉讼平台生成宣判笔录，告知当事人上诉权利、上诉期限和上诉法院。当庭宣判的案件，法官应当在 10 日内向当事人送达裁判文书。定期宣判的案件，法官应当在宣判后立即向当事人送达裁判文书。

（五）在线上诉

当事人可以通过诉讼平台在线提交上诉状，并可以自收到缴纳诉讼费用通知书次日起 7 日内在线缴纳二审案件受理费。当事人未在规定期限内缴纳二审案件受理费的，二审法官借助诉讼平台制作撤诉裁定，按撤回上诉处理。

一审法院收到上诉状、答辩状等上诉材料后，应当在法定期限内将电子卷宗移交二审法院。案件材料中确有必要保留纸质材料的，二审法院要求移送纸质卷宗的，一审法院应当在法定期限内将纸质卷宗移交二审法院。

二审法院建立与一审法院对接的诉讼平台，当事人对于一审法院采用电子诉讼方式审理的案件提起上诉的，二审法院原则上参照本细则采取电子诉讼方式审理，在线完成卷宗移转、受理、送达、调解、证据交换、庭前准备、庭审、宣判等诉讼环节。

八、建立民事诉讼程序繁简分流改革试点数据统计系统

根据改革试点内容，北京市高院审管办明确数据分析指标、口径、算法和展现方式后，根据信息化项目管理规范要求，成立相关数据分析专班进行统计系统研发，建立科学有效的试点成效检视系统，确保改革试点的各项指标数据客观及时、实时呈现，便于即时提取和统计分析，为进一步确保试点顺利落地见效提供信息化、可视化的系统支撑。

北京法院在开展民事诉讼程序繁简分流的试点改革工作过程中，全面总结吸收本地以及各地法院近年推进案件繁简分流、优化司法资源配置的经验做法，特别注重新程序运行的规范性，尽可能通过实施细则使程序的适用标准明确化，对各重要环节和关键节点作出标识，并在流程和转化机制等方面作出细化规定。整体上来看，此试点改革对民事诉讼程序规则的完善展开了一系列开创性的探索，为未来进一步完善民事诉讼制度和相关规则的修改提供了蓝本并打下了坚实的基础。

第三节　繁简分流改革的北京经验：实践与成效

在进行民事诉讼程序繁简分流改革的试点城市中，北京和上海是仅有的两个直辖市，且都是在全域范围内推进繁简分流改革，即北京市辖区内的 4 家中级人民法院、16 家基层人民法院和作为专门法院的北京知识产权法院以及北京互联网法院共 22 家法院全部纳

入试点范围。❶ 试点样本不仅层级丰富，在数量上居全国法院之首，且包括了专门法院和互联网法院等多种类型，因此其极具经验价值。自繁简分流改革试点工作启动以来，坚持"顶层设计"与"基层创新"相结合，通过有效的统筹引领和基层实践，深入探索开展了一系列可复制、可推广的创新举措，总结梳理北京法院在改革试点上有特色、有创新、有效果的举措和经验，对于更有成效地促进法院繁简分流机制改革具有重要的借鉴和推进价值。

一、构建高效运转的"多元调解＋速裁"的纠纷化解新体系

扩大司法确认、小额诉讼、简易程序和独任制的适用作为繁简分流改革中的重点和难点工作，相关规则的优化和完善适用是一个方面，而更重要的是，将这些增效提速的程序机制纳入多元解纷体系中，实现系统集成的一体化推进，才能真正使司法在资源配置上实现合理优化，增进人民群众在公平正义中的获得感和实现感。

在这方面，北京法院将民事诉讼程序繁简分流的改革任务与"多元调解＋速裁"工作无缝衔接，健全"分调裁审"衔接机制，通过普遍在法院建立运行良好的速裁、独任法官快审团队，在试点改革运行的第一阶段就取得了明显成效，2020 年 1 ～ 5 月，全市基层人民法院调解成功案件与速裁结案共 71 210 件，占同期民事结案量的 64.5%，用 19.7% 的民事员额法官化解了 64.5% 的民商事纠纷；同时，在各中级人民法院均设立独任审判团队，二审上诉的

---

❶ 北京金融法院因其设立较晚，于 2021 年 3 月正式成立，故不在繁简分流试点改革的范围之内。

独任制适用率超过 25%，平均审理时限为 30 天左右，相较于改革前增效提速明显。2020 年全年，北京法院通过"多元调解＋速裁"机制结案 324 395 件，全市法院新收案件多年来首次出现下降，降幅达 14.7%，用 21.1% 的民事员额法官化解了 69.5% 的民事纠纷。❶ 前端速裁案件平均审理天数为 49 天，较后端平均审理时间缩短了 29 天。对于容易形成批量案件的物业服务、民间借贷纠纷案件，则分别下降 65.2%、31.5%。❷ 在实践中，各法院均结合本辖区的案件特点，实施了多种有针对性的创新举措，借此构建起对矛盾纠纷分层过滤并实现层层递进化解的诉讼机制，这些创新工作机制作为"北京经验"在全国法院得到认可和推广，如图 1-1 所示。

图 1-1　北京法院多元调解与速裁结构图

❶ 徐伟伦，王元义，孙伟. 北京高院通报"多元调解＋速裁"工作情况［N］.法治日报，2021-01-15.

❷ 李瑞. 多元调解＋速裁一站式解纷的"北京模式"［J］.中国审判，2021（2）.

（一）加强特邀调解规范管理和培训

北京市高院建立全市统一的特邀调解名册，覆盖金融、知识产权、互联网、物业、道路交通等 20 多个领域，印发《北京法院特邀调解员培训办法》，构建调解员党建、廉政、培训、管理一体化培育机制，开展年度"十佳特邀调解员""优秀特邀调解员"评选活动，表彰激励先进，打造履职高效的调解员队伍。在北京法院的在线调解系统中，提供供暖合同、物业合同以及民间借贷、买卖等典型、常见案件的资料，包括典型案例、调解技巧、审查重点、司法确认要点等，不仅便利调解员随时查询参考，而且有助于保证调解的质量和调解活动的规范化。

在管理机制上，西城法院对调解名册实行动态管理，确定最长 60 日案件运行周期、45 日调解期时限节点。海淀法院建立特邀调解组织、特邀调解员电子档案，按照业务范围、擅长调解案件类型、是否常驻法院等实行分类管理，增强匹配性和针对性。同时，海淀法院充分发挥担任区人大代表、政协委员的特邀调解员的"身份公信"，着力在物业纠纷、婚姻家庭纠纷等类案中加强调解，效果明显。房山法院与区司法局、市场监督管理局共同制定《关于消费领域纠纷调解协议"一站式"司法确认工作规则》，确立消费领域纠纷调解协议司法确认工作各项机制。

北京互联网法院专门开发了虚拟拨号功能，在调解员开展工作时，经由外呼功能，无论调解员用什么电话拨号，在当事人端显示的号码都是和法院办公电话前四位相同的座机号，这样当事人看到呼叫号码后不会拒接电话，而调解员也易在短时间内就获得当事人的信任。同时，外呼功能的设置也更加便利调解员的工作，在调解平台上，调解员点击电话按钮即可直接与当事人通话，不仅节省了拨号的时间，而且使调解员的工作不再受制于特定的办公环境，可以在任何调解员方便工作的时间和空间里进行，既提高了调解效率，又避免了资源占用。

更为重要的是，虚拟拨号功能的运用使得所有通话记录都能在系统中得到有效留痕，调解员和法官都可以通过调解平台系统进行查证、追溯；并且在当事人一端，在接听电话的同时，系统还同步发送一条短信，详细列明案件调解员及分机号码，以方便当事人能够随时联系调解员。当事人和调解员双方对平台系统都具有较高的满意度。

（二）实行类案专业化调解机制

北京西城法院基于辖区内金融机构众多的特点，深入开展金融纠纷诉调对接工作，提供"诉前调解＋司法确认"一站式司法服务，围绕金融类案件的特点，进行了调解组织专业化、证据审查规范化、确认程序模块化升级。海淀法院重点推进律师参与类型案件调解，提高知识产权纠纷、行政纠纷等类型化案件调解成功率，在诉前调解程序中设置类型化小额案件模块，在搜狐和网易的多重相互诉讼案件中，促使双方建立起"企业间版权协调机制和通知绿色通道"，提前使双方间的 3000 多个纠纷得到了有效化解。

在证券投资领域，早在 2017 年，北京一中院就与证券专业调解组织建立了合作机制。在繁简分流改革中，北京一中院与投保基金公司开展深度合作，特别是针对"一对多"证券期货虚假陈述类型的责任纠纷，探索建立"示范判决＋委托调解＋共管账户"的调解模式，在推进证券纠纷多元化解方面取得了良好的成效。已成功调解多家上市公司涉虚假陈述责任纠纷案件共计约550件，经调解赔偿投资者的金额达8500余万元。❶2020年疫情期间，某上市公司因虚假陈述行为被处罚，有机构投资者诉至北京一中院请求赔偿。基于疫情防控需要，北京一中院将案件委托给投资者保护基金公司，通过证券期货纠纷在线诉调对接机制来解决。该案在调解过程中，北京一中院以投资者保护基金公司作出的损失估算结果为基准，根据双方当事人的诉请及其实际情况，指导投资者保护基金公司进行在线调解。最终，北京一中院于2020年5月25日，以双方当事人初步达成的调解协议为依据，出具了生效调解书，投资者成功获赔1050万元。这是北京法院通过证券期货纠纷在线调解机制成功解决的第一起案件，为畅通投资者维权渠道提供了新的机制和实践经验，构建起了投资者司法保护的新路径。❷

（三）建立顺畅的诉调审衔接机制

2020年初，北京市高院对近几年间北京法院出台的共25个涉及"多元调解＋速裁"机制的文件开展了整合汇编工作，在此基础上，制定了《北京法院民事案件"多元调解＋速裁"机制工作规范》，该规范共有190条和12个附件，旨在进一步巩固、深化前期

❶ 王红.探索实践"示范判决＋委托调解＋共管账户"模式 投保基金公司成功调解案件千余件［N/OL］.上海证券报，［2020-05-16］.http：//news.cnstock.com/paper，1319715.htm.
❷ 获赔1050万元！北京法院首例在线诉调对接 降低投资者维权成本［N/OL］.经济日报，［2020-05-28］.https：//baijiahao.baidu.com/s?id=1667927598557522914&wfr=spider&for=pc.

已建立的前后端审判格局所取得的成果，指导分调裁审全流程，实现分流程序、调解、速裁和精审各环节的有机衔接。

在建立外部联结机制方面，北京市高院与北京证监局、中国人民银行营业管理部、市住建委、市知识产权局、市网信办、市交管局六个部门建立了诉调对接关系；与央行管理部、北京银保监局共建金融纠纷多元化解机制，实现了金融调解协议一站式司法确认；与北京银保监局共同下发《关于推进金融纠纷多元化解机制建设的意见》；与市知识产权局、市司法局等八部门共同印发《加强知识产权纠纷多元调解工作的意见》；探索构建物业公司信用评价机制，以昌平法院为试点，建立物业公司信用动态评价体系。

在北京法院系统中，对于当事人不接受调解或者调解未成功的简案，将直接进入速裁环节，速裁法官可以根据从当事人在系统中填写的案件情况登记表中提取的要素信息，直接进行要素式审判，在很大程度上有效地简化了裁判流程，提高了诉讼效率（见图1-2）。

要素式审判在操作上，主要是依托睿核知识提供的知识图谱，在结合类案特征和审判规律的基础上对具体的案件作出分析，如将机动车交通事故责任纠纷案件的审理要素主要归结为四类，即事故

金融借款合同纠纷案件情况要素

重要声明

1. 为了帮助您更好地参加诉讼，保护您的合法权利，特发本表。

2. 本表所列各项内容都是法官查明案件事实所需要了解的，请您务必认真阅读，如实填写。

3. 由于本表的设计是针对普通金融借款合同纠纷案件，其中有些项目可能与您的案件无关，对于您认为与您案件无关的项目可以填"无"或不填。对于本表中有遗漏的项目，您可以在本表中另行填写。

4. 您在本表中所填写内容属于您依法向法院陈述的重要内容，你填写的项目表副本，本院将会依法送达给其他诉讼参与人。

请填写与案件相关的以下内容：

金融借款合同纠纷要素表

项目	内容	
一、借款人概况：	姓名：	
	性别：	
	出生年月：	
	民族：	
	住址：	
	身份证号：	
二、共同借款人概况：	姓名：	
	性别：	
	出生年月：	
	民族：	
	住址：	
	身份证号：	

图 1-2　要素式审判示例

发生概况；责任划分；相关鉴定情况，包括车辆情况和关于受害人的伤情、病休、伤残鉴定；已赔偿情况等。依据北京市高院立案庭发布的《关于民事案件繁简分流和诉调对接工作流程管理规定》《速裁案件要素式审判若干规定》，北京高院通过与信息技术部门共同研发，实现了多种案由进行要素式审理，并制作出要素式裁判文书，包括机动车交通事故责任纠纷、物业服务合同纠纷、买卖合同纠纷、继承纠纷、离婚纠纷、金融借款纠纷、信用卡纠纷、民间借贷纠纷、供用热力合同纠纷等。在编写文书时，系统可自动生成裁判文书，使法院的审理裁判效率得到明显提升。例如，北京知识产权法院通过组建速裁团队、改革审理方式以及简化裁判文书等举措，对事实清楚、权利义务关系明确的民事二审案件及部分一审案件进行集中审理，平均审理期限缩短至 30 天。2020 年，由 11 个速裁法官团队负责的前端共结案 49 452 件，在同期结案总数中占比 72.59%。

（四）设置小额诉讼程序和简易程序的长效激励与管理机制

北京市高院印发《关于贯彻落实民事诉讼程序繁简分流改革试点精神全面加强小额诉讼程序适用的通知》，坚决防止出现"该用不用""任意转换"等情况。各法院普遍建立小额案件甄别标志机制，强化诉前提示引导，组建小额速裁团队，探索通过快审快执、诉讼费用激励机制等途径，引导当事人和法官优先选择适用小额诉讼程序。例如，西城法院对小额诉讼程序案件实行"预执行"登记。丰台法院构建以"快立、快分、快调、快送、快审、快裁、权利救济"为核心的小额诉讼便捷通道。昌平法院建立小额诉讼裁判异议审查机制，避免大量小额诉讼案件直接涌向再审。通州法院建立"双复核"工作机制，通过程序异议复核机制、裁判结果复核机制，促进当事人选择适用小额诉讼程序。房山法院打造小额诉讼"集先锋"速裁团队，开通绿色通道对小额诉讼案件进行优先送达。互联网法院探索"三三"速裁工作机制，对简案进行三次分流，小额诉讼案件流转效率大幅提升。

同时，为保证小额诉讼程序的适用质量，北京法院也注重加强对小额诉讼程序运行监管。主要采取以下举措：

（1）严格小额诉讼程序标注工作，制作小额诉讼程序流程图、程序转换表等18个基础文件模板，进一步规范小额诉讼程序在普法、立案、审理、执行等各流程的工作，建立审执速通工作机制；

（2）将小额诉讼程序转换事项列入院庭长审判监督管理范围，更新线上审批流程及审批权限，强化院庭长对程序转换事由的实质性审查，严格程序转换审批；

（3）加强对"小额转简易""小额转普通"案件的监督和审批，对于按要求应该适用而不适用的案件要求逐一说明原因；

（4）严控小额诉讼程序办理流程，要求小额诉讼案件有限移交审判庭室，明确小额诉讼案件原则上不得延期审理，小额诉讼程序转简易程序、普通程序由主管院长进行审批；

（5）建立小额诉讼裁判异议审查机制，组建小额诉讼裁判异议审查工作委员会，为申诉信访和再审设立"缓冲带"，避免大量小额诉讼案件直接涌向再审，同时与再审程序实现了有序衔接。

为保证小额诉讼程序和简易程序的精准适用，门头沟法院通过实时研判案件受理特点和趋势，对存在潜在关联串案的案件，预先对立案庭在适用小额诉讼程序上进行提醒，每天安排员额法官在立案窗口进行简单案件初步识别、筛选，控制全院民商事案件进入多元调解系统的导出率，确保不适宜调解的案件直接、快速进入后端审理。房山法院严把案件移送关，明确适用小额诉讼程序、简易程序审理的案件须在立案当天最迟不超过 2 个工作日内移送至相关审判庭进行审理。平谷法院加强对小额诉讼程序案件的标识管理，打造绿色通道，缩短案件流转周期。互联网法院在涉网著作权侵权案件中集中试点推行小额诉讼，探索"焦点化 + 要素式"庭审方式，将适用小额诉讼程序审理的案件庭审时长控制在 10 ～ 15 分钟。案件流转效率得到大幅提升。2020 年，根据北京市高级人民法院的统计，北京全市基层人民法院适用小额诉讼程序审结民商事案件[1]4.6万件，同比上升 234%，占全部一审民商事结案数的 11.49%，平均审理时间 29.5 天。全市基层人民法院适用简易程序审结一审民商事案件 26.4 万件，占全部一审民商事结案数的 64.83%，平均审理时间 42 天，其中公告送达案件适用简易程序 1.8 万件，公告送达案件简易程序适用率 41.37%。

（五）扩大独任制改革与健全速裁快审机制协同推进

在这方面，北京二中院探索出一套行之有效的模式。其做法主要是，加强对案件进行"简案"和"繁案"的甄别，在此基础上适配合理的审判组织模式，从而实现司法资源的优化配置。在具体的操作模式上，建立起了案件甄别系统→立案庭统筹管理→二审独任

---

❶ 含知识产权案件，不含执行案件和破产案件。

审判团队速裁的全流程机制。

首先，实行"系统分流＋人工识别"的案件甄别机制，完善案件甄别机制以把好入口关。为此，北京二中院专门制定了《适用二审独任制案件选案指引与分案办法》，采用"客观性标准与主观性标准相结合、正向列举与反向排除相结合的方式"，对二审独任制的案件适用标准加以明确，由系统自动完成 80% 的案件识别，保证"应纳尽纳"，避免"人为选择"。❶

其次，通过"以随机分案为主、人工调整为辅"的分案模式达到优化审判格局的效果。组建速裁专业化审判团队，由立案庭统筹管理，独任审判团队负责二审独任制案件的集中审理，同时辅之以各业务庭作适当补充，对案件进行统一的管理监督。

最后，以"双模"团队实行人案适配。即建立嵌于速裁团队内的独任制团队，以"3+3+3"的法官＋法官助理＋书记员结构组成，可根据案件状况在独任审理和固定合议庭两种形式之间做到切换自如。在团队法官配置方面，要求独任法官至少具备 5 年审判经验或 3 年办理相关案件的经历，从而满足人案适配的专业化需求。

为确保法律适用的统一，北京二中院归纳编撰了 31 项类案的办理规范和裁判规则，同时保持每年 1 至 2 个的数量扩容，这些办案规范都内嵌于办案系统中，便于法官在裁判时获得统一的规范指引。同时，要求独任法官应对当事人提交的类案检索报告作出有效回应，回应情况将纳入案件评查。

---

❶ 人民法院司法改革案例选编（九）[EB/OL].// 改革案例第 144 号 北京市第二中级人民法院 强化二审独任制案件监督管理 确保有效发挥审级监督作用 [2022-09-01]. https：//www.chinacourt.org/article/detail/2020/07/id/5348724.shtml.

　　为了对裁判结果实行分类管理，北京二中院专门制定了《拟发回改判案件监督管理办法》，该办法规定，拟发改案件一般应交专业法官会议讨论后决定。根据二审独任制审理的案件特点，对发回重审的标准实行严格把关，凡不属于严重违反法定程序的案件，应审慎作出发回裁判，以便充分发挥二审的定分止争功能。同时，对维持原判类案件适用"智能偏离度分析"监管。即针对适合二审独任制的 13 种类案在本院五年间的发改率、维持率等指标进行统计分析，同时结合试点一年来速裁机制的运行状况，在系统中按季度实行自动比对监控并及时预警，对那些严重偏离阈值区间的类案需实行案件复查，复查有庭内互查和审管办重点评查两种方式。自改革试点以来，北京二中院的二审独任制案件调撤率为 4.7%，发改率 2.3%，均处于合理区间内，且当事人的满意度较高，信访率在全院平均水平以下。

　　在二审法院推行独任制改革中，一中院采用"两筛查工作法"促进案件繁简分流的分类处置，书记员收案后首先查看一审裁判文书，对一审适用简易程序的案件卷宗进行标记；法官在庭前阅卷撰写阅卷笔录时，对案件是否满足"事实清楚、权利义务关系明确、争议不大"的实体要件进行初步判断，进而决定是否采用独任制进行审理。同时，各部门通过对适用独任制案件中拟改判、发回重审的案件和拟转为合议制审理的案件向庭长汇报或提交法官会议讨论，加强庭级层面对独任制案件质量的监督管理。

　　在这方面，北京三中院的做法是通过归纳、总结类案审判要件，以详列类案应查明的事实重点和法律适用要点的方式，推进二审独任制审判标准化建设。以二审案件繁简分流改革为基础，建立

系统分流＋人工识别的二审独任制案件甄别方式。通过综合一审
审理方式、时限以及案件类型等因素运用系统算法划定适用二审独
任制审理的"简案"范围；在人工识别方面，则基于法官庭前阅卷
等方式来了解当事人诉求、具体判断是否在事实认定、法律适用或
审理效果上存在应考虑的特殊情形。同时，建立主体清晰、标准明
确、流程规范的程序转换机制。北京三中院制定了二审独任制实施
细则和二审程序运行流程图，对审判组织的转换标准、启动主体、
决定流程和告知形式等予以明确规范。在转换标准的设定上，从法
律适用规则、案涉利益层面及案件影响范围等多方面进行评估，区
分应当转合议庭审理的案件和可以转合议庭审理的情形，其中前者
具体细化为 10 种情形，后者包括 3 种情形。在启动主体上，明确
了由当事人提起、主审法官提起和院庭长依职权监督提起这三种组
织转换方式。

二、推进"互联网＋司法"的深度融合

繁简分流改革要实现减员增效、解决案多人少的矛盾，必须充
分运用现代科技手段，通过科技赋能司法，从而使科技发展的成果
与诉讼制度的改革成果深入融合，这方面北京法院积累了较多可复
制、可推广的有效经验。

（一）健全电子诉讼全流程机制

北京法院高度重视信息化平台的应用，全部工作程序和制度都
融入操作系统，实现了从网上立案、繁简分流、多元调解、诉调对

接全流程的线上流转、线上管理。

一是强化电子卷宗深度应用。北京市高院制定了《关于推行电子卷宗随案同步生成和深度应用的实施方案》，推进实现电子卷宗全业务办理。一中院建立电子卷宗随办案节点进程同步生成流转模式，探索建立电子诉讼档案集中保存、统一管理模式。西城区法院建立电子卷宗生成中心，所有诉讼材料通过该中心完成集中收转、扫描、加工、保管、借阅、整理，从而实现"一次扫描、全程使用、一键归档"。海淀法院强化电子卷宗深度应用，联合北京知识产权法院共同启动电子卷宗"一键上诉"。

二是创新在线庭审方式。二中院尝试分离式在线庭审，由审判员在法庭内主持庭审，书记员异地远程记录。西城法院推进庭审记录方式改革，在小额诉讼程序、简易程序案件中采用庭审录音录像代替书记员庭审笔录。海淀法院运行全市首个"执行和解监管平台"，推动提升在线执行工作水平。门头沟法院结合山区法院的特点，开通了远山区法庭云审判，主动回应深山百姓法治关切。互联网法院开通外网办案系统，搭建云上"虚拟法庭"。通州法院探索"异步审理"模式，对于当事人不便同步审理，合意选择异步审理的，依托北京移动微法院掌上法庭，指导当事人在信息对称的情况下，非同步完成各诉讼环节，提升当事人的诉讼体验。

三是探索在线司法辅助工作机制。二中院创新在线勘验模式，庭审中调取涉案工程电子街景地图，展示施工过程中特定节点的现场状况。四中院制定电子诉讼规则，进一步细化证人线上出庭作证的方式。东城法院创设"天坛小秘书"公共微信接收当事人材料，提高审判效率，降低廉政风险。朝阳法院研发使用"案件空间"微信小程序，拓展办案空间维度，提高案件办理效率；探索规范知识产权民事案件证物的"在线质证"，探索规范证物在线作证的程序。海淀法院探索在线鉴定模式，组织当事人在线完成鉴定机构选择、风险告知、无争议电子材料质证等事项。

四是完善电子送达机制。为缩短送达周期，北京法院在全国率先成立集约送达中心，建立电子送达数据库，通过市场主体送达地址确认制度的建立，使得 2020 年北京法院民商事案件的电子送达率提升至 58.3%。北京知识产权法院探索向涉外企业公示的电子邮箱进行电子送达，用足用好法律规定的送达方式。西城区法院建成启用全新的集约送达中心，形成了集"团队化 + 流程一体化 + 智能化"于一身的全新送达格局。海淀区法院针对电子送达裁判文书送达比率较低的问题，加大外包力量，为后端庭室派驻临时送达员，配合各业务庭推进电子送达工作。丰台区法院自主研发送达辅助系统，完善司法送达线上操作，逐步升级为"智慧司法"送达服务平台。顺义区法院细化"视为地址"的具体适用规则，锁定有效送达地址的途径。

（二）分调裁一体化平台、移动微法院、云法庭等信息系统的有机适用

在繁简分流改革中，北京法院特别注重加强分调裁一体化平台、移动微法院、云法庭等信息技术平台和系统的建设使用。

北京法院的分调裁一体化平台在技术上结合了音视频、大数据和 AI 等前沿科技，实现了在线预约立案、繁简案件分流、多元调解纠纷案件管理、线上调解及自动生成要素式裁判文书等多种功

能，从而达到帮助法官和调解员高效、公正办理案件，帮助当事人实现便捷、快速解决纠纷的目的。该平台在使用中的特点主要有：一是内外网信息的互联互通。平台不仅将审判信息网上的立案信息导入法院内网的立案系统中，而且能够快速将需要调解的案件从内网立案系统中提取出来并转至外网上的调解组织，供其进行在线调解，完成在线的诉调对接。二是利用音频视像等技术提供多方在线的视频调解，调解平台系统可以对调解过程进行全程留痕，所有调解文件和音视频材料都保留在平台上，不仅诉调活动不受时空限制，而且当事人可以利用碎片时间参与诉调活动，极大地便利了当事人，这种模式代表着未来诉调机制的发展趋向。三是在立案阶段，由系统对案件进行智能评分，通过对起诉信息系统评估实现案件繁简分流的智能化。四是充分运用实体识别引擎、OCR 等图像识别技术和大数据分析，对案件的实体材料进行智能提取、类案推送和分析，为法官办案提供智能化支持，并通过系统算法，将所提取的案件信息与文书智能编写相结合，自动生成裁判文书，为法官切实减轻工作负担（见图 1-3）。❶

---

❶ 北京法院分调裁一体化平台 构建便民高效现代化诉讼服务体系［N/OL］．经济日报，［2022-09-01］．http：//www.ce.cn/cysc/zljd/gzd/202006/03/t20200603_35038679.shtml.

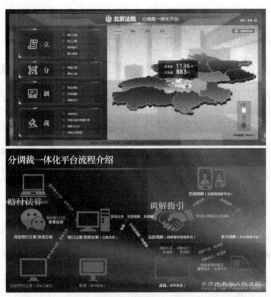

图 1-3 北京法院分调裁一体化平台示意图

为切实发挥智能化司法服务的作用，北京法院的分调裁一体化平台分设互联网端、微信端和法院专网法官端，有机整合了快速立案、预约立案、智能分案、在线调解、多元调解、速裁庭审、调解指引和大数据服务，以要素式审判为主线，构建一个立案、分案、调解、速裁全流程一体化要素式审判信息平台。从法官的应用角度看，分调裁一体化平台可以帮助法官自动识别案件的繁简程度并实行分流，同时对调解过程进行全程留痕和全程监管，达到"简案快审、繁案精审"的改革目的。与此同时，针对类型化案件开发的要素式裁判文书自动生成系统也为法官裁判节省了时间、提高了效率，切实缓解了"案多人少"的矛盾（见图1-4）。

图1-4　一体化审判信息平台示例图

扫描二维码后，案件信息自动导入法院立案系统。

（三）构建当事人友好型智能司法服务

在分调裁平台电脑端上线应用后，为方便当事人的使用，手机端小程序"北京移动微法院"也投入使用，作为中国移动微法院北京分平台，北京移动微法院除具备通用的移动微法院功能外，还有几个特色亮点功能，包括调解指引、调解案件查询、案件风险评估、试算工具等，使当事人充分体验掌端的便利化、智能化。

北京移动微法院在使用上非常方便，它内嵌于微信小程序中，当事人无须下载安装 App，一步一引导，一案一空间，当事人和法官无须同时在线，具有"易普及、全流程、易操作、易升级、可推广"的特点，当事人只要动动手指就能在家中完成诉讼活动，真切体验到"指尖诉讼、掌上办案"的便利，使老百姓打官司从"最多跑一次"变成"一次都不用跑"。同样还有便利当事人和诉讼代理人使用的互联网电脑端。当事人和代理人可以直接在线申请调解；已申请调解的案件，可以进入"我的案件"，跟踪查看相关信息；调解成功后需申请司法确认的案件，当事人可直接在线上申请司法确认；至于调解不成或调解成功后需申请执行的案件，也可以在网上预约立案。经北京法院授权登录，经双方当事人同意，特邀调解员和特邀调解组织都可以在线进行视频调解，实现网上材料对接、证据展示、确认调解结果、调解全程录制留痕，当事人足不出户就能便捷地解决纠纷。

现在，当事人通过北京法院诉讼服务微信公众号，可以非常方便地进行微信预约立案。首先根据案情选择受理法院，然后填写案由、标的金额、原被告信息及送达地址信息，在线提交起诉书、证据材料、要素信息表后提交预约申请。受诉法院审核通过申请后，会给当事人发送短信，告知其预约立案申请已经通过，通知当事人带相关材料到法院办理立案手续。对于预约立案，北京各法院都设有快速办理通道，当事人只要去一次就可以完成立案手续办理（见图1–5）。

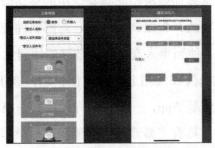

图1–5　微信预约立案示意图

当事人提供并确认送达地址信息，立案系统自动生成送达地址确认书（见图1–6）。

图1-6 立案系统送达确认书

在立案登记时，系统自动弹出繁简因素确认页面，立案法官根据实际情况，勾选要素调整分因素和特殊调整因素为后续繁简打分提供数据支持。系统会根据本案的繁简情况自动识别，如果是简案，立案处理方式推荐为调解，如果是繁案，推荐当场立案，由后端审判庭室审理。

同时，北京移动微法院还面向当事人专门开发了诉讼风险评估系统。通过当事人选填基本案情，由系统进行诉讼风险评估，引导当事人合理维权，并提供多种工具，如道交试算工具，进行理赔试算，统一理赔标准，最小化赔偿争议（见图1-7、图1-8）。

图1-7 诉讼风险评估示意图

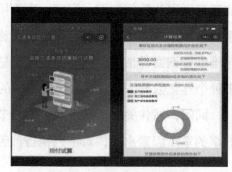

图1-8 理赔试算示例图

（四）全面加强在线诉讼案件质量管理

作为全部案件都在网上审理的新型法院，北京互联网法院对于在线诉讼的管理和监督具有独到的经验，且已建立起一套符合在线诉讼特点的质效监管体系。该体系的主要特点是，构建可视化管理平台，确保在线诉讼各环节均处于可视化监督之下；同时，以流程管理为主轴，建立包含"问题发现、评价监督、信息保障"的三维立体式审判监督管理体系，从而保证在线审判流程可视、问题可溯、质量可控，有效提升在线诉讼案件的审判质量。该体系的具体构成包括以下内容。❶

1.搭建流程全覆盖的智能化监管体系，实现审判全流程监管

充分发挥信息技术的作用，依托可视化审判管理平台，将电子诉讼平台、多元调解平台、办案平台和电子证据平台数据进行整合，对在线诉讼案件实行自动分级监管，使整个审判管理流程全部留痕。

在具体操作上，在对案件和审判管理规律进行分析的基础上，北京互联网法院根据院、庭室、审判团队三个层级设置了流程管理系统，该系统可实时提供全案由、全流程的动态审判数据，可实时多维度查询案件情况，同时提供区块链存证指标、在线诉讼指标等多种个性化数据，实现从人员到案件的全覆盖。

同时，抓住关键流程节点，实行节点分级化管理。从影响审理效率的重点因素出发，对审判执行流程节点进行分解归类，区分已

---

❶ 北京互联网法院构建三维立体式审判监督体系 全面加强在线诉讼案件质量管理［EB/OL］．［2022-09-01］．https：//www.chinacourt.org/article/detail/2020/07/id/5348701.shtml.

有明确规范的硬性节点和无明确规范但易产生审理拖延的软性节点，将其嵌入可视化平台进行分级管理。例如，在审限管理模块中，系统会实时呈现扣审、延审的案件数量动态图，以及基于案由、扣审理由等呈现的动态分布图；此外，系统还对"案件送达平均用时、送达至开庭时长、实际平均审理时长"这一类软性数据作出特别设置。所有这些节点都被纳入管理流程并设置了系统自动预警、提示，一旦审限状态偏离正常预期，系统即可启动院庭长监督程序。

北京互联网法院的审判流程监管平台作为嵌入式管理机制，其运行方式是全员静默化监督，系统会在审限到期前自动作出预警，也会重点提示敏感案件，自动分析审判态势以及案件评查在线反馈，从审委会到主管院庭长到办理案件的法官，不同的主体在系统中都依其监管职权有序运行，由此构建起一个"自我管理、全员管理、相互监督、分层监督"的审判流程监管体系。

2. 创新"二三四"案件评查体系，提升审判质量

根据互联网法院类案集中、审判团队专业化的特点，为与审判权运行模式相适应，北京互联网法院创新建立了"两并行、三层级、四结合"的案件质量评查工作体系。

首先，北京互联网法院结合法官的特点，根据其工作能力、业务范围和年龄结构以及工作需要，建立起"两并行"的评查机构。一方面是由各庭室对本部门的案件进行常规评查并对一些重点案件开展初评，主要是再审、发改及撤销的案件；另一方面则是由"案件质量法官自律委员会"负责专项评查，该委员会由各审判庭室＋职能部门的法官代表组成，每年初制定评查计划，主要是针对长期未结案、庭审质量、司法公开状况和裁判文书进行专项评查。

其次，北京互联网法院根据案件特点，构建了"三层级"的评查体系。即以案件质量初评为基础，根据所审理的案件难易特点和焦点问题，由"案件质量评查委员会"进行有针对性的复评，进而再由法院审委会作出终评。通过"三层级"评查体系的层层把关，能够深入分析审判质效指标，增强对审判运行态势的掌握和管理能力，从而能更好地保持全院裁判尺度的统一性。

最后，北京互联网法院采取富有特色的"四结合"全过程评查机制，即线上与线下相结合，事中与事后相结合，实体与程序相结合，定期与不定期相结合。充分发挥信息技术的优势，将法官办案平台与可视化案件流程管理平台中的数据和当事人电子诉讼平台中的信息相对照，评查案件信息录入的准确率、电子卷宗归档情况以及在线诉讼指标考核等体现互联网法院特色的管理质效，将定期评查与专项评查和讲评结合起来，强化对审判全流程的标准化监督。

3. 探索建立符合线上审判特点的廉政风险管理体系

北京互联网法院深入研判互联网审判流程中存在的廉政风险点，对全院 7 大类人员 150 多个岗位进行分解梳理，归纳出 233 个廉政风险点并设置了 210 条风险防控措施，涵盖"立案审查、多元调解、分案、诉讼服务、重大敏感案事件处置、审判、执行、调研、宣传、信息化建设、外事接待"等多个方面，制作了《北京互联网法院廉政风险点与防控措施清单》，覆盖审判执行各程序阶段，确保防控廉政风险不留死角。

同时，北京互联网法院将审判质效管理与廉政风险控制同步推进，明确纪检组成员列席案件评查会，从对案件的评查中及时发现廉政风险，并将重大敏感事件只是事件（还不到案件的情况信息）

批量案件和当事人信息等内嵌在可视化审判流程管理平台中，以便做到对重大风险和类型化风险进行定期排查。此外，北京互联网法院还开发出多个廉政预警模块内嵌在系统中，包括"同案审理期限不均衡模块、违反随机分案规定模块、一案多调模块、投诉分析模块"等，确保能够实时对廉政风险进行动态监控、智能预警并及时处理。

三、通过繁简分流改革，深化诉源治理

繁简分流作为诉讼程序机制改革，提升审判质效、解决案多人少的矛盾只是改革的目标之一，而至为重要的，是通过机制、体制的变革，实现诉源治理。在这方面，北京法院开展了多方面的努力并取得了明显的成效。

2020 年，北京法院系统建立了统一的诉源治理平台，对接北京市党建的"街乡吹哨、部门报到"改革，提供诉源治理服务共计1.5 万人次。❶ 针对在基层高发频发的物业纠纷，朝阳法院探索和行政主管部门共同建立物业公司信用等级动态评价机制，以督促辖区内的物业公司提升服务水平、及时进行整改，从源头上减少物业纠纷类案量。2020 年，朝阳法院受理的物业纠纷案件量下降了 60%以上；与此同时，朝阳区几大物业公司中业主拖欠物业费的清缴率均得到明显提高。丰台法院开发面向行政机关、各类调解组织、普通当事人的"智慧诉源治理平台"，实现批量案件委派调解、在线

❶ 王俊. 北京市法院去年新收案件 83 万件 多年来首次出现下降［N］. 新京报，2021-01-25.

传输诉讼材料、实时查看调解进度等多项功能。

朝阳法院辖区内的涉众型案件一直较多，在解决涉及人数众多的纠纷问题上，充足的沟通空间一直是一个难题。就法院自身而言，很难提供适合上百人聚集谈判的场所，线上谈话又面临端口不足的问题，为此，朝阳法院善用"互联网＋司法"，通过微信小程序开发了专门的"案件空间系统"，确保上百人在微信群内交流不卡顿，用户能够顺畅使用文字语音对话，既保障了当事人的陈述权利，又可以使法官、调解员、管理员通过"禁言"等功能维持对话秩序，这样不仅解决了场地受限交流不畅的问题，而且由于系统应用轻便、流程透明，全程留痕且方便随时倒查，为众多当事人及时解决纠纷提供了便捷、优质、理性的解决途径。系统自上线以来，累计用户 9759 人，已使用了 27 837 次。

在案件空间系统的应用过程中，朝阳法院还不断对之进行升级，拓展出了多种应用场景，包括咨询问答、典型案例、网络直播板块等。针对案件量大且事关民生的劳动争议、金融借贷、物业供暖等纠纷，法官开通直播，用户可以扫码观看，其间法官进行类案答疑、讲座互动，不仅有效回应了基层群众的司法服务需求，以生动、具象的方式增进了人民群众尊法、守法的意识，而且提升了街乡社区运用法治思维和法治方式预防解决纠纷的能力，由此形成"智慧诉源治理"模式，走出法院参与基层社会治理的新路径。❶

在诉源治理领域，北京互联网法院实行的"e版权"诉非"云联"

---

❶ 北京市朝阳区人民法院研发案件空间系统 推广"定制式"司法服务［EB/OL］.［2022-09-01］. https://www.chinacourt.org/index.php/article/detail/2021/06/id/6099334.shtml.

机制也非常具有典型意义。作为全国首个由法院和行政机构共建的"诉讼与非诉调解线上线下衔接联动工作机制"，该机制结合了诉讼与多元调解等非诉纠纷解决机制，通过采取分层递进、衔接配套的体系化机制，消化纠纷存量并从源头上减少诉讼增量。根据该机制，北京互联网法院与首都版权协会将双方各自的调解平台和服务热线实行云对接，以"自动推荐＋人工咨询"的方式对纠纷进行引流，将当事人导向最适合的争议解决方式。在这种云联机制下，当事人和调解员都可随时通过网络开展调解，特别是"法官线上参与指导调解""和解协议优先在线司法确认"等创新机制的适用，不仅有效提高了版权调解工作的效率，而且增强了版权专业化调解的权威性，同时，北京互联网法院与首都版权协会将当事人自动履行调解协议的情况纳入诚信评价体系，引导版权协会各会员单位主动履行，使调解真正发挥了诉前解决纠纷的功能，将大量纠纷切实在诉前予以化解。

在北京互联网法院的指导协助下，北京版权调解中心制定了《版权纠纷在线非诉调解工作指南》，并制作了《非诉调解规范文件模板库》，方便图片类案件当事人直接依据模板拟定调解协议、司法确认申请书、承诺书等文件。

该机制的运行，解决了在版权领域长期存在的授权不清、虚假授权等问题，并且用司法裁判的标准规范并重塑了行政机构的版权授权流程，从源头上阻止了未来发生侵权纠纷的可能性，真正体现了通过司法实现社会治理、全面推进法治化的改革目标。

第二章
域外相关改革经验研究 *

　　自 20 世纪 60 年代以来，司法裁判机构的形式主义、昂贵、耗时和思想保守等特征在西方国家被人们广为诟病❶，让法院真正向绝大多数人敞开，实现更为便捷、费用低廉、高效的纠纷解决机制引发了自 20 世纪后半叶开始在西方国家进行民事司法改革的潮流。这些改革举措，与中国目前所进行的民事诉讼程序繁简分流改革既有一些共通的问题导向，亦存在不同的制度背景和主题变奏，为此，本章主要选择研究普通法国家在该领域进行的相关机制改革，以提供一些可资借鉴的经验。

---

　　* 本章撰稿人：申琛，中国社会科学院大学法学院 2019 级博士研究生。
　　❶ 莫诺·卡佩莱蒂. 当事人基本程序保障权与未来的民事诉讼 [M]. 徐昕，译. 北京：法律出版社，2000：39.

第一节 美 国

20 世纪初，美国的律师和法律学者就美国的司法系统无法应对美国城市快速发展所产生的诉讼数量和类型进行了大量讨论。❶关于改革司法组织和改进法律程序的建议在此时的律师协会和其他专业协会中进行了辩论，并在这一时期的专业期刊中占有重要地位，其中最具代表性的是 1906 年庞德（Pound）教授发表的《大众对司法行政的不满的原因》，文中分别对英美法系、美国司法组织和程序、司法环境中可能导致不满的原因分别进行讨论后，认为不满的根源在于美国的司法组织和程序。❷美国司法行政中的程序性技术问题被认为造成了司法系统的延误和高额的费用，因此导致工作时间、法庭费用的损失，以及因为程序复杂而不得不依赖律师。❸艾利胡·鲁特（Elihu Root）在对美国律师协会的演讲中指出："世界上没有任何一个国家的司法工作被如此沉重的间接费用所累，也没有任何一个国家在一定数量的诉讼中保持如此大（诉讼）力量。诉讼的拖延，机构的不良调整，以及程序的技术性问题造成了时间的巨大浪费。"❹

虽然，普通法司法程序的低效率导致司法改革被提上议案，但是，改革却同时关注着富人和穷人使用这种机制的能力不平等。律

---

❶❸BARBARA YNGVESSON, PATRICIA HENNESSEY. Small Claims, Complex Disputes：A Review of the Small Claims Literature ［J］. Law and Society Review，1975（9）：219.

❷ROSCOE POUND. The Causes of Popular Dissatisfaction with the Administration of Justice ［J］. American Lawyer，1906（14）：445.

❹ELIHU ROOT. Address of the President：Public Service By the Bar ［R］. Reports of the American Bar Association，1916（3）：41.

师史密斯指出，造成公众不安和不满的原因（而不是他认为的问题的根源，即拖延和费用）是"较富裕和较贫穷阶层利用法律机制的能力之间的巨大差异"，穷人无法通过法律获得正义，会使这些人变成"初生的无政府主义者"，威胁到美国的社会和司法系统。❶ 因此，为了使这一群体更容易获得司法系统的服务，进行改革的内容包括：调解和仲裁是主要的程序性改革；家庭关系法院行政法庭、贸易争端仲裁法庭和小额索赔法院被设立为替代性机构；通过设立公设辩护人和法律援助组织为穷人提供咨询等。❷ 其中，对调解与仲裁等 ADR 制度在司法系统内的适用，小额索赔法院和制度等，均是为了实现司法公正和效率而作出的案件分流制度。

一、小额索赔法院的创设与运作

（一）制度背景

对许多学者来说，司法主要包括通过一个管理和执行这些权力的裁决机构来维护国家确定的法律权利。❸ 因此，对索赔进行司法

---

❶REGINALD HEBER SMITH. Justice and the Poor: A Study of the Present Denial of Justice to the Poor and of the Agencies Making More Equal Their Position before the Law, with Particular Reference to Legal Aid Work in the United States [M]. Publish for the Carnegie Foundation for the Advancement of Teaching by C. Scribner's sons, 1919: 11-16.

❷BARBARA YNGVESSON, PATRICIA HENNESSEY. Small Claims, Complex Disputes: A Review of the Small Claims Literature [J]. Law & Society Review, 1975 (9): 219.

❸MAURO CAPPELLETTI, BRYANT GARTH. Access to Justice: The Newest Wave in the Worldwide Movement to Make Rights Effective [J]. Buffalo Law Review, 1997 (27): 181.

裁决的机会被认为是诉诸司法的一个组成部分。● 小额索赔法院，成为加强这一特定意义上的司法救助的一种手段。● 这些法院被设计为以快速、低成本、非正式、自我代表和积极的裁决者为特点的法庭●，以便使所有公民都能享受到官方法律的好处，而不论其社会经济地位如何。至少，今天的小额索赔法院就是这样的。

在英美法律中，对穷人的补救机制的关注有相当长的历史。在英国，1606 年根据法规设立了一个小额债务法院；跟随这一趋势在 18 世纪设立了地方请求法院●，1846 年设立了新的郡法院。● 英国在这方面的影响力在其他地区也可以看到，如印度，18 世纪中叶就设立了小型事业法院。● 在美国，早期试图为小额索赔提供简化的司法，产生了农村的治安法庭，后来被移植到城市，此外，还设立了专门的治安法官来处理小额索赔，但这两个机构最终都失败了，至少部分原因是法官和治安官不受正规法院系统的控制，而且他们倾

---

❶OVEN M. FISS. Against Settlement [J]. Yale Law Journal, 1984（93）: 1073.

❷SEANA C. MCGUIRE, RODERICK A. MacDonald. Small Claims Court Cant [J]. Osgoode Hall Law Journal, 1996（34）: 509.

❸MAURO CAPPELLETTI, BRYANT GARTH. Access to Justice: A World Survey [M]. Sijthoff and Noordhoff Publishing Company, 1978: 72, 83.

❹ 请求法院是英格兰和威尔士的一个小型衡平法法院。该法院是由国王理查德三世在其 1484 年的议会中设立的。在亨利七世时期，它首先成为一个带一些枢密院成分的正式法庭，审理来自穷人和国王仆人的案件。由于提起诉讼的成本低，处理时间快，它很快就受到了欢迎。

❺BARBARA YNGVESSON, PATRICIA HENNESSEY. Small Claims, Complex Disputes: A Review of the Small Claims Literature [J]. Law and Society Review, 1975（9）: 219.

❻CHITTARANJAN SINHA. Evolution of the Small Cause Courts in India-1753-1887 With Special Reference to Institute 98 the Presidency Court at Calcutta [J]. Journal of The Indian Law Institute, 1974（16）: 98.

向于与当地利益集团结盟。❶

　　相比之下，小额索赔程序最初被设计为一个简化和精简的正当程序，目的是让小额索赔的当事人可以自我代表。诉讼程序应尽量减少手续、延误和费用，而且诉讼人被确保依法迅速作出判决，享受及时判决。❷小额索赔法院（也被称为小型债务人法院和调解法院）改革运动试图建立属于正规法院系统的一部分或与之密切相关的法庭，并由合格的法官负责。最早的小额索赔法院是堪萨斯州立法机构于 1912 年设立的小额债务人法院❸和克利夫兰市法院于 1913 年设立的调解处❹。该运动迅速蔓延。到 1923 年，5 个州（马萨诸塞州、南达科他州、加利福尼亚州、内华达州和爱达荷州）建立了全州性的小额索赔制度；3 个州（明尼苏达州、北达科他州和爱荷华州）建立了全州性的调解法庭（根据挪威模式），可以处理各种大小索赔；小额索赔法庭在 12 个主要城市运作。1920 年，美国司法协会秘书赫伯特·哈雷（Herbert Harley）指出，"这些新法院代表了七十年来这个国家在司法管理方面唯一新的和有希望的进

❶REGINALD HEBER SMITH. Justice and the Poor: A Study of the Present Denial of Justice to the Poor and of the Agencies Making More Equal Their Position before the Law, With Particular Reference to Legal Aid Work in the United States [M]. Publish for the Carnegie Foundation for the Advancement of Teaching by C. Scribner's sons, 1919: 42.

❷NATHAN CAYTON. Small Claims and Conciliation Courts [J]. The Annals of the American Academy of Political and Social Science, 1939 (205): 57.

❸JOHN A. Lapp. Special Courts [J]. American Political Science Review, 1914 (4): 635.

❹MANUEL LEVINE. Conciliation Court of Cleveland [J]. Journal of the American Judicature Society, 1918 (2): 10.

步。它们是新程序正在演化的实验室"。❶ 到 1939 年，又有 9 个州和哥伦比亚特区建立了市级或全州的小额索赔制度，华盛顿特区市级法院的法官南莎·凯特恩（Nathan Cayton ））认为："今天，在法律领域可能没有任何运动像小额索赔和调解法院那样经历如此广泛、迅速和引人注目的发展。"❷

但是，小额索赔法院在美国近代司法改革中曾一度被忽略。1967 年，华盛顿特区的一名法官将哥伦比亚特区普通法庭的小额诉讼部门描述为"被遗忘的法庭"，在 20 世纪 40 年代后，改革者和社会大众普遍将关注点转向了其他措施。❸ 直到 1971 年 2 月，尼克松总统要求"彻底研究解决消费者交易中产生的纠纷的现有程序是否充分"。❹ 作为对这一要求的回应，相继有数十项实证研究有针对性地展开，如非营利的私人社团国家消费者正义研究所（National Institute for Consumer Justice）于 1972 年发表的关于美国小额索赔法院的报告，小额索赔法院研究小组（Small Claims Court Study Group）所展开的全国性研究。

（二）多样化特征

小额法院的发展主要依靠的是各州法院的司法实践，因而呈

---

❶BARBARA YNGVESSON, PATRICIA HENNESSEY. Small Claims, Complex Disputes: A Review of the Small Claims Literature ［J］. Law and Society Review，1975（9）：219.

❷NATHAN CAYTON. Small Claims and Conciliation Courts ［J］. The Annals of the American Academy of Political and Social Science，1939（205）：57.

❸National Institute for Consumer Justice. Staff Studies on Small Claims Courts ［R］. National Institute for Consumer Justice，1972：5.

❹THOMAS L. EOVALDI, JOAN E. Gestrin. Justice for Consumers Law Review：The Mechanisms of Redress ［M］. Northwestern University，1971：281.

现多样化的特征，但是总体而言，小额法院主要呈现以下特征：❶
（1）在大多数法院中，诉讼的对抗模式是规范的，但法官被描述为
调查员，而不是裁判员。这意味着，即使在偏离提交给法院的一般
"简单"索赔的案件中，律师也是不必要的，事实上，他们被排除
在许多法院之外，书记员取代了律师作为案件准备的助手。（2）在
大多数法院中，只规定了程序的一般轮廓，而细节则由法官酌情处
理。特别是，法官不受正式的证据规则的约束，尽管裁决是在实体
法的基础上作出的。（3）其他程序性改革包括简化诉状、取消预审
程序、原告放弃陪审团审判以及削减上诉权。（4）法庭费用被减少
到最低限度。（5）法官被授权在执行问题上延缓判决的生效。这使
他能够决定如何支付索赔，并使他能够考虑到被告的经济状况和支
付能力。（6）在少数小额索赔法院，调解索赔是一种替代判决的方
式，这要求双方当事人就索赔的解决达成一致意见，并积极同意判
决，如果有判决的话。

（三）制度评估

对小额法院的实证研究表明，小额制度最初设计时追求的速度
和低成本的目标在一定程度上已经实现。例如，爱荷华州一项实证
研究显示，从提出小额索赔到实际审判的期间，即整个预审过程期

---

❶ 主要基于以下参考材料总结得出：Journal of American Judicature Society. Report of
Committee on Small Claims and Conciliation［J］. Journal of American Judicature Society,
1924（8）：247. Reginald Heber Smith. Justice and the Poor: A Study of the Present Denial
of Justice to the Poor and of the Agencies Making More Equal Their Position before the Law,
With Particular Reference to Legal Aid Work in the United States［M］. Publish for the
Carnegie Foundation for the Advancement of Teaching by C. Scribner's sons, 1919：56-57.

间相对较短，总的来说，77% 的索赔案件在提交后两个月内进行了审判；24% 的审判在提交后 20 天内进行，25% 在 20 ～ 40 天内进行，27% 在 40 ～ 60 天内进行。❶ 加州法院 2018 年统计数据显示，小额索赔案件结案率高达 98%，59% 案件在 70 天内结案，70% 案件在 90 天内结案，与此同时，传统民事诉讼程序中结案率为 86%，66% 的案件在 12 个月内结案，77% 的案件在 18 个月内结案，84% 的案件在 24 个月内结案。❷

但是，小额法院被认为并没有解决普通法程序中法院存在的基本问题。❸ 例如，大多数小额法院都存在同样的缺陷：从普通公民，特别是穷人的角度来看，这些法院更有可能被用来对付他们，而不是被他们利用；他们不容易进入；气氛是陌生和混乱的；程序的范围是有限的，更多地是为了提高司法者的效率，而不是为了让有冤情的人通过该法院真正有效地处理自己所涉纠纷。❹

二、建构司法非诉讼纠纷解决方式（ADR）

（一）制度背景

在美国现代司法改革运动中，对司法争端解决机制的严密审查

❶❹BARBARA YNGVESSON, PATRICIA HENNESSEY. Small Claims, Complex Disputes: A Review of the Small Claims Literature [J]. Law and Society Review, 1975 (9): 219.

❷Judicial Council of California. The Court Statistics Report [R/OL]. Judicial Council of California, [2021-05-07].https://www.courts.ca.gov/documents/2018-Court-Statistics-Report-Introduction.pdf.

❸JOHN C. RUHNKA, STEVEN WELLER, JOHN A. MARTIN. Small Claims Courts: A national Examination [R]. National Center for State Courts, 1978: 189-190.

和严厉批评，促使一些州建立了小额索赔制度，另一些州则改革了现有的小额索赔程序。❶ 然而，自 19 世纪 70 年代开始，人们的注意力从传统的改革转移到了替代性纠纷解决方式。❷

1906 年的庞德会议被认为是现代法院改革或替代性纠纷解决运动的诞生，标志着从 1938 年《联邦民事诉讼规则》的"以案情为导向"的精神，向纠纷解决的非司法化方向发展，会议上出现了一种"新的民事诉讼意识形态"，"在会议上有一种明确的语气，即（以前盛行的）诉状自由、广泛的发现和律师自由的基本思想不再可行了。所谓的诉讼爆炸必须得到控制；不能相信少数坏律师能控制自己"，"有力地将法律、司法机构置于 ADR 的背后，并确定了对法院的批评基调"。❸ 这一非诉讼纠纷解决方式（ADR）成为历史上的分水岭，催生了法院对 ADR 的进一步参与。❹

会议上，美国最高法院首席法官沃伦·博格（Warren Burger）认为诉讼系统的成本过高和延误，需要采取一些措施，将案件从法院分流出来，减少案件积压，并采取其他更有效的方式来提供司法救助。❺ 桑德尔（Sander）教授在会议上提出，未来的法院可以成

---

❶JOHN C. RUHNKA, STEVEN WELLER, JOHN A. MARTIN. Small Claims Courts: A national Examination [R]. National Center for State Courts, 1978: 189-190.

❷CRAIG A. MCEWEN, RICHARD J. MAIMAN. Mediation in Small Claims Court: Achieving Compliance through Consent [J]. Law and Society Review, 1984 (18): 11.

❸STEPHEN N. SUBRIN. Teaching Civil Procedure While You Watch It Disintegrate [J]. Brooklyn Law Review, 1993 (59): 1155.

❹DORCAS QUEK. Mandatory Mediation: An Oxymoron-Examining the Feasibility of Implementing a Court-Mandated Mediation Program [J].Cardozo Journal of Conflict Resolution, 2010 (11): 479.

❺WARREN E. BURGER. Isn't There a Better Way [J].American Bar Association Journal, 1982 (68): 274.

为一个纠纷解决中心，为法律纠纷的解决提供一系列选择。❶这样的法院大厅导向数个不同的房间，这些房间被标示为筛选员、调解、仲裁、事实调查、渎职审查小组、高级法院、监察员等，纠纷当事人将首先通过筛选员进行登记，然后由筛选员指导当事人进入最适合其所涉案件类型的程序。❷这种焦点的变化源于这样一种观点，即对抗性的争端解决模式可能不适合于解决小额纠纷，调解和仲裁将更好地满足小额索赔诉讼人的需求。❸埃德加·查哈（Edgar S. Cahn）教授评论说，"任何特定问题有可能以一种以上的方式处理，这并不构成责任。相反，它是一种竞争的形式，例如，解决争端的手段……每种解决纠纷的方法都是一种不同的产品，对不同的消费者有不同的效用，有些显然比其他的更适合某些情况。司法行业有义务，不仅仅是不断地重新完善一种产品，而是提供新的和竞争性的产品来满足消费者的不同需求"。❹

（二）制度概述

从立法角度看，ADR 制度在美国民事司法系统中占据着重要的地位。1983 年，《联邦民事诉讼规则》第 16 条被修订，以敦

---

❶ART HINSHAW, ANDREA KUPFER SCHNEIDER, SARAH RUDOLPH COLE. Discussions in Dispute Resolution: The Foundational Articles [C] .Oxford University Press, 2021.

❷FRANK SANDER. The Multi-Door Courthouse [J] .Barrister, 1976 (3): 18.

❸WILLIAM DEJONG, GAIL A. GOOLKASIAN, DANIEL MCGILLIS. The Use of Mediation and Arbitration in Small Claims Disputes [R] . National Institute of Justice, 1983: 6-9.

❹EDGAR CAHN, JEAN CAMPER CAHN. What Price Justice? The Civilian Perspective Revisited [J] . Notre Dame Lawyer, 1966 (41): 929.

促法院在审前会议上考虑"和解的可能性"或"使用非司法程序来解决争端"。1988年，《司法改进和获得司法正义法》（Judicial Improvements and Access to Justice Act）第九章中，国会直接授权10个地区法院对特定的民事案件进行仲裁，授权10个地区法院提供自愿适用仲裁的机会，并概述了司法仲裁方案必须遵循的一些程序规则授权。1990年12月，国会通过了《民事司法改革法》（Civil Justice Reform Act，CJRA），该法案要求联邦地区法院制定减少当事人诉讼成本和诉讼迟延的计划，指示法院考虑采用六项案件管理原则，其中第六项是替代性纠纷解决方案，并为执行该法案的要求提供财政上的激励，因此在民事司法改革法施行期间，有许多法院制定了ADR程序并雇用专业人员来管理ADR项目，极大促进了ADR在联邦法院层面的发展。[1]民事司法改革结束后一年，即1998年，《替代性争端解决法案》直接授权联邦法院向诉讼当事人提供ADR服务，因为许多地区法院已经根据《民事司法改革法》制定了ADR计划，因此为响应1998年《替代性争端解决法案》而新增加的ADR计划较少。

从司法实践来看，经过立法层面多次推动，ADR现在是许多地区或许多法官常规案件管理实践中的一个既定部分。[2]据联邦司法中心2011年的报告显示，至少有34个联邦地区法院提供多种模式的ADR，常见的司法ADR制度主要有司法调解、司法仲裁、早

---

[1] DONNA STIENSTRA. ADR in the Federal District Courts：An Initial Report［R］. Federal Judicial Center，2011：1.

[2] DONNA STIENSTRA. ADR in the Federal District Courts：An Initial Report［R］. Federal Judicial Center，2011：3.

期中立评估、简易陪审团审判、案件评估、审前和解会议等。❶

1. 司法调解

在司法调解制度中，通常情况下案件由指定的法官筛选后转入司法调解程序，尽管当事人通常有权参与决定是否进行调解，但大多数调解项目授权法官在未经当事人同意的情况下将案件提交调解。几乎所有法院都将某些类别的案件排除在调解之外，如行政上诉、囚犯民权案件和人身保护令诉讼。转入司法调解程序的时间各不相同，一般由法官决定。调解员通常是符合法院规定的资格和培训标准的律师（或其他学科的专家），其一般由诉讼当事人从法院的名册中选择，或者经法院批准，从其他渠道选择，也有由法院管理人员或法官选择调解员的情况。在大多数联邦法院方案中，当事人向调解员支付他或她的市场价格或法院规定的费用，也有一些律师调解员提供无偿服务。为了让调解员了解诉讼情况，通常要求或鼓励当事人向调解员提交相关法庭文件的副本，以及一份关于法律、事实和和解立场的简短备忘录。调解会议可以是一次几个小时的会议，也可以是一段时间内的多次会议。除律师外，大多数法院要求当事人参加调解会议，并授权对不遵守调解程序的行为进行制裁。在最初的会议上，调解员解释调解过程，听取每一方对案件的简短介绍，并提出问题以澄清立场和利益。然后调解员与每一方（一般是一方当事人和律师，但有时是单独与当事人一方或律师）私下会面，探讨每一方的基本利益，探测法律立场的优势和劣势，并帮助他们确定哪些利益或目标是最重要的。在后来的单独和联合

---

❶DONNA STIENSTRA. ADR in the Federal District Courts: An Initial Report [R]. Federal Judicial Center, 2011: 3.

会议上，调解员帮助各方产生想法，并评估替代建议。在实行评估性调解的法院，在联合会议或单独会议中是否提供法庭结果预测或案件评估方面，做法有所不同。一些法院规则明确授权调解员结束调解会议或宣布陷入僵局，但大多数法院对这个问题保持沉默。如果各方达成和解，调解员可以准备一份协议大纲。如果不可能完全解决，调解员可以帮助各方寻求部分协议或考虑他们的下一步行动。如果没有达成和解协议，案件将回到审判轨道。

虽然调解对于美国民事司法系统来说并不是一个新的概念，但是司法调解的发展是 ADR 运动整体发展的一部分，目前司法调解已经扩展到具有一般管辖权的州和联邦法院以及联邦上诉法院。[1]

联邦索赔法院根据 1998 年法案制定了一个"ADR 自动转介计划"（ADR Automatic Referral Program）。在联邦索赔法院，一旦当事人通知指定审理该案的法官他们希望进入 ADR，法官就会将他们的请求转交给法院的书记员，并为该案指定一名新的法官作为和解法官或第三方中立者，在 ADR 过程中，案件仍保留在原来指定的法官的议事日程上，只有在书记员报告该案件已经解决时才会被删除。

调解已经成为联邦地区法院的主要非诉讼解决程序，到 2011 年，已有 63 个联邦地区法院（67% 的联邦地区法院）提供司法调解程序，一年处理案件量 17 833 件，其中，11 个地区采取当事人自愿参与的模式，46 个地区允许法官依职权决定转入司法调解程序，12

---

[1]JACQUELINE M. Nolan-Haley. Court Mediation and the Search for Justice through Law [J].Washington University Law Quarterly, 1996（74）：47.

个地区要求全部或特定类型的案件强制转入司法调解程序。^❶ 联邦地区法院提供的大多数调解完全由法院管理；只有少数地区通过转介给律师团体或私人 ADR 提供者组织来提供调解。^❷ 此外，自诉人调解项目成为联邦地区法院 ADR 项目的新趋势，到 2011 年，已发展为至少有 21 个地区法院向自诉人提供司法调解计划。^❸

此外，所有 13 个联邦上诉法院都根据《联邦上诉程序规则》第 33 条^❹ 实施了上诉调解或和解计划，每项计划都鼓励或要求当事人的律师讨论和解，包括以调解的形式讨论和解。在大多数提交调解的案件中，调解员是一名法院的非司法雇员（nonjudicial court employee）或其他第三方中立者，法院的调解项目办公室通常将调解安排在提交上诉状之前，而且在几乎所有案件中，都安排在口头辩论之前，大多数地方上诉法院的调解规则或程序确定了每个法院的调解计划办公室用来确定一个案件是否有资格参加该计划以及是否安排调解的标准。^❺

司法调解被认为有很多优势。首先，在调解员的帮助下，各方可能会发现更有可能反映他们的法律和法律以外的需求，在这些需

---

❶DONNA STIENSTRA. ADR in the Federal District Courts：An Initial Report［R］. Federal Judicial Center，2011：7-10.

❷❸DONNA STIENSTRA. ADR in the Federal District Courts：An Initial Report［R］. Federal Judicial Center，2011：7.

❹ 第 33 条规定，法院可以指示律师，并在适当的情况下指示当事人参加一次或多次会议，以解决任何可能有助于处理诉讼的问题，包括简化问题和和解的可能性。会议可以当面或通过电话进行，并由法官或法院为此目的指定的其他人主持。在举行和解会议之前，律师必须与他们的客户进行协商，并在可行的情况下获得尽可能多的权力来解决该案。作为会议的结果，法院可以发布命令，控制诉讼过程或执行任何和解协议。

❺ROBERT J. NIEMIC. Mediation，Conference Programs in the Federal Courts of Appeals：A Sourcebook for Judges and Lawyers［R］.Federal Judicial Center，2006：3.

求中确定优先次序，进行开放和深思熟虑的对话，制定综合解决方案，甚至考虑调解员对立场或期望的冷静反馈。❶其次，许多案件在调解中得以解决，绝大多数当事人对此调解过程表示满意，并表示他们有机会表达自己，对结果有投入，其他各方也听到了他们的意见，他们认为调解过程是公平的。❷此外，各方很少寻求撤销在调解中达成的和解协议，尽管此情形有时会发生。❸当事人普遍认为调解与审判一样令人满意或公平，有时甚至更令人满意。❺还有一些研究表明，调解为法院和当事人都节省了时间和成本。❻偶尔，调解甚至实现了在其他与法院有关的程序中不可能实现的沟通和结果。这些评价和研究都明确肯定了调解的价值。

2. 司法仲裁

"司法仲裁（Judicial Arbitration），又称法院附属仲裁（Court-annexed Arbitration），法院命令仲裁（Court-ordered Arbitration），强制仲裁（Compulsory/Mandatory Arbitration）"❻，是"一种强制性、非约束性的替代争议解决方式（Alternative Dispute Resolution，ADR）"❼，

---

❶NANCY A. WELSH. The Current Transitional State of Court-Connected ADR [J]. Marquette Law Review, 2012（95）：873.

❷❹ROSELLE L. WISSLER. The effectiveness of Court-Connected Dispute Resolution in Civil Cases [J]. Conflict Resolution Quarterly, 2004（22）：55.

❸JAMES R. COBEN, PETER N. Thompson. Mediation Litigation Trends：1999-2007 [J]. World Arbitration & Mediation Review, 2007（1）：395.

❺LEONARD L. RISKIN, NANCY A. WELSH. Is That All There Is：The Problem in Court-Oriented Mediation [J].George Mason Law Review, 2008（15）：863.

❻DEBORAH R. HENSLER, ALBERT J. LIPSON, ELIZABETH S. ROLPH. Judicial Arbitration in California：The First Year [R]. The Rand Corporation, 1981：9.

❼GEORGE K. WALKER. Court-Ordered Arbitration Comes to North Carolina and the Nation [J]. Wake Forest Law Review, 1986（21）：901.

在这种方式下，当事人必须在寻求法院依法重新审判（trial de novo）之前接受仲裁。❶该程序于 1952 年在美国宾夕法尼亚州通过立法形式在州内普通法院推行，随后在美国各州和联邦法院得到了推广，并进一步通过联邦或州立法的形式成为美国民事司法系统制度化的一部分。

司法仲裁制度不同于司法调解制度，其本质仍然是裁决程序的一种，通常法院会依据立法或者法院规则，将符合一定条件的民事诉讼案件转入仲裁程序，在快速的对抗性听证会上，各方律师陈述自己的案情后，由一名或多名当地从业律师担任的仲裁员就案情作出不具约束力的判决。听证会上不传唤证人，但可以提交证物。仲裁员的决定只涉及有争议的法律问题，并适用法律标准。如果任何一方当事人对于裁决不满可在一定期限内申请重新审判（trial de novo），该案件将被当作从未进行过仲裁一样重回诉讼日程表上等待法院审判，否则裁决生效，同审判判决具备同等效力，此外，这类项目中通常会设计一定的抑制重新审判的机制，以实现项目的效率目标。

1977 年，司法部长格瑞夫·贝尔（Griffin Bell）设立司法管理促进委员会（Office for Improvements in the Administration of Justice，OIAJ），主导促进联邦地区法院参与仲裁项目，经本年 9 月份召开的司法会议（Judicial Conference of the United States）授权拨款进行

---

❶PAUL C. WILLIAMS. Court-Annexed Arbitration and Nevada's Unique Penalty Provisions: Introducing an Arbitrator's Findings at a Trial de Novo [J]. Nevada Law Journal, 2010（11）: 282.

民事仲裁试点项目。❶1978 年由司法会议（Judicial Conference of the United States）选定的 3 个地区法院（宾夕法尼亚州东区联邦法院、加利福尼亚州北区联邦法院和康涅狄格州地区联邦法院）尝试强制性的法院附属仲裁，经过试验后，除了 1982 年康涅狄格州地区法院选择废除司法仲裁项目之外，其他两个地区法院认为项目评估结果积极并继续施行项目。❷1985 年，美国法院行政办公室从国会获得资金，选择在其他 8 个地区法院中启动法院附属强制仲裁方案，至此参与司法仲裁项目的试验联邦地区法院共 10 个。❸ 在上述基础上，1988 年国会通过的《司法改进和诉诸司法法案》第 651 条、第 658 条，正式授权当时的 10 个地区法院依法对特定的民事案件进行强制的司法仲裁，并授权司法会议指定另外 10 个地区法院自愿进行司法仲裁项目。1988 年的法案授权为项目运作拨款，并规定了 1993 年 11 月 19 日的截至日期，以便国会考虑是否终止或继续试点项目，或将仲裁授权扩大到其他地区法院。❹1993 年 11 月，国会通过并由总统签署了命令，将 20 个试点地区的仲裁计划延长至 1994 年 12 月 31 日。

　　司法仲裁是联邦地区法院中第二种最经常被授权的 ADR 程序，但在实施该程序的法院数量上远远少于调解。到了 2011 年，已有

---

❶ROWLAND F. KIRKS. Report of the Proceedings of the Judicial Conference of the United States［R］. Administrative Office of the United States Courts，1977：59.

❷E. ALLAN LIND，JOHN E. SHAPARD. Evaluation of Court-Annexed Arbitration in Three Federal District Courts［R］. Federal Judicial Center，1981.

❸ROWLAND F. KIRKs. Report of the Proceedings of the Judicial Conference of the United States［R］. Administrative Office of the United States Courts，1977：53.

❹28 U.S.C. § 651 - 658.

23 个地区法院设置了司法仲裁程序，还有一个法院将仲裁作为调解或仲裁综合程序的第二步，但是没有一个地区法院只授权仲裁。❶ 两个拥有法定强制仲裁计划的地区（密歇根州西区和密苏里州西区）已将仲裁作为法院提供的几种 ADR 选择之一；而有一个地区（北卡罗来纳州中区）停止了其计划，在被授权建立自愿仲裁计划的 10 个法院中，有两个（肯塔基州西区和弗吉尼亚州西区）选择不实施该计划。❷ 尽管在 20 世纪 80 年代中期至 90 年代中期，仲裁是联邦地区法院中最引人注目的 ADR 程序，有数以千计的案件被提交给该程序，但今天它所起的作用要小得多。不经常采用仲裁的部分原因可能是，除法定授权的法院外，其他法院是否可以建立仲裁程序存在不确定性。❸

3. 早期中立评估

早期中立评估（Early Neutral Evaluation）是一个不具约束力的 ADR 程序，旨在通过向诉讼当事人提供审判可能结果的早期咨询评估来改善案件规划和促进和解，会议通常在进行大量证据开示之前举行。在早期中立评估中，一个中立的评估员（通常是对争议主题有专长的私人律师）在诉讼早期与当事人和律师进行保密会谈，听

---

❶ DONNA STIENSTRA. ADR in the Federal District Courts: An Initial Report [R]. Federal Judicial Center, 2011: 7.

❷ ELIZABETH PLAPINGER, DONNA STIENSTRA. ADR and Settlement in the Federal District Courts: A Sourcebook for Judges and Lawyers, Federal Judicial Center, 1996: 62.

❸ 虽然 1990 年的《民事司法改革法》建议法院考虑授权将适当的案件移交给 ADR [28 U.S.C. § 473（a）（6）]，但该法规并没有将仲裁列入其列出的 ADR 方法中，这导致一些人得出结论，仲裁仍然限于 28 U.S.C. § 651–658 所授权的法院，见 Elizabeth Plapinger, Donna Stienstra. ADR and Settlement in the Federal District Courts: A Sourcebook for Judges and Lawyers, Federal Judicial Center, 1996: 5.

取双方的意见。评估员帮助各方澄清论点和证据，确定各方立场的优势和劣势，并向各方提供对案情的无约束力的评估。根据该计划的目标，评估员也可以调解和解讨论或提供案件规划援助。早期中立评估被认为广泛适用于许多类型的民事案件，包括复杂的纠纷。该程序最初是为了改善律师的审前实践，在一些法院，最突出的是该程序的发源地是加州北区法院，早期中立评估保留了其改善案件发展的最初目的。而在其他法院，如佛蒙特区，早期中立评估主要是作为一种和解手段，类似于评估性调解。

2011 年，一共有 23 个联邦地区法院设置早期中立评估项目，而彼时最早使用该项目的两个法院之一——哥伦比亚特区已解散了这一项目，主要是鉴于该法院已存在大量调解项目，因此认为已没有必要再实行专门的早期中立评估项目。

4. 审前和解会议

早在起草《联邦民事诉讼规则》时，授权审前会议的条款是从当时英国和少数美国法院的现有做法中产生的。❶ 力主制定《联邦民事诉讼规则》第 16 条即审前会议规定的倡导者桑德尔认为，大多数程序性制度的缺点是过于依赖诉状来实现这一目标，而对信息交流或非正式的讨论和协商过程的开展不够。❷ 这些过程可能导致案件的解决，或其他不经审判的处置，但并不构成其主要目的。❸ 第 16 条试图以非正式的讨论和信息交换来限缩审理范围并加快证

---

❶EDSON R, SUNDERLAND, Theory and Practice of Pre-Trial Procedure [J].
Michigan Law Review, 1937（36）.

❷❸EDSON SUNDERLAND. Theory and Practice of Pre-Trial Procedure [J].
Michigan Law Review, 1937（36）: 215.

明来取代源自英国令状制度的正式诉状，但是考虑到灵活性和自由裁量权问题，法官仅仅是被鼓励而非要求举行审前会议。● 美国联邦法院的审前管理主要是围绕《联邦民事诉讼规则》第 16 条展开的，在 1983 年经修改后，法院依法享有举行审前会议和发布审理日程安排命令的权力。1990 年的《民事司法改革法》是国会为立法规定某些形式司法案件的管理而做出的努力，当然该法案的制定是存在高度争议的，因其涉及国会指示法官采取具体策略来管理其工作量。

修正后的《联邦民事诉讼规则》第 16 条第 1 款规定，法官可以出于以下任何一个目的与当事人举行审前会议：加快诉讼的处理；建立对案件进展的控制；阻止无益的审前行为；通过更多的准备来提高审判的质量；以及促进案件的和解。其中，最后一个促进和解的目的，是在 1983 年修正案中增加的，据此明确承认了法官由中立裁判者的角色转变为诉讼的积极管理者，这也是审前会议最有可能促进简单案件快速解决的途径。但是从审前会议的功能来看，其对法官的要求更多是主动督促和指导案件的进展，从而从整体上缩短案件的处理时间，区别于英国的案件分轨制度，并不直接承担对于案件的分流功能。

联邦法院最常用的和解辅助形式是由地区法官或治安法官主持的和解会议，法官可以在诉讼过程中的不同阶段主持和解会议，其

●DAVID L. SHAPIRO. Federal Rule 16：A Look at the Theory and Practice of Rulemaking［J］. University of Pennsylvania Law Review，1989（137）.

通常是在审前阶段。❶ 几乎所有联邦地区法院都使用和解会议，接近 1/3 的法院将这一角色主要分配给治安法官。和解法官的典型作用是对案件的实体问题作出评估，并促进和解，一些和解法官还在和解会议上使用调解技术，以改善各方之间的沟通，探究和解的障碍，并帮助制定解决方案。

（三）制度评估

随着 ADR 在民事司法系统内的制度化，法院 ADR 项目得到了固定的财政预算支持，法院内部已经产生了新的科层机制来管理和推广 ADR，ADR 从业者和司法 ADR 之间的关系也发生了重要变化，作为调解员的律师与 ADR 制度产生了利益连结，加之调解符合美国多元社会对和谐文化的向往，21 世纪后，已很少有实证研究对司法 ADR 制度进行全面批判性研究。❷ 就实证研究来看，各个司法 ADR 项目在实现其项目目标方面都有其优势和弊端。

就司法仲裁项目而言，有三个实证研究极具代表性。首先，兰德公司对 1978 年三个试点地区法院进行的评估，得出的结论是：法院附设仲裁可以缩短案件从申请到处理的时间；大多数当事人、法官和律师对仲裁给予好评；应该在联邦法院进一步尝试仲裁。❸ 其次，联邦司法中心在 1990 年针对施行强制司法仲裁项目的 10 个

---

❶ELIZABETH PLAPINGER, DONNA STIENSTRA. ADR and Settlement in the Federal District Courts: A Sourcebook for Judges and Lawyers [R]. Federal Judicial Center, 1996: 65.

❷DEBORAH R. HENSLER. ADR Research at the Crossroads [J]. Journal of Dispute Resolution, 2000 (1): 71.

❸E. ALLAN LIND, JOHN E. SHAPARD. Evaluation of Court-Annexed Arbitration in Three Federal District Courts [R]. Federal Judicial Center, 1981: 95.

地区法院的司法仲裁项目的评估，结果显示：（1）这些地区的大多数案件都没有经过仲裁听证或审判就得到了解决，虽然大多数仲裁听证会以要求重启审判而告终，但大多数当事人在被问及时表示，他们认为仲裁裁决是和解谈判的良好起点，听证会并不是浪费时间。（2）没有证据表明律师和诉讼当事人认为仲裁听证是一种二等司法，绝大多数接受调查的律师表示，他们认可仲裁的概念和在他们地区的实施（84%），同样，绝大多数接受调查的诉讼当事人表示，用于处理其案件的程序是公平的（80%），仲裁听证是公平的（81%）。（3）律师对节约成本的报告因仲裁听证后是否有重启审判的要求而不同。在没有要求重启审判的案件中，10个地区的大多数律师报告说节省了费用（68%）；在提出重启审判要求的案件中，大多数律师报告说没有节省费用（60%）。（4）10个地区中只有3个地区（佛罗里达州、西密歇根州、西密苏里州）的民事案件处理时间有所缩短。（5）97%的法官同意，由于仲裁计划的实施，法院的案件量有所减少。最后，针对建立了自愿参与司法仲裁项目的联邦地区法院1994年的评估显示，自愿参加仲裁计划的地区的仲裁案件量平均来说没有强制仲裁计划的地区大，选择退出计划的案件量最大，而这些案件量与最小的强制仲裁计划的案件量相当，选择加入方案的几乎没有案件。

在CJRA期间，兰德公司针对联邦地区法院展开的调解和早期中立评估的试验情况进行了实证研究，该评估将国会要求采用某些案件管理原则（包括ADR）的10家法院与不受这种具体要求约束的10家法院进行了比较（尽管像所有其他联邦地区法院一样，它们被指示采用减少民事案件延误和费用的计划）。这20家法院共占联邦法院总案件量的 1/3，占其法官职位的 1/3，并代表了联邦法院系统内的全部规模、案件量构成和地理多样性。20 个法院中的大多数最终采用了包括某种形式的 ADR 的"减少延迟计划"，但兰德公司对 CJRA 下的 ADR 的评估只限于 6 个法院，因为只有在这些法院，才有足够数量的案件被移交给 ADR 或自愿参加 ADR，以提供分析的基础。在这 6 个法院中，兰德公司没有发现任何证据证明被移交给调解或早期中立评估的案件与在正常日程表上进行解决的案件在处理时间或诉讼费用方面存在明显差异，被移交给调解或早期中立评估的律师对这些程序非常满意，并认为这些程序给予他们的客户公平的待遇，但他们的满意度并不比没有移交给 ADR 的律师高很多。❶

然而，联邦司法中心在 CJRA 期间针对加利福尼亚州北区联邦法院、密苏里州西区联邦法院、西弗吉尼亚州北区联邦法院的 ADR 项目进行评估，这些法院的 ADR 项目涵盖司法仲裁、早期中立评估、司法调解以及和解等，认为由于多个案件管理项目同时推动，因而无法直接从法院数据收集中得出确定的结论，但是从问卷调查结果可以得到以下结论：❷（1）就案件处置实践来看，超过 60% 的律师认为这是对他们所参与的案件的影响，而且律师对 ADR 对处置时间的影响的评价并不因诉讼的性质、适用的 ADR 类型、转介到 ADR 的方法，或案件是否在多选择程序中而有所不同，这表明

❶JAMES S. KAKALLIK, TERENCE DUNWORTH, LAURAL HILL. An Evaluation of Mediation and Early Neutral Evaluation under the Civil Justice Reform Act［R］. The Rand Corporation，1996.

❷DONNA STIENSTRA, MOLLY JOHNSON, PATRICIA LOMBARD. Report to the Judicial Conference Committee on Court Administration and Case Management：A Study of the Five Demonstration Programs Established Under the Civil Justice Reform Act of 1990［R］. Federal Judicial Center，1997：173-174.

ADR 对诉讼时间有相当强的有利影响。（2）就诉讼成本来看，超过 60% 的律师认为 ADR 程序降低了所调查案件的诉讼成本。律师们的评价并没有因当事人的类型或 ADR 的类型而不同，然而，律师的评价确实因案件是否通过 ADR 解决和转介到 ADR 的方法而不同，当案件和解和当事人选择自己的 ADR 程序时，律师更有可能报告说 ADR 节省了诉讼费用。（3）很高比例的律师（65%）报告说，他们的所有或部分案件是由于 ADR 程序的直接结果而得到解决。这些评价并不因案件所适用的 ADR 类型而存在明显不同，但当当事人选择自己的 ADR 程序时，评价更高。

事实上，美国的繁简分流制度并不是相互独立的，一个法院通常可能采取多个繁简分流制度，并且这些制度之间也会互相影响。例如，随着对 ADR 和《联邦民事诉讼规则》第 16 条重要性的强调，ADR 程序转介时间也发生了变化，或者说，也许是认识到 ADR 可以在案件的早期适用，由此促使人们关注第 16 条的审前会议。过去许多人认为 ADR 只适用于准备审判的案件，而现在 ADR 经常被纳入法院或法官的整体案件管理实践中，并在案件的早期被考虑。❶ 同时，司法 ADR 制度与小额法院同样也存在着联系，小额法院通常会使用各种 ADR 技术来帮助当事人解决纠纷，同时 ADR 制度又根据争议的金额而决定是否将案件转入小额诉讼程序当中。

---

❶ELIZABETH PLAPINGER, DONNA STIENSTRA. ADR and Settlement in the Federal District Courts：A Sourcebook for Judges and Lawyers［R］. Federal Judicial Center, 1996：9.

第二节 英 国

一、案件分轨制度与小额轨道

(一)制度背景

英国于 1998 年 10 月公布了《民事诉讼规则》(The Civil Procedure Rules),取代了 1965 年的《最高法院规则》和 1981 年的《郡法院规则》,适用于英格兰最高法院和威尔士郡法院。该法是在伍尔夫勋爵对英国民事诉讼制度的健康状况进行全面调研的基础之上拟定的,其核心制度之一便是案件分轨制度的构建,被评价为"彻底改变了民事诉讼,更具体地说,改变了法官在英国对抗制中的作用"。❶ 伍尔夫调查(Woolf Inquiry)的研究结果表明,在英国持续存在的问题与所有源于普通法传统的法律体系普遍存在的问题相类似,根本问题并不涉及法院判决的实质,而是普通法的司法程序"太昂贵、太缓慢、太复杂",而且只对某些诉讼当事人有利,因此,普通法传统中的程序提供了不充分的司法救助,并产生了一个低效和无效(inefficient and ineffective)的法律体系。❷ 另外,伍尔夫勋爵认为应当对对抗性制度进行约束,将英国民事诉讼管理的责任从诉讼当事人一方"根本性地"转移到法院。在这种转变下,不仅案件进入审判程序的方式发生了变化,而且法官积极主动进行案

---

❶KENNETH M. VORRASI. England's Reform to Alleviate the Problems of Civil Process: A Comparison of Judicial Case Management in England and the United States [J]. Journal of Legislation, 2004(30): 361.

❷LORD WOOLF. Access to Justice: Interim Report to the Lord Chancellor on The Civil Justice System in England and Wales [R]. Lord Chancellor's Department, 1995: 4.

件管理的责任加重，大大改变了普通法中的对抗性文化。在民事诉讼程序中，法官保持着识别和缩小问题范围的最终任务，并制定严格的诉讼时间表，努力减少成本和延误，并鼓励和解。❶在程序结构层面上，伍尔夫勋爵认为，司法案件管理是解决普通法程序问题的主要手段。❷伍尔夫勋爵对司法案件管理的启迪和强调现在构成了 1998 年《民事诉讼规则》和整个英国民事诉讼制度的基本理念。❸

英国 1998 年的《民事诉讼规则》对民事诉讼程序的公正目标重新进行了阐释，其明确规定："公正地处理案件包括，在实际可行的范围内：（a）确保各方处于平等的地位。（b）节省开支。（c）处理案件的方式应符合以下条件：（i）与所涉及的金额相称；（ii）与案件的重要性相称；（iii）与问题的复杂性相称；以及（iv）与每一方的财务状况相称。（d）确保案件得到迅速和公正的处理。以及（e）在考虑到需要为其他案件分配资源的情况下，为其分配适当份额的法院资源。"由此可见，《民事诉讼规则》认为司法公正中附带了对司法效率的潜在要求，而兼顾司法效率最佳路径在于处理案件的方式与案件自身的条件相符合，即简单案件简单处理，复杂案件复杂处理。

（二）制度概述

根据英国 1998 年《民事诉讼规则》规定，在民事案件进入法院系统的早期，法院负责将案件分配到适当的案件管理轨道。一旦

❶❷❸LORD WOOLF. Access to Justice：Interim Report to the Lord Chancellor on The Civil Justice System in England and Wales〔R〕. Lord Chancellor's Department，1995：4.

对方当事人向法院提出抗辩，法官必须初步评估问题的复杂性、寻求补救措施、证据广度，以及预期的诉讼费用。为了帮助法官初步确定诉讼轨道，当事人需要填写一份分配调查问卷，以向法院提供除诉状之外的更多信息，以便进行分轨。问卷内容包括当事人和解或使用替代性争议解决方案的意愿，证人的数量，他们未来是否可以参加审判，以及是否需要使用专家证词和以何种方式进行审判。但更重要的是，允许当事人提出他们认为适合该争议的轨道，并对索赔金额、案件进入审判的等待时间和审判的持续时间、期望从解决争议中获得的成本进行估计，从而作出他们的决定。尽管法官最终负责决定将案件分配到三个案件管理轨道中的某一个，但分配调查问卷为法官提供了诉状中没有提供的宝贵信息。当事人提供的关于期望、费用和时间的信息确保了法官的分配决定是在充分了解的情况下作出的，并且最适合争端的性质。

一般来说，三个轨道的范围都是基于索赔的金钱价值划分的，案件的复杂性只是辅助性的评价因素。❶ 由于索赔的金额通常是当事人存在分歧的地方，而且被告通常否认其存在责任，因此法院通常必须考虑金额以外的其他因素，从而确保案件分配到适当的轨道。

1. 小额轨道

英格兰和威尔士法院没有独立的小额诉讼制度，小额索赔通常被分类到郡法院的小额轨道。小额轨道脱胎于英国民事诉讼程序中的小额求偿仲裁制度，是为简单的纠纷设计的，不需要大量的证据

---

❶STEPHEN M. GERLIS, PAULA LOUGHLIN. Civil Procedure [M].Routledge-Cavendish, 2001: 163.

和庭审准备，可以通过一次性的听证来解决。争议金额低于 10 000 英镑的案件通常被分配到小额索赔的轨道上。在提出抗辩和分配案件后，法官即确定最终听证日期。听证会的性质是非正式的：严格的证据规则不适用，法官可以限制交叉询问，而且法官必须在最后的判决中提供理由。❶ 与其他途径相比，法官在小额索赔途径中享有一些灵活性，因为能够根据索赔的性质和当事人是否有律师代理来调整听证会。

2. 快速审理轨道

快速审理轨道是为争议金额低于 15 000 英镑的案件提供的，但除争议金额外，索赔还必须满足其他要求。❷ 快速审理轨道中的审判时间一般不超过一天，口头和专家证人的数量也受到限制。❸ 虽然分配到快速审理轨道的案件得到了正式审判，但预审程序是有限的。法官制定了一个初步的时间表，控制证据的披露、证据的数量、证人的陈述以及在审判中提出的证据。❹ 快速审理轨道的显著特点是审前程序有限，并在 30 周内开始为期一天的审判。❺ 但法官保留了延长审判的权力，而不是将案件分配到相对更复杂的多轨道。

---

❶ 英国 1998 年《民事诉讼规则》第 27.8（2）~（6）。

❷ 英国 1998 年《民事诉讼规则》第 26.6（4）。

❸ 英国 1998 年《民事诉讼规则》第 26.6（5）。

❹STEPHEN M. GERLIS, PAULA LOUGHLIN. Civil Procedure［M］.Routledge- Cavendish，2001：167.

❺STEPHEN M. GERLIS, PAULA LOUGHLIN. Civil Procedure［M］.Routledge- Cavendish，2001：189.

3. 多轨制

分配到多轨制的案件通常争议金额超过 15 000 英镑。[1] 多轨制是为复杂的案件或价值高的案件而设计的，需要法官加强案件管理和参与。处理多轨制案件管理的法官必须根据当事人的需求和索赔的性质来调整和定制管理技术。一旦案件被分配，法官可向各方提供指引，为标准的证据发现程序以及专家证人和其他证据的需要提供时间表，设定案件管理会议，并确定审判日期。[2] 当法院认为各方没有遵守或对指示和时间表仍有异议时，它通常会召开案件管理会议。[3] 会议允许法官评估案件的发展方向、案件的可能时间、问题的发展程度，并探讨和解的可行性。[4] 法官还可自行决定在审判前 8 ~ 10 周进行审前审查，以检查案件进展情况，督促遵守指引，并确定审判参数（parameters for trial）。[5] 多轨制案件预计在审判中只持续一周，但根据情况可以持续更长时间。与小额轨道和快速审理轨道不同，多轨制在整个诉讼过程中不确定费用，但管理法官有权为了首要目标和相称性对索赔进行审查。[6]

（三）制度评估

从早期大法官办公室（Lord Chancellor's Department）进行的实

---

[1] 英国 1998 年《民事诉讼规则》第 26.6（6）。

[2][3][4] STEPHEN M. GERLIS, PAULA LOUGHLIN. Civil Procedure［M］. Routledge-Cavendish，2001：198-199.

[5] STEPHEN M. GERLIS, PAULA LOUGHLIN. Civil Procedure［M］.Routledge-Cavendish，2001：202.

[6] STEPHEN M. GERLIS, PAULA LOUGHLIN. Civil Procedure［M］.Routledge-Cavendish，2001：204.

证研究来看 ❶：这一制度在纠正以前不受约束的民事诉讼环境中固有的费用、拖延和复杂性问题方面相当成功，即提出的索赔数量总体上有所减少；更多的案件达成了和解，并在诉讼过程中提前解决；解决纠纷的时间也大大缩短了；许多律师也普遍认为，通过简化程序和在整个诉讼过程中建立更明确的基本规则，降低了案件管辖的复杂性；新的程序制度为当事人之间培养了一个更加合作的环境，包括加强沟通和信息交流，对抗性文化也受到了影响，表现在和解的增加和争端的提前解决上。虽然在拖延、纠纷解决和复杂化方面有所改善，但伍尔夫改革对减少成本的影响仍然没有结论。

从英国司法部 2019 年第四季度的民事司法统计数据来看 ❷：共有 48 000 宗案件被分配到案件轨道上，比 2018 年同期增长 18%，其中，30 000 宗案件被分配到小额轨道上，比 2018 年同期增加了 33%，占整体案件量的 61%；16 000 宗案件被分配到快速审理轨道上，占整体案件量的 32%；3100 宗案件被分配到多轨道上，占整体案件量的 6%。进入轨道分流但是未和解结案或撤诉的案件最终进入审判，总共有 17 000 宗案件，与上年同期相比增加了 15%，其中，12 000 宗（75%）是小额索赔审判（与 2018 年同季度相比增长 23%），4200 宗（25%）是快速和多轨审判（与 2018 年同季度相比下降 5%）。从案件转入小额轨道到进入审判阶段，平均需要

---

❶Lord Chancellor's Department. Further Findings：A Continuing Evaluation of the Civil Justice Reforms［R］. Lord Chancellor's Department，2002.

❷2020 年英国民事司法系统中，无论是转入分轨制度的案件量还是进入审判的案件量，均呈现下降趋势，因其不具备典型代表性，故在此不做分析。数据参见 Ministry of Justice. Civil Justice Statistics Quarterly：October to December 2020［R/OL］.（2021−05−07）. https：//www.gov.uk/government/statistics/civil−justice−statistics−quarterly−october−to−december−2020/civil−justice−statistics−quarterly−october−to−december−2020.

37.1 周，比上年同期相比多了 1.9 周，对于进入多重 / 快速审理轨道案件，平均需要 60.9 周才能进入审判阶段，比 2018 年同期相比长 2.1 周。

分析以上数据可以看出：（1）法院受理的案件中，小额轨道承担着大部分案件的处理工作，显著分流了进入快速审理轨道和多轨道上的案件；（2）划入小额轨道的案件量虽然呈现出大幅度的增长，但是从审判等待时间来看，增幅却相对不大，说明小额轨道在处理案件的效率上确实具备一定的优势，可以较好地应对日常案件量的激增；❶（3）划入轨道的案件量与进入审判的案件量整体比例在 35.41%，小额轨道案件比是 40%，快速审理轨道和多轨道案件比是 21.98%，可见进入小额轨道的案件更不可能会和解或撤诉，虽然可能是由多种原因导致的，但是当事人通过小额轨道可以更容易获得更合适自己案件的司法正义也不失为一种合理解释。

二、鼓励适用 ADR

在中期报告中，伍尔夫勋爵指出了正式和不灵活的诉讼程序普遍存在的拖延问题，并简明扼要地描述了英国民事司法系统相当令人沮丧的现象，即诉讼当事人无法理解，花费大量资金，没有或很少使用现代技术。报告的结论是，（1995 年）还没有建立法院附属

---

❶ 然而，值得注意的是，2020 年第四季度的小额轨道案件处理及时性却受到新冠肺炎疫情不成比例的影响，呈现较大幅度的上升，英国司法部认为这是多方面原因造成的，比如这些案件一开始就有较短的时间框架，因此在及时性的评价中会更早地被发现延迟，而延迟的快速轨道和多轨道案件可能还没有进入听证阶段。此外，小额轨道可能也不太适合远程听证，因为它们往往是个人索赔而不是专业用户。

的 ADR 系统或任何其他形式的导向 ADR 的强制性程序，但他补充道:"希望大多数律师将能够让他们的客户充分了解各种选择作为他们的责任，法院也必须鼓励他们运用这些选择。"❶

因此相应的，英国《民事诉讼规则》并未直接涉及司法 ADR 的制度化、体系化的构建，但是，一方面，该规则第 1.3 条从当事人角度要求当事人承担辅助法院实现规则所规定的目标，即"(c)处理案件的方式与以下方面相称:(i)涉及的金额;(ii)案件的重要性;(iii)问题的复杂性;以及(iv)每一方的财务状况"。另一方面，第 1.4 条规定，在法院认为适当时应当鼓励当事人各方适用替代性争议解决程序，并为适用这种程序提供便利。因而，在该规则指引下英国司法系统对待 ADR 的态度也是非常积极的，就具体制度而言体现在:关于案件分轨制度，第 26.4 条规定，当事人在提交案件分配调查问卷时，可以书面形式要求中止诉讼程序，同时当事人可以尝试通过替代性争议解决方式或其他方式解决案件，法院则可以在所有当事人都请求中止或法院认为应当中止时允许中止;关于诉讼费用，第 44.3 条、第 44.5 条规定，在裁定诉讼费用时，法院可以考虑当事人的所有行为，特别是当事人遵循任何有关诉前议定书❷的行为，以及在诉讼程序前、诉讼程序进行中为解决争议所做的尝试，如提出和解要约等。

英国《民事诉讼规则》在立法层面对 ADR 的推广极其有限，

---

❶LORD WOOLF. Access to Justice: Interim Report to the Lord Chancellor on The Civil Justice System in England and Wales [R]. Lord Chancellor's Department, 1995: 143.
❷ 诉前议定书制度下，原告在起诉前必须先书面通知被告其即将被起诉，随后，双方应当根据诉前议定书进行协商、谈判与和解。参见:齐树洁.英国司法制度[M].厦门:厦门大学出版社，2007:250.

没有像美国在立法层面上授权并鼓励各个法院设立专门的 ADR 项目来实现案件的分流，多数英国法院通过向纠纷当事人提供 ADR 咨询服务来鼓励当事人适用 ADR 来解决纠纷。❶ 此外，也有部分法院试行司法调解程序，这方面以伦敦中央郡法院为典型代表。1996 年，伦敦中央郡法院（CLCC）的法官们为价值超过 3000 英镑的非家事案件制订了一项试点调解计划。该计划的目的是在诉讼的早期阶段为争议各方提供几乎免费的法庭附属调解，包括由训练有素的调解员协助各方达成和解，通过各方可能偏好的非正式程序，以促进争端的迅速解决和减少费用。❷ 根据英国大法官办公室与基恩（Genn）教授的实证研究结果表明，自愿司法调解项目在节约时间方面具有较好的反映，但是就成本节约上的作用不够明确：调解后的和解会比非调解案件中的和解早几个月发生；大多数在调解中达成和解的当事人认为，调解节省了时间，尽管那些没有达成和解的案件往往认为调解让他们付出了额外的时间；律师们强烈认为调解节省了时间；在节约成本的问题上，只有一半在调解中和解的原告认为他们节省了成本。律师们更倾向于认为节省了费用，而人们普遍认为，未能在调解预约时达成和解会导致费用增加。❸

2004 年 4 月至 2005 年 3 月，受到加拿大安大略省司法调解项目启发，伦敦中央郡法院启动了准强制性的调解试验，即自动转介调解（Automatic Referral to Mediation，ARM）。该试验项目每月随

---

❶ 例如，利兹联合法院调解计划、曼彻斯特郡法院的法院附设调解咨询服务等。

❷HAZEL GENN. The Central London County Court Pilot Mediation Scheme：Evaluation Report［R］. Department for Constitutional Affairs，1998.

❸HAZEL GENN. The Central London County Court Pilot Mediation Scheme：Evaluation Report［R］. Department for Constitutional Affairs，1998.

机分配 100 个案件，在案件当事人提出答辩时进行调解，同时该项目允许当事人选择退出。如果有人提出反对调解的意见，地区法官将对案件进行审查，并试图说服各方同意进行调解。该项目由来自调解组织训练有素的调解员轮流对案件进行调解，调解时间为 3 小时，调解费为每方 100 英镑。根据英国司法部与基恩教授的调研报告显示，在整个试点过程中，对自动转介调解的反对率很高，同时，参与未解决的调解的当事人都认为调解反而增加了案件的法律费用，最通常的是增加了 1000 ～ 2000 英镑。❶ 经过对两个项目的实证研究，基恩教授认为各方进行谈判和妥协的动机和意愿对于调解的成功至关重要。促进和鼓励加上有选择的和适当的压力，可能比一味的强迫调解更有效，也可能更有效率。❷ 当然，也有学者认为，自愿参与的法院调解项目的适用率远不及强制适用，伦敦中央郡法院的自动转介调解试验表现较差的原因在于没有对当事人选择退出的权利进行明确的限制，导致该计划实际上变成了一个自愿性而非强制性的调解计划，从而导致该计划无法达到其目标。❸

❶HAZEL GENN, FENN PAUL, MARC MASON. Twisting Arms: Court Referred and Court Linked Mediation under Judicial Pressure［R］. Ministry of Justice Research Series, 2007: 131.

❷HAZEL GENN, FENN PAUL, MARC MASON. Twisting Arms: Court Referred and Court Linked Mediation under Judicial Pressure［R］. Ministry of Justice Research Series, 2007: 202.

❸DORCAS QUEK. Mandatory Mediation: An Oxymoron-Examining the Feasibility of Implementing a Court-Mandated Mediation Program［J］. Cardozo Journal of Conflict Resolution, 2010（11）: 479.

第三节　加拿大

一、小额法院

（一）制度概述

目前，加拿大各省均设置了小额法院。在大多数省份，如不列颠哥伦比亚省、阿尔伯塔省和新不伦瑞克省，小额索赔法院独立于作为一审法院的高等法院运作。在其他辖区，如安大略省，小额索赔法院是高等法院的一个分支或部门。此外，在马尼托巴省，小额索赔法院属于王座法院的管辖范围。各省小额法院对受理案件的争议金额限制从 15 000 到 50 000 不等。❶ 在不列颠哥伦比亚省、阿尔伯塔省和萨斯喀彻温省，小额诉讼案件由省法院的法官审理，在安大略省由高等法院的法官或代理法官审理，在马尼托巴省由听证官审理。一般来说，涉及土地所有权、诽谤、中伤、破产、非法监禁或恶意起诉的纠纷必须在高等法院处理，不能在小额索赔法院裁决。

在这方面，安大略省的小额索赔法院最具代表性。该法院是安大略省高等法院的一个分支，而安大略省高等法院在加拿大司法系统中占有重要的地位，无论从案件数量还是从法官人数来看，都是全国最大的一审法院。❷ 安大略省的小额索赔法院对不超过 35 000

---

❶ 根据加拿大各省立法或者法院规则不完全统计，阿尔伯塔省为 50 000 元，不列颠哥伦比亚省为 35 000 元，马尼托巴省 10 000 元，新不伦瑞克省 20 000 元，纽芬兰与拉布拉多省 25 000 元，新斯科舍省 25 000 元，安大略省 35 000 元，魁北克省 15 000 元，萨斯喀彻温省 30 000 元。

❷ Superior Court of Justice. History of the Court［R］. Superior Court of Justice，2021.

元的金钱索赔案件具有民事管辖权，并为安大略省人提起或抗辩这类索赔提供了一个高效和具有成本效益的裁判场所。

通常情况下，由代理法官主持小额索赔法院的诉讼。代理法官是由地区高等法院经司法总长批准任命，任期为一年，期满后可续任。小额索赔法院的代理法官是积极从事法律工作的律师，或退休法官、律师。他们是安大略省法律协会的成员，并受法律协会专业行为规则的约束。他们以兼职的方式主持法庭工作，报酬是以开庭天数为基数计算。2017年3月，《法院法修正案》设立了一个新的司法职位——小额索赔法院行政法官。除了主持小额索赔法院的事务外，小额索赔法院行政法官作为院长的指定人，负责管理小额索赔法院的司法安排和分配，并担任代理法官委员会和民事规则委员会的成员。此外，1990年9月1日前被派往省法院（民事庭）的法官也可以根据法院法审理小额索赔法院的诉讼案件，高等法院的每位法官也是小额索赔法院的法官。

小额索赔法院的规则规定了简化的程序，使其在节省当事人的费用和时间的前提下对其受理的案件进行裁决。与在高等法院审理的案件相比，其费用和时间更低。例如，小额索赔法院采用填空式表格进行诉讼。

（二）制度评估

目前，小额索赔法院在安大略省90多个地方发挥作用，从安大略省高级法院的2017—2018年的年度报告来看，小额索赔法院处理安大略省所有民事索赔的近一半案件量。2017年和2018年，在安大略省法院审理的所有民事案件中，有45%是在小额索赔法院提起的。2017 年，总共有 59 856 个新的小额索赔案件进入法庭，2018 年，共有 59 782 起新起诉的小额索赔案件。❶

二、司法 ADR 机制

（一）制度背景

在 20 世纪 80 年代和 90 年代，面对长期以来对以审判为基础的诉讼带来的过度支出和延误的担忧，同英格兰和威尔士一样，加拿大的民事司法改革一直主张需要进行诉讼上的"文化转变"，即从传统的对抗性审判程序转向通过 ADR 解决争端，但是在寻求实施这种文化转变的过程中，这两个国家对司法 ADR 采取了截然不同的态度和方法。❷1996 年加拿大律师协会民事司法系统特别工作组（Canadian Bar Association Task Force on Systems of Civil Justice）发布的报告主张对加拿大民事司法系统进行改革，这一系列改革措施中包含承认和实施 ADR 作为解决民事纠纷合法且首选的方法，将传统的民事审判降为"最后手段"。❸

这种改革在接下来的几十年里继续，ADR 现在被广泛认为是一种合法和有效的争端解决方法。2014 年，加拿大最高法院在 Hryniak v. Mauldin 一案中指出，"有意义的司法救助是当今加拿大

❶Superior Court of Justice. History of the Court［R］. Superior Court of Justice，2021.

❷BARBARA BILLINGSLEY, MASOOD AHMED. Evolution，Revolution and Culture Shift：A Critical Analysis of Compulsory ADR in England and Canada［J］. Common Law World Review，2016（45）：186.

❸Canadian Bar Association Task Force on Systems of Civil Justice. Systems of Civil Justice Task Force Report［R］. Canadian Bar Association，1996.

法治的最大挑战……我们的司法系统在程序和救助之间取得的平衡必须反映现实，并承认新的裁决模式可以是公平和公正的"❶。然而，在这一声明之前的几十年里，各省已经有一些 ADR 实践的试验。

（二）制度概述

1999 年 1 月 4 日，安大略省强制性调解项目在多伦多和渥太华开始，该项目是加拿大最早和最引人注目的 ADR 倡议之一，并于 2002 年 12 月 31 日扩大到安大略省第三大司法区域温莎。这一项目主要依据加拿大《民事诉讼规则》第 24.1 条和第 75.1 条的规定在多伦多、渥太华和温莎适用，其中第 24.1 条规定了对案件管理的民事、非家事诉讼的强制性调解，第 75.1 条将有争议的遗产、信托和替代决定事项纳入强制调解范围。根据安大略省的强制调解计划，案件在诉讼过程的早期就被提交给调解会议，以使各方有机会讨论争议的问题，在训练有素的调解员的协助下，各方探讨和解方案，可能会避免预审和审判过程，从而节省时间和金钱。❷

根据《民事诉讼规则》第 24.1 条的规定，需要进行案件管理的民事诉讼被纳入强制调解范围。案件管理是一个系统，其中法院监督案件，并对其在审前和审判过程中的进展规定了严格的时限。某些民事诉讼，如涉及家事法的案件，则被排除在强制调解之外。提出抗辩的民事诉讼、案件管理的诉讼（家事案件除外）要提交调解。只有在当事人获得法院命令的情况下，案件才可以被豁免

❶HRYNIAK V. MAULDIN, 2014 SCC 7.

❷Ministry of the Attorney General. Ontario Mandatory Mediation Program［R］. Ministry of the Attorney General, 2021.

调解。调解是由私营部门的调解员主持的。当事人可以同意从该项目的调解员名册中选择一名调解员，或选择一名不在名册上的调解员。这一决定必须在第一次提出抗辩后的 30 天内作出。如果各方不能就调解员达成一致，将由负责管理该计划的当地调解协调员为他们指定一名调解员。除非法院另有命令，否则调解必须在第一次提出抗辩后的 90 天内进行。不过，标准轨道诉讼中的各方可以通过向当地调解协调员提交同意书，同意将调解再推迟 60 天。在调解前至少 7 天，各方必须向调解员和诉讼的其他各方提供一份问题声明，确定争点问题以及各方的立场和利益，同时提供必须包括诉状和任何对案件具有核心意义的文件。

根据《民事诉讼规则》第 75.1 条的规定，与遗产、信托和替代决定有关的诉讼都要提交调解，除非有法院的豁免令。在送达出庭通知书最后一天的 30 天内，申请人必须提出关于进行调解指示的动议。在指示动议中，法院可以指示以下事项：要调解的问题，谁有调解的权力，进行调解的时间框架，指定哪些当事人参加调解，如何通知指定的当事人进行调解，以及调解的费用如何在当事人之间分摊。在提出指示动议后，各方必须在法院命令发出指示后的 30 天内选择一名调解员。拥有调解权的一方需要向被选中的调解员提供一份指令的副本。如果各方未能在 30 天内选定调解员，负责调解的一方必须立即向当地调解协调员提出指定调解员的请求。不管是指定的还是选定的调解员，都必须立即确定调解日期，并在该日期前至少 20 天，向每个当事方送达一份关于调解地点、日期和时间的通知。至少在调解开始前 7 天，被指定调解的各方当事人必须向调解人和其他当事人提供一份问题声明。

在其他省份，ADR 的价值也得到了立法层面的承认。例如，在 2015 年，魁北克省实施的《新民事程序法典》第 158 条规定，"为了案件管理的目的，在诉讼的任何阶段，法院可以主动或应要求决定或召集当事方召开案件管理会议或和解会议，或鼓励他们使用调解"。第 42 条规定，"法院可以在任何时候中止诉讼或暂停审判，以使各方能够选择认证的调解员进入调解程序，或要求家庭调解服务机构与各方合作"。

其他省份在司法实践层面同样重视 ADR 的分流价值。自 1994 年以来，马尼托巴省王座法院（Manitoba Court of Queen's Bench）的司法协助争端解决（Judicially Assisted Dispute Resolution，JADR）已经开始适用，该项目没有引入正式的调解规则或强制性调解规则，马尼托巴省法院未采用程序规则的理由是，现有的民事诉讼规则造成了诉讼的复杂性，因此，法院规则委员会不想创造更多的规则来改善原来复杂的民事诉讼规则所带来的弊端。参加司法协助争端解决是自愿和非正式的，当事人可以选择他们想要调解的法官，律师共同准备一份有三四名可选的负责司法协助争端解决的法官名单，同时可以指定偏好优先顺序。随后，律师们向王座法院的院长或副院长发出一封联名信，告知法院他们的选择和偏好的顺序。尽管马尼托巴省王座法院的任何法官都可以被提名为潜在的联合抗辩律师团法官，但联合抗辩律师团法官的分配由法院决定。关于法官与当事人及其律师在案件会议上的会面，每个案件会议都有和解的成分——法官会讨论并提供各种解决纠纷的方法，包括早期的中立

评估和小型审判。●

（三）制度评估

从加拿大民事诉讼案件整体看，ADR 在民事案件分流中的作用不断提高，从 2016 年的 17 639 件，增长到 2020 年 21 500 件，同比增长 18%。❷

前述英国司法部与基恩教授的实证研究报告显示，各方进行谈判和妥协的动机和意愿对于调解的成功至关重要。促进和鼓励调解加上有选择的和适当的压力，可能比一味的强迫调解更有效，也可能更有效率。❸ 然而，2001 年的安大略项目评估报告结果显示该项目极为成功。该评估是基于从该项目下进行的 3000 多次调解中收集的数据，并与 1996 年以来开始的约 23 000 个非调解案件进行比较。❹1999 年 1 月至 2000 年 12 月，在渥太华约 2500 个强制调解的案件中，只有 25 个案件被豁免，而在多伦多 3000 个案件中，约 69 个被豁免，这表明豁免调解的比率非常低，约为 1%~2%。对安大略省调解计划的评估表明，无论案件类型，强制性的调解显著减少了处理案件的时间；减少了诉讼当事人的费用；在诉讼过程中较

❶Manitoba Court of Queen's Bench. Notice: Civil Pre-trial and Case Management Conferences [R]. Manitoba Courts, 2021.

❷STATISTICS CANADA. Number of Events in Active Civil Court Cases, by Type of Event, Canada and Selected Provinces and Territories [R]. Statistics Canada, 2021.

❸HAZEL GENN, FENN PAUL, MARC MASON. Twisting Arms: Court Referred and Court Linked Mediation under Judicial Pressure [R]. Ministry of Justice Research Series, 2007: 202.

❹ROBERT G. HANN, CARL BAAR, LEE AXON. Evaluation of the Ontario Mandatory Mediation Program (Rule 24.1): Final Report-The First 23 Months [R]. Ministry of the Attorney General, 2001.

早完全解决的比例很高；以及诉讼当事人和律师对强制调解过程表示相当满意。❶

此外，2010 年的一项安大略省实证调研报告认为，与对照组相比，强制调解作为一种 ADR 形式，总体上能够减少寻找争端解决方案的成本和时间延误。除此之外，在这项研究中，2/3 的被调查方概述了强制调解的好处，这些好处包括：（1）为一方或多方提供他们认为相关的新信息。（2）确定对一个或多个当事方重要的事项。（3）确定各种问题的优先次序。（4）促进对新的和解提议的讨论。（5）更好地认识到在诉讼过程的早期进行和解可能带来的金钱节约。（6）至少有一方当事人对其诉讼中的 ADR 或自己的案件有了更好的了解。（7）至少有一方更好地了解他或她的对手的情况。❷

❶ROBERT G. HANN, CARL BAAR, LEE AXON. Evaluation of the Ontario Mandatory Mediation Program（Rule 24.1）: Final Report-The First 23 Months［R］. Ministry of the Attorney General, 2001.

❷MEGAN MARRIE. Alternative Dispute Resolution in Administration Litigation: A Call for Mandatory Mediation［J］. Advocate Quarterly, 2010（37）: 149.

第三章
繁简分流改革与智慧法院建设

互联网在当今社会受到极大关注，不只由于它贯穿每个人的日常生活，而且在于它对社会经济、文化建设等产生的巨大作用与深远影响。随着互联网技术的快速发展，网络信息领域不断更新迭代，政府对基础设施构建的重视和完善，信息技术作为"第四方"存在❶，在民事诉讼中引发了新的纠纷解决方法和机制的诞生，使其展现出颠覆性、革命性、根本性的开展趋势。

习近平总书记强调，"没有信息化就没有现代化"❷。党的十八大以来，全国各级人民法院积极探索"互联网＋"形势下的司法新模式，使网络电子化技术高度契合审判执行与诉讼服务工作，司法建设向着信息化、智慧化方向前进，以诉讼服务中心为主导，辅之"12368"诉讼服务平台、诉讼服务指导中心信息平台以及中国移动微法院等九大

---

❶ 费德里科·阿斯特，布鲁诺·德法因斯.当在线纠纷解决遇到区块链：去中心化司法的诞生［J］.张智豪，编译.中国应用法学，2021（6）.

❷2018年2月27日习近平同志在中央网络安全和信息化领导小组第一次会议上的重要讲话。

电子化系统为支柱的"一个中心、九大系统"完成基本构架，全国3500多家法院全部开通"一站式"在线诉讼服务功能。❶ 在进一步完善司法现代化体系中，是否充分运用新技术构建新型的智慧法院和在线民事诉讼机制，成为体现司法实力现代化的重要象征之一。

第一节　繁简分流背景下传统法院电子送达的探索与实践 *

　　信息技术的不断更新，在改变人们日常生活和社会经济交往方式的同时，也为司法审判工作与时俱进、改革演进传统工作模式、打造纠纷化解快车道提供了契机。电子送达工作基于高效、便捷、低成本的特点，代表了未来法院民事送达工作信息化的发展方向，不仅在 2012 年修订后的《民事诉讼法》中就已经成为法定的送达方式，近年来也通过全国各地法院的实践积累了不少经验。最高人民法院于 2020 年 1 月 15 日公布的《民事诉讼程序繁简分流改革试点实施办法》专门细化了电子送达的有关程序要求，为电子送达工作发展提供了指导意见和根本遵循。但是，电子送达工作依托何种平台开展，如何提升其适用率和适用效果，仍是实践中亟待研究和

---

❶ 最高人民法院. 人民法院一站式多元纠纷解决和诉讼服务体系建设（2019-2021）[EB/OL]. [2021-10-4]. https://www.court.gov.cn/zixun-xiangqing-346831.html.

＊ 本节撰稿人：苏州相城区人民法院课题组。课题组负责人：徐建东，江苏省苏州市相城区人民法院党组书记、院长；课题组成员：吴宏、金海龙、丁莉华、唐灿、丁雯雯、邓佳佳、潘李娜；执笔人：吴宏，江苏省苏州市相城区人民法院党组副书记、副院长；金海龙，江苏省苏州市相城区人民法院司法行政装备科科长；丁莉华，江苏省苏州市相城区人民法院综合办公室主任；唐灿，江苏省苏州市相城区人民法院民二庭副庭长。本节内容首次发表于：陈甦，田禾. 中国司法制度发展报告（No.2·2020）[M]. 北京：社会科学文献出版社，2021.

解决的重要课题。

一、实施电子送达的现实基础

近年来，法院受理的案件数量呈"井喷式"增长，司法资源严重不足，包括送达在内的审判各环节和全过程都面临着革新和提速的需要。

（一）缓解司法资源供需矛盾的现实需要

随着立案登记制改革的落实，全国法院特别是基层法院每年受理的案件数量持续大幅度增长。❶ 以江苏省苏州市相城区人民法院（以下简称"相城法院"）为例，2015 年至 2019 年新收案件数分别为 10 657 件、10 896 件、12 219 件、15 100 件、17 303 件。2019 年与 2015 年相比，该院收案数增长 62.36%。

在案件数量增加的同时，法官员额制改革带来的法官数量整体减少，"一增一减"格局进一步锐化了案多人少的矛盾。此外，因编制数量受限，法官助理培养年限较长等，审判员、法官助理、书记员无法达到 1∶1∶1 的状态，甚至"一审一书"模式都无法满足，严重制约了审判效率的提高。工作量的逐渐增加和工作要求的不断提升，使得员额法官不堪重负。一方面促使法院运用科技手段解放和发展司法生产力；另一方面也倒逼法院完善审判工作机制，将事务性工作从法官和书记员手中剥离。

---

❶ 自 2015 年 5 月 1 日起，立案登记制在全国法院系统全面施行。以最高人民法院工作报告中的数据为例，地方各级人民法院 2015 年受理案件数 1951.1 万件，2019 年已攀升至 3156.7 万件，4 年增长了 61.79%。

（二）突破送达工作困境的需要

民事送达困境大致可以归纳为"送达难""送达累""送达乱"三个方面。❶

"送达难"。一是人口流动性大。送达地址的来源主要有两种，即以被告的户籍地为送达地址和原告提供的地址。但是户籍地址并非时时更新，人户分离、户口挂空，因工作、婚姻、搬迁等离开原户籍地日益常见。企业登记注册地与实际经营地不一致的现象亦越来越突出。二是当事人故意逃避、躲避送达。部分受送达人缺乏法律意识，以为不接收法院文书法院的审理工作就无法继续，或因经济困境而对诉讼程序采取放任态度。实践中，如当事人户籍地或注册地无法送达，则即便取得联系其也将大概率不配合领取诉讼文书，甚至拉黑法院办公电话。

"送达累"。人力资源紧张是送达中非常关键的约束因素。一是送达工作量大。按照《民事诉讼法》的要求，直接送达存在困难的，可以进行委托送达或邮寄送达。曾有人统计，送达工作约占基层法官助理及书记员 80% 的精力。❷ 二是送达时间不固定。对于直接送达来说，为将诉讼文书有效送达给被送达人，外出送达的工作人员甚至需要等到晚上或者周末等非工作时间外出送达。三是手工作业耗费时间多。对于邮寄送达而言，传统的邮寄文书包括制作传票、应诉通知书等文书并打印，复印起诉状及证据副本，签章、分拣装订、填写邮寄面单、送交邮寄等流程，诉讼当事人数量较少案

---

❶ 罗恬漩.司法改革背景下送达困境与出路——以 G 省基层法院的送达实践为例 [J].当代法学，2017（3）.

❷ 范贞.广东统一推行诉讼文书电子送达 [N].人民法院报，2015-01-05.

件的邮寄流程都至少需要半个小时才能完成，遇到当事人一方人数众多的，耗费的时间更长。

"送达乱"。首先是公告送达滥用。根据《民事诉讼法》及司法解释的要求，穷尽其他送达手段仍无法完成送达的，才可以适用公告送达。公告送达应该是一种兜底送达方式，但是实践中往往邮寄送达无法送达就直接适用公告送达。其次是邮寄送达不规范。邮寄送达实际是将法院承担的送达工作全权委托给邮局，邮局工作人员并不具有专业的法律素养，部分人员存在敷衍推诿、不负责任的工作态度，邮寄送达的文书常出现电话一时不能接通或者当事人不在收件地址就直接予以退回的情形。最后是不能穷尽送达手段。按照《民事诉讼法》的规定，直接送达应为首选送达方式，直接送达不成的可采取邮寄送达、留置送达、公告送达等方式，但因法院人力匮乏，实际无法采用逐案直接送达的方式，故而实践中多数法院采用邮寄送达和公告送达，对于邮寄不能的则直接选择公告送达。由此，造成了实践中部分案件当事人实际可以联系到，但不得不采用公告送达方式的情况。甚至当事人并非"下落不明"，但公告送达程序走完，仍存在当事人对诉讼程序一无所知的情形。当事人在法律文书生效后以送达程序违法为由申请再审或提出信访，且此前多地法院都出现过因此而撤销原判决的情形。公告送达的乱象对司法裁判的效果和公信力都产生了严重的影响。

（三）顺应电子诉讼改革的需要

人民群众对于司法公正和效率的期待越来越高，程序分流的重要性和迫切性逐渐凸显。正因如此，全国人大常委会于2019年年

底公布《关于授权最高人民法院在部分地区开展民事诉讼程序繁简
分流改革试点工作的决定》，决定在部分地区开展繁简分流改革试
点工作，推行电子送达、提升简易程序适用率、创设普通程序独任
审判等，其目的在于将大量案件引导进入以简易程序为模型的快审
模式。而法院的考核体系将简易程序适用率和法定正常审限内结案
率作为重要指标，使得包括送达在内的审判各环节都面临效率提升
的现实需要。

（四）降低送达工作成本的需要

送达工作成本包括两个方面，一是费用成本，二是人力成本。
为保证尽可能对被告进行送达，原告在个案中提供的被告送达地址
往往会超过被告的数量，这些地址都需要法院工作人员进行直接送
达或邮寄送达，无形中增加了法院送达人员的工作量。由于送达地
址增多，所打印的传票、应诉举证通知书、起诉状副本等材料也随
之增多，而每一次邮寄无论成功与否，均需要支付邮寄费用，成本
高昂，且送达成本亦随着用工成本逐年增加。

二、实施电子送达工作的实践探索

2019 年以来，相城法院不断深化"智慧审判苏州模式"，构建
综合集约送达新模式，将电子送达整合为综合集约送达中的核心一
环，利用电子送达的高效性和便捷性，成功打造"一中心、二结
合、三对接、五步走"智能化、集约化和闭环化运作的综合送达平
台，有力提升了审判质效。

（一）综合集约电子送达模式

1. 打造"一个中心"，创新送达模式

相城法院试行的综合集约电子送达模式，是建立在已开展的电子送达工作基础上，集约整合已有的苏州法院律师在线服务平台和苏州智慧法院 App 系统、"12368"等网络平台，融汇司法、技术、社会等多种资源，探索打造集约化展开、社会化运作、智能化升级、全流程覆盖的一站式综合集约送达中心。

集约化展开。传统的送达工作，由法官助理和书记员在法官的指导下办理。该院一站式综合集约送达中心建成后，将原本分散在各庭室书记员、法官助理和法官手中的传统送达工作，集约至送达中心完成。一站式综合集约送达中心由专门人员负责，根据个案需求，酌情进行直接送达、邮寄送达、电话送达、网格送达、律师平台送达等，彻底减轻法官及审判服务人员送达工作量，让法官集中于审判、聚焦于质效。

社会化运作。为剥离法官和审判辅助人员的送达工作量，该院建立了专业送达团队。通过购买社会服务，建立一站式综合集约送达中心。具体送达工作中，审判辅助人员只需一键发起送达命令，由该中心负责确定送达方式、查找送达地址、完成送达工作。一站式综合集约送达中心设立电话岗、文印岗、邮寄岗、扫描岗等不同岗位，由 8 名外包人员承担相应工作。为强化送达中心工作的规范性、保密性，该院制定了送达中心人员工作流程规范性文件，严格签订保密协议，进行科学规范的考核管理，确保服务优质高效。

智能化升级。为提升综合集约送达中心功能，相城法院全力打造一体化综合送达平台，依托办案系统，并联合苏州法院律师在线服务平台和苏州智慧法院 App 系统、"12368"等网络平台,将送达任务的发起入口集约至办案平台,实现一键发起、各平台同步进行电子送达。该院通过在办案系统内嵌入应诉通知书、举证通知书、告知审判人员通知书等文书模板,实现一键生成、电子签章等功能,彻底扭转了原本由助理人员承担的文书草拟、打印签章、分拣装订等工作。实现所有送达材料从制作、签章、印刷、封装到送达全流程"无纸化"发起,集约化处理并及时反馈。同时,该院还在办案系统内嵌入电话送达自动录音模块,一键拨打电话,并将语音转存至电子卷宗。

全流程覆盖。相城法院自 2019 年 7 月开始推广电子送达,切实覆盖诉讼全程。原告立案时,即填写包含电子送达选项的地址确认书,对于同意电子送达的,在案件审理全程均通过电子方式向其送达各类文书。立案后,电子送达传票、副本;对于适合在线庭审的,一并电子送达在线庭审告知书、在线庭审须知等文书,实现了电子送达从立案到审理的全程覆盖。

2. 突出"二个结合",释放司法动能

相城法院坚持"建用并举",将综合集约送达与审判质效和司法改革结合起来,解放和发展司法生产力,提升司法公信力。

与审判质效相结合,倒逼案件"提质增效"。该院将送达程序纳入审判管理视野,综合集约送达过程全程留痕,送达信息节点推送,实时把送达工作完成情况及效率同步录入电子卷宗和干警业绩档案,倒逼干警规范送达活动,提高司法效率。

与司法改革相结合,顺应改革"求新务实"。该院将综合集约送达与民事诉讼程序繁简分流改革试点工作结合起来,对买卖合同、交通事故损害赔偿、劳动争议纠纷等六大类简易案件，在向当事人送达法律文书的同时一并送达案件审理要素表，从而实现简案快审。同时，将综合集约送达系统建设与智慧诉讼服务、在线庭审、数字化执行等技术同步规划建设、交互支撑运用，推动电子诉讼走深走实。

3. 强化"三个对接"，提升送达实效

依托网络办案系统，实现与律师事务所、区综治中心、媒体公告组的在线对接。

与律师事务所在线对接，实现一键送达。相城法院与区司法局、律师协会签订网上送达诉讼文书框架协议，区内 27 家律师事务所 330 余名律师全部实名注册苏州法院律师在线服务平台和苏州智慧法院 App。对于区外律师则在个案中逐一征求意见，同意电子送达的一并邀请注册，纳入律师在线服务范围。

与区综治中心在线对接，实现网格协查。相城法院与区综治中心深度合作，打通法院内网与区综治中心外网网格平台，实现无缝对接。联合出台《关于依托网格管理平台进行协助司法送达调查的实施方案》，审判辅助人员在内网发起网格协查任务，网格员通过手机 App 收到指令进行调查后，在 24 小时内反馈相关信息。

与媒体公告组在线对接，实现网上公告。相城法院与技术公司深度合作，在办案系统开发公告管理模块，与人民法院报社线上平台对接。公告送达任务发起后，系统自动将任务推送至报社后台；公告刊登后，平台自动将结果反馈至送达系统，刊登公告的当期报纸邮寄至当事人和承办法官。

4. 实行"五步快走"，构建闭环机制

相城法院坚持"穷尽送达手段"，根据案件的实际情况，选择或者叠加适用"电话＋短信""律师平台＋手机端""集中文印＋邮寄""网格协查＋直接送达""电子对接""五步走"送达方式，确保能送尽送、送则尽快、送则有效。

第一步："电话＋短信"的电子送达。对有电话号码的当事人，首先通过电话确认身份。如当事人同意电话送达方式的，则告知其开庭时间、地点等要素及电子送达采用的方法，将通话内容录音，存入电子卷宗。电话挂断后，即通过"12368"平台向其发送短信，内容包括审理法院、合议庭成员等案件基本信息，传票、受理通知书、应诉通知书等可预览的法律文书，并提供链接让当事人可以选择在电脑端下载。

第二步："律师平台＋手机端"的云端送达。该院依托苏州法院律师在线服务平台和苏州智慧法院 App 系统，自动识别代理信息，对于纳入苏州法院律师在线服务平台和苏州智慧法院 App 名册的律师，优先适用平台进行电子送达，律师一键签收。同时，律师事务所内勤可统筹知悉电子送达情况，有利于律师事务所进一步完善内部管理。

第三步："集中文印＋邮寄"的补充送达。对于无代理人且"电话＋短信"无法送达的当事人，书记员无纸化发起邮寄送达。依照事先设定的标准，管理员分派任务、文书生成、打印、邮寄等全部通过系统进行流程化操作。首先，书记员通过系统自动生成要素齐全、形式统一、依法合规的 100 余种格式文书，发起送达。程序文书自动完成电子签章，裁判文书被推送至文印岗进行审核签章后，邮寄岗人员将带签章的所有文书材料集中打印、封装，再交由邮政公司驻法院工作人员扫描二维码打印邮政面单、EMS 邮寄，并将送达回单通过云柜流转至各部门书记员，系统将邮寄送达信息直接反馈到送达系统。

第四步："网格协查 + 直接送达"的延伸送达。对邮寄不能送达且户籍为本地的当事人，则向区综治中心网格平台发出协助送达请求，勾选案号和当事人姓名后，系统自动回填身份证号、地址等信息。区综治中心网格平台会将协助送达指令分配到对应的一级（镇、街道）网格，再由一级网格分中心分配到当事人所在的二级（村级）、三级网格。网格员通过"网格通"手机 App 收到指令后进行调查，在 24 小时内将被送达人是否为辖区人员，现在何处、房屋有无拆迁、工作单位、联系电话或家庭其他人员联系方式等信息反馈至平台系统。法官直接通过电子卷宗获知网格协助调查反馈信息，对提供准确送达地址或电话等信息的，由服务外包人员配合书记员进行直接送达。

第五步："电子对接"的公告送达。穷尽上述方法后仍无法送达的，运用与报社后台的网络对接，指令通过审核后，缴费二维码以短信形式发送至当事人手机，当事人可以通过支付宝、微信等方式进行线上缴费，快速开展公告送达。

相城法院一站式综合集约送达中心成立一年以来，共计完成送达任务 74 247 件次（见图 3-1）。其中，"电话 + 短信"的电子送达完成 25 675 件次、占比 34.58%，"律师平台 + 手机端"的云端送达完成 632 件次、占比 0.85%，"集中文印 + 邮寄"的传统送达完成 45 741 件次、占比 61.61%，"网格协查 + 直接送达"的延伸送达完成 2111 件次、占比 2.84%，"电子对接"的公告送达完成 88 件次、占比 0.12%（见图 3-2）。

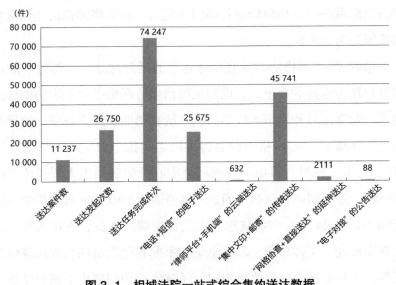

图 3-1　相城法院一站式综合集约送达数据

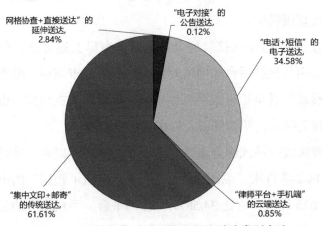

图 3-2　相城法院一站式综合集约送达类别占比

（二）综合集约电子送达机制运行成效

1. 送达效率大幅提升

从送达周期看，如果通过邮寄方式送达，从邮件寄出到当事人签收，再到签收信息反馈至法院，至少需要一周的时间。而电子送达的即时性，略去了邮寄送达中的面单填写及书面诉讼材料整理等过程，节省了诉讼材料的在途时间，缩短了庭审周期。从到庭率看，公告送达不仅耗时长，且当事人到庭率低。综合送达通过穷尽前述四种方式，大幅降低了公告率，使案件到庭率明显提升。

自 2019 年 7 月至 2020 年 6 月，相城法院综合集约电子送达中心共完成综合送达 74 247 件次，案件平均送达时间缩短 77.3%，其中最快的送达 3 分钟完成，当事人到庭应诉率同比上升 7.86%，适用公告送达率同比下降 25.44%。相关工作经验被最高人民法院简报采用，并被江苏省高级人民法院现场会予以推广。

2. 诉讼成本明显下降

诉讼成本是指诉讼主体在实施诉讼行为的过程中所消耗的人力、物力、财力的总和，包括当事人的诉讼成本和审判机关的诉讼成本。对当事人来说，在新的送达模式下，其不需要为了收取传票、起诉状等诉讼文书而专程来法院，可以通过电子信息载体快速及时获取诉讼信息，节约了当事人的时间成本。对法院来说，综合集约送达剥离了法官和审判服务人员事务性工作，保障专司审判；实现了送达工作的全院统筹安排，避免了重复劳动。

送达系统应用强化了智能支持和分工协作，有助于提升送达效率，缓解人案矛盾。以前的送达工作需要书记员手动制作传票、应诉通知书、举证通知书等十余种文书并打印、去文印室盖章、分拣

装订、拿刷子涂胶水、再手写面单地址、送交邮寄。在智能化、无
纸化、集约化的电子送达模式下，与原先手动填写面单寄送 EMS
相比，书记员工作量减少约 20%。另外，综合集约电子送达明显降
低了法院文印、耗材、邮寄费用成本，从经费成本来说，EMS 数量
减少 30% 以上，文印纸张减少 25% 以上，每月节省办公经费 10 余
万元。

3. 审判质效有效提升

相城法院通过推广及不断完善综合集约电子送达，强化规范
管理，有效减少恶意规避送达现象，充分保障各方当事人的诉讼权
利；有效压降公告案件数量，节约了当事人的诉讼时间和成本；切
切实实解决"送达难"这一顽疾，让法官专注于"审"与"判"，
努力为人民群众提供更多高质量的司法服务。同时，综合集约电子
送达有力保障了未规避的被告人参与诉讼的权利，减少了缺席审理
后上诉、信访等现象，提升了群众对法院工作的满意度。

2019 年相城法院结收案比达 103.89%，位列全市法院第一。法
定正常审限内结案率同比大幅上升 14.67 个百分点；案件平均审理
天数同比减少 37.29 天；员额法官人均结案 485.84 件，同比上升
13.70%。

三、当前电子送达工作的困难与不足

（一）征询受送达人同意的方法亟待完善

《民事诉讼程序繁简分流改革试点实施办法》第 24 条规定，经
受送达人同意后，人民法院可以采取电子方式送达诉讼文书，同时

还规定了可以推定其同意的情形：受送达人对在诉讼中适用电子送达已作出过约定的；受送达人在提交的起诉状、答辩状中主动提供用于接收送达的电子地址的；受送达人通过回复收悉及参加诉讼等方式接受已经完成的电子送达等。该规定明确了当前电子送达工作开展的前提条件，即受送达人同意或能够推定其同意。

上述主观条件设立的初衷，在于保护不熟悉或者不懂得如何操作电子信息设备甚至没有电子信息设备的当事人。[1]电子送达的价值在于实现法院提升诉讼效率和保障当事人诉讼权益之间的平衡，受送达人是否同意选用电子送达方式，其实质是对自己是否有能力接收电子送达文书自我评价后作出的选择。[2]这一规定，既是对当事人诉讼自主权的保护，同时确实在客观上限制了电子送达适用率的提升。为提高当事人同意电子送达的比率，相城法院采取了在立案阶段建议原告填写包含同意电子送达的地址确认书和律师协会及律师事务所签订有关电子送达协议等方法予以解决。同时，对于被告当事人而言，该院采取先进行电话沟通，征询是否同意电子送达的方式，但逐案拨打电话的人力成本同样高昂且效果较为一般。今后，如何进一步提升电子送达适用率，仍需首先解决如何征求当事人同意的问题。

（二）送达成功的确认方法亟待完善

当前我国电子信息技术虽然已经比较成熟，但信息系统客观上

---

[1] 吴逸，裴崇毅.我国民事诉讼电子送达的法律问题研究——以杭州互联网法院诉讼规程汇编为例[J].北京邮电大学学报（社会科学版），2018，20（5）.
[2] 郑世保.电子民事诉讼行为研究[M].北京：法律出版社，2016：244.

仍然可能受到硬件设备以及人为原因或者病毒等因素的影响，存在信息发出后不能被及时正确接收的可能性。《民事诉讼程序繁简分流改革试点实施办法》对于送达成功的确认，按照电子地址的来源采取了两种不同的方法，即向当事人提供或确认的电子地址送达的采取到达主义，向法院获取的电子地址送达的采取收悉主义。

如前所述，当前相城法院的电子送达媒介，主要依靠苏州法院律师在线服务平台、苏州智慧法院 App 和通过"12368"平台发送带验证码的短信链接的方式完成，目前上述送达方式仍仅能确认信息发出时间，除当事人明确回复及实际参加诉讼外，难以在线确认其是否确实阅知信息。实践中，目前是通过电子送达发起后，再采用电话追踪的方式确认和提醒其查看的方式进行，实际上增加了送达人员的工作负担。但如果不采用电话追踪的方式进行确认，则后续当事人如拒绝出庭应诉或否认其实际收到信息或已阅知，法院也缺乏技术手段证明送达的有效性。

有关成功送达时间的确认难题，还存在于邮寄送达与电子送达并行的情况。由于电子送达与邮寄送达的效率不同，在两者同步进行的情况下，成功送达时间的确认，将直接影响当事人的举证期、答辩期、上诉期等程序权利保障，甚至影响其实体权益。

（三）当事人提交电子化材料机制亟待完善

根据《民事诉讼程序繁简分流改革试点实施办法》的规定，当事人及其他诉讼参与人可以通过电子化方式提交诉讼材料和证据材料。但是，目前仍然缺乏实现上述电子化材料提交功能的电子渠道。审判实践中，当事人需要向法院提交的书面材料众多，包括证据材料、申请书、授权文件等，但在当前条件下仍只能通过传统的当面提交和邮寄提交方式来完成。这增加了当事人来回交通、邮寄的经济和时间成本，也给法官和辅助人员增加了接待当事人，阅读、分装与处理邮件的工作量。当事人不能通过电子方式提交材料，而法院却单方要求其配合接受电子送达，其心理上也相对难以接受。若能够实现法院和当事人之间统一的电子化材料交互，法院传票与当事人申请事项均能够通过同一平台进行，则将会激励更大范围的当事人自愿接受电子送达。

（四）公告送达的适用条件与方式亟待完善

近年来，信息技术进步日新月异，作为传统纸质媒体的报纸已经较少有业外人士购买、阅读。目前，全国大部分法院，包括相城法院在内，公告送达仍依托报纸进行。从实践效果来看，以报纸公告送达的方式，往往只能达到法律上的拟制送达效果，实际上并不能起到对当事人送达的作用，绝大多数当事人都没有看到公告送达的内容。此外，在报纸上公告，需要完成缴纳公告费、传送公告费凭证及公告底稿至报社，然后等待报社安排公告时间的流程，一般需要 20 日以上，既耗费当事人经济成本，也给缩短诉讼流程带来了障碍。可见，在报纸上公告送达的方式已经和当今科技迅速发展、社交媒介改变的现代社会有所脱节，既起不到让被告知晓己方涉诉的作用，也增加了诉讼成本，降低了诉讼效率，甚至成为被告拖延诉讼、逃避法律义务的借口。

四、电子送达工作发展的未来展望

下一步，相城法院将在已有电子送达工作的基础上，从指导思想、技术支持、工作模式、沟通协作等方面进一步完善、深化电子送达工作。

（一）以电子送达为核心，构建"三分法"送达机制

相城法院未来的送达体系，将以电子送达为中心，以电子送达为首选送达方式。对于当事人同意电子送达或者能够推定其同意电子送达的，一律采用电子方式送达。在无法有效完成电子送达的前提下，立即转入直接送达或者邮寄送达方式完成。如穷尽以上方式仍不能送达成功，则适用电子公告送达予以解决。

关于电子送达的渠道，该院下一步将以通过"12368"平台发送带验证码的短信链接的方式为主，结合苏州法院律师在线服务平台、苏州智慧法院 App 的方式进行。手机短信因方便、可视、可存储、价格低廉等特点，已成为当今时代信息传递的主流方式之一。鉴于当前我国手机网络的普及程度和手机号实名制的推行，以文字信息形式发送司法文书，并以电话追踪或其他方式确认当事人收悉、阅知，已被证明为有效的电子送达方式，也是一般社会大众最容易操作和接受的送达方式。

（二）以区块链技术为保障，确保电子送达安全性、有效性

电子送达的特殊性决定了以下问题。第一，电子送达必须要利用外部网络来实现送达，这给安全保障带来了新的难题。电子送达过程中存在多个链接点，包括信息传达点、信息接收点、服务器

等，任何一个点位均要保障安全性。[●]第二，要提升电子送达的适用率，势必要通过建立电子送达数据库等手段，这也给技术层面提出了新的要求。第三，随着服务外包模式的不断成熟和优化，邮政等社会外包人员加入送达队伍，亦需要对所有送达过程进行跟踪记录，确保司法文书的安全传输是首要课题。所以，电子送达方式的推进离不开强有力的技术支持，只有最先进的信息技术才能为内外网信息的交互、当事人信息保护、电子送达全流程跟踪、高效的审判运行提供有效、安全保障。下一步，相城法院将加大科技投入力度，充分借助区块链技术的特性，利用分布式储存、不可更改的可信度为电子送达的安全性、有效性提供有力保障。

（三）以精准地址库为依托，扩大电子送达工作覆盖面

电子送达工作开展以当事人明确同意或能够推定其同意为前提，要在此限制条件下提升电子送达适用率，需要建立统一精准的当事人送达地址数据库。首先，建立电子地址数据库专门维护团队，由全院一线审执法官和辅助人员收集经当事人同意和确认的电子地址，汇总至数据库中，基本实现"一人一案一地址"。其次，对于新收案件，原告在立案窗口或网上立案时统一递交送达地址确认书，被告在应诉时或直接送达过程中面签送达地址确认书，送达中心专人维护每一个案件当事人的送达地址信息，全部送达于此库，不再去想办法"找"送达地址。最后，送达人员在送达时，首先在电子送达地址库中进行检索，能够检索出有效电子地址的，除

● 刘向琼，刘鸣君. 论我国民事诉讼电子送达制度的现状及其完善［J］. 法律适用，2018（3）.

当事人明确要求邮寄送达或直接送达外，一律选择电子送达方式进行送达，而不再采取其他送达方式。

（四）以增量扩容为方向，借助律师平台实现全域电子送达

当前的苏州法院律师在线服务平台，仅由各法院与区司法局及辖区内律师协会签订网上送达诉讼文书框架协议，引导辖区内律师事务所律师在苏州法院律师在线服务平台注册，由此实现对律师的送达依托该平台进行。下一步，相城法院将从两个方面入手，为律师平台增量扩容，将对律师的送达手段相对固定为电子送达渠道。一方面，与苏州市中级人民法院及市内其他兄弟法院加强协作，与苏州市司法局、市律师协会及各区律师协会签订框架协议，导流进入律师平台注册，将苏州市范围内执业律师全部纳入电子送达范围。另一方面，注重个案中收集在本院代理诉讼案件的外地律师电子送达地址，同时征询其同意后，纳入律师平台服务范围。

（五）以送达剥离为手段，提升电子送达适用率

目前，相城法院已经建立了综合送达中心，在法官或辅助人员发起送达任务后，集中处理送达事项。但是，对于送达对象及其具体的送达地址、送达方式，仍由法官和书记员予以判断和发出指令。下一步，相城法院拟将送达工作彻底从法官和其直接指挥的辅助人员手中剥离，法官和辅助人员仅需要发出送达指令以及提供需要送达的文书，对于采用的具体送达方式和送达地址等，将统一交由综合送达中心根据送达地址库中当事人送达信息，由电脑自动识别流转完成。综合送达中心完成任务后，将出具由当事人签收的凭

证、送达回证或者以电子方式形成的电子送达回证，由综合送达中心对送达的真实性和有效性负责。

（六）以内外交互为关键，提升当事人配合电子送达积极性

未来，相城法院将依托苏州法院律师在线服务平台和苏州智慧法院 App，打通内外网交互节点，实现法院单向电子送达向内外电子化材料交互传输的转变，使得律师和有需求、有能力的当事人，可以通过上述平台向法院提交电子化材料，并同步归入电子卷宗、送达案件其他当事人。在减轻当事人诉累、降低诉讼时间与经济成本的同时，增强法院电子送达工作吸引力，提升当事人配合法院电子送达工作的积极性。

（七）以外部协作为抓手，提升电子送达工作效率和效果

一方面，拟与最高人民法院大数据研究院合作，借助该院提供的大数据，完善本院的电子送达地址库，扩大电子送达的适用率和实际效果。另一方面，将与公安部门和移动、电信、联通三大电信运营商协作，建立电子地址查询平台，争取直接对接公安部门信息管理平台和三大电信运营商，专线获取户籍信息、采集三个月内活跃的手机号码等送达所需关键信息，实现与公安、电信运营商的资源共享，为诉讼文书电子送达进一步提供技术支撑。

（八）以电子公告平台为突破，提升公告案件办理效率

为提升公告效率，降低诉讼成本，同时提升公告送达成功率，相城法院拟打造专门的电子公告平台，摒弃传统通过纸质媒体公告

的做法。电子公告平台建立后,与现行传统纸质媒体公告的做法相比,将具有三方面的优势。一是极大压缩案件平均审理天数。按照现行公告模式测算,自法院发出公告需求到刊登公告约 20 日期间,将压缩为当天完成,基本免去公告送达准备阶段的时间成本,极大压缩案件平均审理天数,将使得公告案件在简易程序的法定正常审限内结案成为可能。二是完全免去当事人缴纳公告费用的经济成本。电子公告将实现"零成本",既降低了当事人的经济负担,也将解决部分案件中当事人不愿缴纳公告费的难题,还能确保在判决书无法电子送达或邮寄送达时立即公告送达,避免将来申请执行时发现还需要公告送达的尴尬。三是有效减少公告送达中的重复劳动。由于电子公告中期限的可控性,可在发出公告时即确定好答辩期、举证期及具体开庭时间、地点,电子公告即可视为传票。电子公告工作由一站式综合集约送达中心直接完成后引入电子卷宗,并推送至当事人手机号码完成电子送达,将省去以往传统纸质媒体刊登出公告后重新分拆入卷、重新发送传票的工作环节。

第二节 破解"送达难"困局:从住址送达到电子送达 *

在民事诉讼的诸多程序制度中,送达制度通常被视为法院的一项程序事务性辅助制度。● 但是,作为民事诉讼的必要环节,送达

---

   * 本节撰稿人:胡昌明,中国社会科学院法学研究所助理研究员。本节内容首次发表于《中国社会科学院研究生院学报》2021 年第 5 期。
   ● 杨秀清.以克服"送达难"优化民事诉讼审前准备程序 [J].山东社会科学,2018(12).

在司法实践中扮演着举足轻重的角色。送达迟延，则民事案件无法推进；送达缺漏，则会造成案件因程序问题被发回重审。因此，送达并非一个简单的程序问题，其最终价值在于保障当事人的诉讼参与权和辩论权，乃至诉讼的公平性。送达乱、送达难不仅引发当事人的不满，也在一定程度上削弱了司法的权威性。

在司法实践中，"送达难"问题始终十分突出，司法送达占用了法官和司法辅助人员大量的时间与精力。特别是随着社会经济变迁，围绕当事人住址设置的送达制度面临更多挑战，亟待改进。在2012年《民事诉讼法》第87条规定电子送达后，人民法院进行了一些有益的尝试，取得了一定成效。但是，从整体上看，电子送达仍然面临法律规定较为原则、实践中各地法院把握尺度不一等问题，从诉讼理论到司法实践，都需要进一步梳理。

一、电子送达的缘起

（一）信息技术的发展及影响

信息技术的进步为电子送达提供了有利条件。党的十八大以来，中国的信息化建设速度大幅提升，信息技术与经济社会融合的广度和深度都发生了质的飞跃。一方面，国家高度重视科技和信息化的发展。在"信息化"被列为中国特色新型"四化"道路之一后，党的十九届四中全会聚焦坚持和完善中国特色社会主义制度、推进国家治理体系和治理能力现代化，提出要"建立健全运用互联网、大数据、人工智能等技术手段进行行政管理的制度规则。推进数字政府建设，加强数据有序共享"。❶近年来，智慧政务、智慧司法的运用蓬勃发展，信息化与国家治理的结合愈发紧密。另一方面，电子数据在人们生活中越来越普及。中国互联网络信息中心（CNNIC）发布的《中国互联网络发展状况统计报告》显示，截至2020年12月，我国网民规模达9.89亿，较2020年3月增长8540万，互联网普及率达70.4%。❷电子数据在民众生活中扮演着越来越重要的角色，不管是在线订餐、订票、购物还是学习、交友，实现与世界全方位的信息交流与互动，都离不开电子通信，人们对于用电子方式接收和发送信息已经习以为常。信息技术的发展，为电子送达的大范围推广提供了可能性。

（二）电子诉讼的普及与发展

科学技术的发展，催生了电子诉讼的普及与发展。2015年，全国3500多家法院实现了办公网络全覆盖，数据实时统计、实时更新，信息化与各项审判业务的良性互动格局初步形成，全国四级法院构成了信息化网络。❸全国各级法院全面实现应用和数据、内部和外部、管理和服务之间的信息共享与业务协同；大数据智能化服务充分支持诉讼服务、审判执行、司法管理等各类业务。特别是

---

❶ 中共中央关于坚持和完善中国特色社会主义制度　推进国家治理体系和治理能力现代化若干重大问题的决定［EB/OL］．［2021-08-25］．http：//www.xinhuanet.com/politics/2019-11/05/c_1125195786.htm.

❷ 中国互联网络信息中心.第47次中国互联网络发展状况统计报告［R/OL］.［2021-08-27］．http：//www.cac.gov.cn/2021-02/03/c_1613923423079314.htm.

❸ 中国社会科学院国家法治指数研究中心，中国社会科学院法学研究所法治指数创新工程项目组.中国法院信息化建设的广州经验［M］.北京：中国社会科学出版社，2020：导言.

2020 年以来，在新冠肺炎疫情的影响下，电子诉讼更是加速发展。据最高人民法院统计，2020 年 2 月 3 日至 12 月 31 日，全国法院网上立案和当事人自助立案占一审立案量的 50% 以上；网上开庭 80 多万场，占比 8% 以上；网上调解共 410 余万次，占比 40% 以上；网上缴费 650 余万次，占总缴费次数的 40% 以上；网上证据交换 160 余万次，占总证据交换次数的 18% 以上，❶ 电子诉讼已经成为一种重要的诉讼形式。在一些法院，电子诉讼成为法院特定时期主要的诉讼模式。❷ 而在党的十三届全国人大常委会作出的《关于授权最高人民法院在部分地区开展民事诉讼程序繁简分流改革试点工作的决定》中，健全电子诉讼规则成为试点的重要内容之一。

（三）送达法律出现变化调整

送达作为一种诉讼程序，须由法律进行设置。此前的《民事诉讼法》仅规定了直接送达、留置送达、委托送达、邮寄送达、转交送达、公告送达六种送达方式，并无电子送达的适用空间。2003 年在最高人民法院出台的《关于适用简易程序审理民事案件的若干规定》（以下简称《简易程序规定》）司法解释中，首次规定人民法院可以采取"传真、电子邮件"等简便方式随时传唤双方当事人、证人。2012 年《民事诉讼法》作出重大修改，在送达领域最明显的

---

❶ 中国社会科学院法学研究所法治指数创新工程项目组 .2020 年中国法院信息化发展及 2021 年展望［M］// 陈甦，田禾 . 中国法院信息化发展报告 No.5（2021）. 北京：社会科学文献出版社，2021：18.

❷ 据报道，深圳市龙华区人民法院速裁庭在疫情期间运用"深圳移动微法院"开庭数占全院 81%。参见肖波，徐全盛 . 深圳"智慧引擎"启动在线诉讼［N］. 人民法院报，2020−04−21.

变化是，首次将电子送达作为法定送达方式之一。2012 年《民事诉讼法》第 87 条不仅保留了《简易程序规定》中传真、电子邮件的电子送达方式，还增加了 "等能够确认其收悉的方式"。这意味着，电子送达不局限于传真、电子邮件这两种方式，只要人民法院能够确认受送达人收悉就可以采用。此后，2015 年实施的《最高人民法院关于适用〈中华人民共和国民事诉讼法〉的解释》第 135 条将电子送达媒介进一步明确为传真、电子邮件、移动通信等即时收悉的特定系统。2018 年最高人民法院出台的《关于互联网法院审理案件若干问题的规定》，则对互联网法院电子送达的效力、范围、具体方式等进一步加以规定。至此，在法律和司法解释层面，电子送达方式不仅已经具有了合法性，而且逐步形成了一套电子送达的规范和制度。

（四）传统送达方式难度增加

随着社会管理方式的重大转变和市场经济的确立与发展，中国的人员流动不断加速。中国流动人口规模从 1982 年的 657 万人增加至 2017 年的 2.44 亿人。在现代社会中，中国人不再牢牢被束缚在土地和户口上，人户分离成为常态。不仅传统封闭式熟人社会被打破 ❶，以往住址固定不变的传统社会也不复存在，转变为手机号码、微信、电子邮件等相对固定的 "电子社会"。在这一背景下，以受送达人居住地址、户籍地址（包括注册地址）为中心的传统送达模式不仅送达效率更低，而且送达难度也在逐渐增加。因为对于

---

❶ 杨秀清 . 以克服 "送达难" 优化民事诉讼审前准备程序 [J]. 山东社会科学，2018（12）.

流动人口而言，有效的送达地址究竟是其住所地、经常居住地，还是不断变化的居住地，往往难以确定。❶ 现代社会的熟人之间，往往通过手机号、微信号等通信方式相互联系，知晓对方家庭住址的比例越来越低。此外，近年来，法院的案件受理量呈几何级数增长，"案多人少"矛盾日益突出，司法送达资源严重不足。以"线上送达"为中心的电子送达模式呼之欲出，以适应现代社会的交往沟通方式。

二、电子送达的优势

虽然早在 2003 年《简易程序规定》就正式认可了电子送达方式，但实践中，全国法院适用电子送达方式送达诉讼文书的比例较低。❷2018 年以来，随着三家互联网法院的成立以及全国范围内电子诉讼的普及，各级法院开始不断完善电子送达机制，拓宽电子送达渠道，优化电子送达方式，推动送达模式重构。2019 年，最高人民法院开发了全国法院统一送达平台，通过该平台可以向当事人及诉讼代理人的电子邮箱、手机号码、即时通信账号等电子地址送达诉讼材料及文书。2020 年，最高人民法院整合三大电信运营商、中国邮政专递和公安专网等资源，进一步升级了该平台，并实现了准确定位受送达人信息，精准送达法律文书。中国审判流程信息公开网也设置了电子送达专栏，诉讼参与人可以通过证件号和唯一签名

---

❶ 宋朝武.民事电子送达问题研究［J］.法学家，2008（6）.
❷ 刘向琼，刘鸣君.论我国民事诉讼电子送达制度的现状及其完善［J］.法律适用，2018（3）.

码，登录该平台获取法院送达信息、在线签收电子文书。[❶]

中国社会科学院法学研究所发布的《中国法院信息化发展报告》显示，2020 年全国有 3438 家法院支持电子送达，占全国法院的 85.8%，各级法院实现电子送达的比例相比 2019 年均有明显提升。与此同时，全国法院案件的电子送达数量和成功率呈现大幅上升趋势，法院全年采用电子送达总数为 2200 余万件次，占总送达次数的 40% 以上。[❷]

近年来，中国电子送达的高速发展既得益于在线诉讼大发展的背景，也与电子送达自身所具有的制度优势密切相关。电子送达的优势主要表现以下方面。

（一）节约司法资源

传统送达方式，不管是直接送达、留置送达，还是邮寄送达、公告送达都需要耗费大量的司法资源。直接送达需要法院配备特定的人员和车辆，送达人员不管是立案庭专职法官、案件承办法官，还是法官助理、书记员、法警等都需要花费大量时间，通常情况下需要多方或反复寻找受送达人、其亲属或熟人、见证人、公安机关户籍处，如果受送达人身处外地，则成本更难控制。[❸] 就邮寄送达

---

❶ 中国社会科学院法学研究所法治指数创新工程项目组 . 中国法院"智慧审判"第三方评估报告（2019）[M] // 陈甦，田禾 . 中国法院信息化发展报告 No.4（2020）. 北京：社会科学文献出版社，2020：38.

❷ 中国社会科学院法学研究所法治指数创新工程项目组 . 中国法院"智慧审判"第三方评估报告（2020 [M] // 陈甦，田禾 . 中国法院信息化发展报告 No.5（2021）. 北京：社会科学文献出版社，2021：18.

❸ 陈杭平 ."职权主义"与"当事人主义"再考察：以"送达难"为中心 [J] . 中国法学，2014（4）.

而言，每份司法专邮的费用从十几元到数十元不等，除此之外，还有法院文印、耗材等成本。而电子送达通过电子介质传播的方式送达诉讼文书则大幅降低了送达成本，有利于最大化地利用司法资源，尤其对于跨域送达，电子送达更加便捷，成本降幅更大。2020年，全国法院通过电子送达 2200 余万件次，以每件成本 30 元计，全年通过电子送达节约的司法经费就超过 6 亿元。虽然，前期建设电子送达平台也需要大量的资金❶，但是，平台建设是一次性投入，而且随着电子送达规模的扩大，其节约司法资源的效用将会体现得更为明显。

（二）提升司法效率

线下送达周期长、送达效率低，严重拖延了民事诉讼的进程。直接送达由专人负责，在案多人少的背景下，拖延数天甚至数周送达并不鲜见；邮寄送达时，由于中国地域辽阔而邮政系统不够完善，因各种原因耽搁、延误进而影响诉讼进程及效力的情况也屡见不鲜；❷一旦涉及公告送达，则送达周期更加漫长，国内的公告送达为 60 天，涉外的公告送达则长达 3 个月。由于公告送达周期设置过长，一直为学者们所诟病："公告送达本质上是一种当被告有过错或因客观原因导致送达不能时，由被告承担不利后果的风险分

---

❶ 以最高人民法院建设的"全国法院统一电子送达平台"为例。根据中国政府采购网公示的信息，该项目的中标金额就高达 440.7 万元。参见：最高人民法院采购中心全国法院统一电子送达平台项目中标公告［EB/OL］.［2021-08-25］. http：//www.ccgp.gov.cn/cggg/zygg/zbgg/201703/t20170306_7974281.htm.
❷ 陈杭平."职权主义"与"当事人主义"再考察：以"送达难"为中心［J］.中国法学，2014（4）.

配机制，故公告期的长短并非关键所在。相比于德国的公告期 1 个月、日本的 2 周，中国规定 60 天显得多余，可缩短至 1 个月。"❶ 而电子送达最鲜明的特征之一就是即时送达，不论受送达人与法院相距多远，电子讯号即时可达，如此可以大幅提升司法效率，节省送达时间。

（三）提供诉讼便利

诉讼当事人尤其是异地的当事人，没有时间或者不方便到法院领取起诉状、传票等诉讼文书是造成送达难的原因之一。对于受送达人是被告一方而言，其本身对于被诉有一定抵触情绪，如果还要花费交通成本去法院领取司法文书，那么抵触情绪会进一步加大，从而增加送达难度。电子送达则为当事人领取司法文书、与法院加强沟通提供了全新的便捷途径。现代社会电子邮箱、即时通信账号的普及，为当事人在手机、计算机等终端接收、查阅相关司法文书提供了极大便利。在保障当事人诉讼权益的同时，也免除了其舟车劳顿之苦。

（四）克服粗疏送达弊端

有学者将司法送达中的混乱、随意、不严谨概括为"粗疏送达"，认为粗疏送达构成民事裁判被撤销、程序被推倒重来的一个

---

❶ 陈杭平.“职权主义”与“当事人主义”再考察：以“送达难”为中心 [J].中国法学，2014（4）.

重要诱因。❶ 直接送达的"粗疏"表现为送达行为不规范。比如，当受送达人未在或者同住家属借故推诿导致一次送达不成功时，送达人员即不再通过其他方式再次送达，直接适用公告送达；或者未核实身份即将诉讼文书交由其他人员签收，塞进门缝，或者交给被告的邻居、同事、承租人等转交，视为送达成功。❷ 邮寄送达的"粗疏"则表现为，负责递送法院司法专邮的邮政人员，由于职业培训不到位、责任心不高或者工作量大等原因，没有认真核对受送达人或者代收人的身份信息或者审核送达详情，导致退件或者签收回执上多有瑕疵。❸ 公告送达在实践中则面临着被滥用的风险，即在不符合公告送达条件下被随意适用，导致受送达人权益无法得到保障。采用电子送达，则送达成本低，可以多种媒介同时进行，并且由于法律对电子送达规定了明确的适用条件，如当事人同意、电子送达的具体媒介、送达文书的内容等，因此，电子送达方式有助于避免传统送达中的不规范行为，最大限度保障当事人诉讼利益。

三、电子送达的不足与缺陷

（一）无法根治送达难题

电子送达虽然可以提高送达的效率和效果，但从送达难、送达

---

❶ 陈杭平．"职权主义"与"当事人主义"再考察：以"送达难"为中心 [J]．中国法学，2014（4）．

❷ 陈杭平．"粗疏送达"：透视中国民事司法缺陷的一个样本 [J]．法制与社会发展，2016，22（6）．

❸ 杨秀清．以克服"送达难"优化民事诉讼审前准备程序 [J]．山东社会科学，2018（12）．

乱的成因来看，未必能根治送达难题。造成司法送达难的原因，不仅包括送达行为不规范、邮寄送达效率低、瑕疵多，还有送达信息掌握不全面、受送达人故意躲避送达、拒接送达文件、送达资源配备不足等。电子送达可以替代部分邮寄送达，减少送达的人员和经费成本，能缓解邮寄送达中效率低、瑕疵多、送达人员和资源不足等问题，但对于原告无法提供准确送达信息、当事人躲避送达，特别是初次送达时拒绝接受等问题以及公告送达中出现的乱象无能为力。作为程序性诉讼环节，送达比调解和开庭等更适宜于推广在线方式。❶2020 年，受到新冠肺炎疫情影响，部分线下诉讼无法开展，全国法院的电子送达率大幅提升。但即使是在这样的背景下，全国范围内传统送达方式的适用比例仍远高于电子送达的比例。可见，电子送达的程序、范围、条件以及法院、当事人的接受程度等仍有待进一步完善。解决送达难，不能仅依靠电子送达，还有赖于其他配套措施的出台。

（二）电子送达适用范围有限

2012 年《民事诉讼法》对电子送达的文书适用范围进行了明确的限定，即不包括判决书、裁定书、调解书。在民事审判中，判决书、裁定书和调解书等可能直接影响当事人实体性权利的重要司法文书，人们需要对这些重要司法文书进行长期保存，并且需要在相关诉讼时出示原件；而且绝大多数国家也不主张以电子方式送达判

---

❶ 有学者认为，"在诉前和诉后的程序性环节，如通知、送达等环节，可以鼓励使用在线方式完成；在庭审环节，则应更加谨慎"。胡昌明．"司法的剧场化"到"司法的网络化"：电子诉讼的冲击与反思 [J]．法律适用，2021（5）．

决书等重要司法文书。[1] 因此，在民事诉讼法修改时，对于这些结果性文书能否适用电子送达比较谨慎，采用了除外规定。因此，通常情况下，占送达较大比例的判决书、裁定书和调解书无法通过电子方式送达。这一限制，致使法院在适用电子送达时存在程序上的断层，需要在线上与线下来回切换，未能形成有效闭环，严重影响了电子送达的便捷性和广泛性。[2]2018 年最高人民法院《关于互联网法院审理案件若干问题的规定》以及 2020 年 1 月《民事诉讼程序繁简分流改革试点方案》对电子送达文书范围的局限加以突破，允许互联网法院和试点法院在当事人同意的前提下，可以通过电子方式送达判决书、裁定书、调解书等裁判文书。这两个司法解释突破了《民事诉讼法》对电子送达文书限制的规定，但是也仅仅是局限于少数法院中，因此，从整体上看，电子送达的文书范围还非常有限。

（三）电子送达对象的局限性

众所周知，电子诉讼是以当事人普遍使用电子设备为前提的。在网络普及率越来越高的背景下，也应当看到中国还有大量游离于线上生活之外的老年人和弱势群体。到 2019 年年末，中国 60 岁及以上老年人口达 2.54 亿，占总人口的 18.1%。他们有的不使用手机，有的不会使用智能手机。电子诉讼虽然给大多数当事人带来了极大的便利，但却将老年人等不习惯使用网络的人群排除在外。而

---

❶ 陈锦波 . 电子送达的实践图景与规范体系［J］. 浙江学刊，2020（1）.
❷ 刘文添 . 民事电子送达的实践困境与规范进路［M］//陈甦，田禾 . 中国司法制度发展报告 NO.2（2020），北京：中国社科文献出版社，2021：290.

这类人群在赡养费纠纷、侵权责任纠纷以及劳动争议中，都占一定的比例。❶2020 年 11 月 15 日，国务院印发的《关于切实解决老年人运用智能技术困难的实施方案》指出："持续推动充分兼顾老年人需要的智慧社会建设，坚持传统服务方式与智能化服务创新并行，切实解决老年人在运用智能技术方面遇到的困难。"❷ 因此，在推广运用电子诉讼时，不能只顾及便捷和高效，要考虑到诉讼当事人的实际情况。让诉讼当事人根据法律规定和自身利益需求，选择相应的纠纷解决机制，这既是司法规律的要求，也是增进电子诉讼合法性，提高公众对电子诉讼的信服度、接纳度及其社会适应性的要求。❸ 与此相应，电子送达适用的对象也具有一定的局限性。在推广适用电子送达时，不应完全取消传统的送达方式，而应秉持为当事人多提供一种可选择的全新送达模式的理念。

（四）电子送达的弱程序保障

此外，较之于传统送达方式，电子送达也存在一些不足。首先，存在安全性隐患。信息安全是对当事人和法院之间在相互传递电子诉讼信息时的要求。只有确保电子诉讼信息安全，才能达到减少诉讼成本、提高诉讼效益的目的。❹ 与传统送达方式相比，在信

---

❶ 胡昌明．移动电子诉讼的司法实践及其限度——以中国"移动微法院"为例［J］．中国应用法学，2021（2）．

❷ 国务院办公厅印发关于切实解决老年人运用智能技术困难实施方案的通知：国办发〔2020〕45 号［A/OL］.［2021-08-25］. http://www.gov.cn/zhengce/content/2020-11/24/content_5563804.htm.

❸ 王福华．电子诉讼制度构建的法律基础［J］．法学研究，2016（6）．

❹ 刘文添．民事电子送达的实践困境与规范进路［M］// 陈甦，田禾．中国司法制度发展报告 No.2（2020），北京：中国社会科学文献出版社，2021：292.

息网络环境中，法院通过电子方式传递司法文书的过程更容易遭遇意外中断或者受到人为的非法侵扰，例如，电子司法文书在传递过程中因网络中断、被误认为垃圾邮件、垃圾短信等原因而遗失，或因遭到病毒植入、黑客非法入侵而被窃取或者篡改等。❶

其次，身份信息确认困难。电子送达时，双方当事人隔着屏幕，传统送达中的身份验证过程无法实施，因此，不管是对送达方还是被送达方都存在着一系列身份识别隐患。一方面，当事人如何确认送达者的身份。在传统送达中，送达人员通常会手持法院证件、穿着制服或者通过邮政司法专递这样的专门平台确保送达人主体身份的合法性，而电子送达无法进行面对面的认证。目前电子送达渠道多元，有法院专门的送达平台，如中国审判流程信息公开网、全国统一送达平台，还有电信运营商、微信、QQ 等第三方平台、法院的门户网站等，由此可能造成分散送达或者多头送达，再加上目前的技术尚不能确保电子送达，特别是第三方平台送达的信息百分之百真实可信，对于当事人而言，在各种诈骗信息防不胜防时，辨别电子送达信息是法院的官方信息、垃圾信息还是诈骗信息，并非易事。在这个过程中，当事人误将法院的送达信息理解为垃圾信息，或者当事人明知是电子送达信息，故意辩称其误认为是垃圾信息时，法院如何确定电子送达效力的问题尚未得到有效解决。另一方面，则涉及法院如何确认受送达人的身份。在电子送达中，一旦当事人故意提供虚假信息，或者当事人身份未经严格验证都可能造成送达错误，例如，当事人故意提供错误的受送达人地址

---

❶ 陈锦波 . 电子送达的实践图景与规范体系［J］. 浙江学刊，2020（1）.

信息；或者未经授权的第三人以受送达人名义接受送达、代为签收法律文书、代为回复，这在电子送达过程中更加难以避免。从这个角度说，电子送达加大了法院送达不至的风险。由此，电子送达弱程序保障的局限性就凸显出来。❶

最后，在电子送达过程中，法院与当事人之间沟通水平降低，弱化了送达的程序保障。人是主要通过语言进行沟通的动物。有学者指出，单纯的电子送达可能会剥夺当事人在语言交流中获得尊重的感觉。❷ 在传统的送达过程中，有经验的送达人员能够通过与当事人的简单互动，获取有助于案件审理的相关信息，甚至获得当事人的信任，使后续的诉讼环节更加顺畅。然而在电子送达中，一旦当事人同意电子送达方式，法院与当事人在送达环节通常不再进行上述沟通交流了。在最高人民法院于 2021 年 6 月 16 日印发的《人民法院在线诉讼规则》中，虽然明确了人民法院通过电子方式送达时，负有附随通知的职责。然而，该规则采用的是授权性规则的形式❸，而非义务性规则的形式❹，因此，人民法院在电子送达后是否附随通知，就具有很强的自主性和灵活性，无法对当事人加以充分的程序保障。

---

❶❷ 宋朝武.民事电子送达问题研究［J］.法学家，2008（6）.

❸《人民法院在线诉讼规则》第 32 条规定："人民法院适用电子送达，可以同步通过短信、即时通讯工具、诉讼平台提示等方式，通知受送达人查阅、接收、下载相关送达材料。"

❹ 授权性规则，是规定人们可以为或不为一定行为或者要求他人为或不为一定行为的规则；是法律授予人们一定的权利，使其享有一定的行为自由，多以"可以""有权""享有""具有"等词来表达。义务性规则，是规定人们必须作出某种行为或者不得作出某种行为的规则，主要为人们设定义务。刘金国，舒国滢.法理学教科书［M］.北京：中国政法大学出版社，1999：52-53.

四、完善电子送达的路径

电子送达模式为完善送达规范性、提高送达效率提供了一条新途径。随着电子商务活动越来越频繁，人们对于网络的依赖与日俱增，电子送达必将占据越来越重要的地位。但目前，电子送达的实践才刚开始，仍有待进一步完善。

（一）优化送达法律制度

送达作为重要的诉讼程序，在各国民事诉讼法中都有详细规定。如英国《民事诉讼规则》第6章以31条的篇幅，对诉讼文书的送达程序作了严谨、细致的规定，形成了一个较为系统、完善的送达制度。❶ 日本的新《民事诉讼法》中关于送达的规定也有16条之多；而法国《民事诉讼法》更以多达44条的篇幅对送达程序作了详尽的规定。相比之下，中国《民事诉讼法》对于送达的规定整体上过于笼统，其中规定送达方式的条文只有8条，关于电子送达的条文只有1条。在电子送达得到世界各国司法所认可❷，并且在民事诉讼中发挥越来越重要的作用的情况下，我国的电子送达规则显得过于简略，使得法院电子送达的效力在出现争议时无所适从。

电子送达法律规制至少应当增加以下几方面内容，以适当放宽电子送达的适用条件。其一，电子送达以受送达人同意为前提，但是受送达人为律师等法律专业人士或者聘请律师作为代理人的，律

---

❶ 英国民事诉讼规则［M］.徐昕，译.北京：中国法制出版社，2001：20-27.
❷ 刘向琼，刘鸣君.论我国民事诉讼电子送达制度的现状及其完善［J］.法律适用，2018（3）.

师应当提供电子送达地址，有合理理由拒绝接受电子送达的除外。其二，电子送达文书范围应予扩大。2012 年《民事诉讼法》中电子送达的适用范围排除了判决书、裁定书、调解书。立法者之所以采用了比较谨慎的态度，与法律修改时社会对信息化接受程度不高、电子诉讼尚不普及、电子送达还是新生事物等有关。但是，随着移动电子诉讼在全国范围内的普及，公众对于电子文书的接受程度不断提升，而且在制度设计时应考虑到保障当事人诉讼权利和高效推进诉讼进程的平衡，在规定电子送达判决书、裁定书、调解书需要经当事人明确同意，并设置救济途径的前提下，电子诉讼并不会损害当事人的实体权利和程序权益。因此，判决书、裁定书、调解书的电子送达文书范围应当从试点的 300 多家法院扩大到全国各地法院。其三，同意的认定及推定。2015 年《最高人民法院关于适用〈中华人民共和国民事诉讼法〉的解释》第 136 条规定，受送达人同意采用电子方式送达的，应当在送达地址确认书中予以确认。这一条款对电子送达的适用规定过于严格，可适当予以扩展——在电子送达时，有必要适用事实推定，当事人接受了法院的电子送达条件、确认并"接受送达"诉讼文书就视为接受了送达❶，以降低法院确认受送达人打开"送达文件"的证明负担❷。其四，增加电子送达的救济环节，加强诉讼权利保障。无救济则无权利。只有从制度上

---

❶ 王福华.电子法院：由内部到外部的构建［J］.当代法学，2016（5）.

❷《人民法院在线诉讼规则》第 29 条第 2 款已经对此做出了调整，规定在"受送达人在诉讼前对适用电子送达已作出约定或者承诺的"，"受送达人在提交的起诉状、上诉状、申请书、答辩状中主动提供用于接收送达的电子地址的"，以及"受送达人通过回复收悉、参加诉讼等方式接受已经完成的电子送达，并且未明确表示不同意电子送达的"三种情况下，视为同意电子送达。

充分保障当事人享有和行使诉讼参与权，诉讼程序的展开本身才能为审判结果带来正当性。❶ 由于电子送达的程序保障性较弱，应当赋予当事人权利救济的途径，明确异议申请情形、异议申请时间以及举证要求，以防止法院在适用电子送达时损害当事人的相关诉讼利益。❷

（二）推广集约送达模式

目前，法院存在多种送达模式：统一集中送达模式、承办法官送达模式以及以上两者相结合的折中模式。在送达方式更加多元，特别是电子送达成为重要送达方式后，统一集中送达模式的优势进一步凸显。首先，符合司法体制改革的大趋势。实践中，除了审与判之外，司法审判还包括大量的事务性工作，如送达、诉讼保全、联系当事人、文书上网、文书校核等。在司法体制改革后，法官数量大幅减少，人均办案量不断攀升，再由法官来承担送达这样的审判事务性工作有悖于司法体制改革的初衷。统一集中送达模式有助于实现事务性工作与审判性工作相分离，让法官从事务性工作中脱身出来，使法官集中精力在"审"和"判"等核心工作中，从而提高审判质量和效果。其次，提高送达质量。将原本分散在各庭室书记员、司法辅助人员和法官手中的送达工作，集中起来办理，由专门的送达人员负责，有助于统一送达标准，实现送达规范化，治理"送达乱象"。最后，设立统一送达机构和人员，可以根据个案

❶ 樊崇义.诉讼原理［M］.北京：法律出版社，2003：174.
❷ 刘文添.民事电子送达的实践困境与规范进路［M］//陈甦，田禾.中国司法制度发展报告 No.2（2020），北京：社会科学文献出版社，2021：295.

需求，综合适用直接送达、邮寄送达、电话送达、电子送达、网格送达、律师平台送达等多种手段，有助于加快送达进程、大幅提高送达率。据苏州市相城区人民法院统计，该院在试行统一集中送达后，一年内综合集约电子送达中心共完成综合送达 74 247 次，案件平均送达时间缩短 77.3%，其中最快的送达 3 分钟完成，当事人到庭应诉率同比上升 7.86%，适用公告送达率同比下降 25.44%。❶ 由此，应当以电子送达改革为契机，大力推广法院的集约送达机制，以适应新的诉讼形势。

（三）充分利用社会资源

现代社会中，人们不再固守在户籍地。人口流动加速，电子诉讼和电子送达是适应时代发展的新生事物。但是，人民法院难以知悉当事人的电子地址信息（电话号码、传真、电子邮件、微信等）。虽然，部分电子地址信息可以由诉讼当事人提供，但在当事人无法提供或者提供不全的情况下，人民法院应当充分加强与电信部门、第三方平台的合作，充分挖掘外部社会资源，拓宽电子送达的渠道。一是在手机实名制实施后，法院可以建立与移动通信运营商的资料共享平台，在原告无法提供被告的准确联系电话时，通过该平台及时查询受送达人的联系电话。❷ 二是可以借鉴浙江省高级人民法院与阿里巴巴合作通过淘宝平台数据锁定当事人常用电话和

❶ 苏州市相城区人民法院课题组.繁简分流背景下电子送达的探索与实践［M］// 陈甦，田禾.中国司法制度发展报告 No.2（2020）.北京：社会科学文献出版社，2021：273.

❷ 杨秀清.以克服"送达难"优化民事诉讼审前准备程序［J］.山东社会科学，2018（12）.

地址的模式，通过大数据平台获取受送达人的电子地址信息，实现电子送达。三是与地方政府等部门合作建立电子地址库。根据最高人民法院《关于民事诉讼程序繁简分流改革试点情况的中期报告》，目前，南京、昆明、苏州等地法院已经与当地司法局、律师协会、企事业单位等开展合作，建立了专用固定电子送达地址库，通过推动受送达人作出适用电子送达承诺等方式，提升送达工作质量和效率。在各地电子送达地址库的基础上，可以由最高人民法院建立全国统一的法院系统电子送达地址库，为电子送达提供更大便利。

（四）加强送达技术保障

目前，电子送达在司法实践中的适用还受制于一些技术障碍。加强电子送达相关技术的研发和应用，有助于提升电子送达的适用率，保证电子送达的安全性和有效性，克服目前存在的一些不足。

一是加强电子诉讼平台的建设，确保电子送达的安全性。一方面，尽快实现全国法院电子送达平台的统一，在送达平台统一的基础上，要确保平台高速而稳定运行，避免司法文书因网络中断而遗失；另一方面，通过电子签名、时间戳以及数据加密技术等来保障司法文书在电子传递过程中的安全性。❶

二是通过技术手段保障受送达人的诉讼权益。如何充分保障受送达人的诉讼权益是电子送达中的争议焦点之一。《民事诉讼法》对电子送达日期的确定采取"到达主义"，规定"以送达信息到达受送达人特定系统的日期为送达日期"，即只要系统发送成功，对

---

❶ 陈锦波.电子送达的实践图景与规范体系［J］.浙江学刊，2020（1）.

方系统成功收到即视为送达并不要求受送达人点开并知悉送达内容。● 这一规定有助于提升司法效率，并免除了法院电子送达时的证明责任，但在一定程度上容易对当事人及时行使抗辩权利产生不利影响，特别是在通过电子送达涉及当事人实体权利的判决书、裁定书时，影响更甚。因此，可以利用弹屏短信等技术手段，确保当事人收到电子送达信息。● 弹屏短信，也称"闪信"，其发送给用户的信息可直接显示在手机屏幕上，可以快速在用户手机屏幕上直接弹屏显示推送内容，无法拦截，不依赖网络数据，有通信信号即可接收。● 基于弹屏短信的这一特征，已经有法院将其用于电子送达通知，受送达人在收到弹屏短信后，在阅读点击确认前，手机无法进行其他操作，以最大限度保证接收方及时阅读、知悉司法文书的内容。●

目前，电子送达已经成为中国法院送达的重要方式之一。随着互联网技术的发展、法院信息化的建设以及电子诉讼的广泛应用，电子送达必将在司法送达中扮演越来越重要的角色。电子送达制度的建立与完善，给法院克服长期以来的"送达难"带来了希望。但是，电子送达并不能"包治百病"，还要从建设和完善社会信用体

● 刘向琼，刘鸣君. 论我国民事诉讼电子送达制度的现状及其完善［J］. 法律适用，2018（3）.

● 从节省人力资源成本的角度，法院也愿意采用技术手段，而非在电子送达后，再行附随通知。

● 法院联合三大运营商推出"弹屏短信"用于互联网法院电子送达环节［EB/OL］.［2021-08-25］. https://baijiahao.baidu.com/s?id=1615897247394653745&wfr=spider&for=pc.

● 刘向琼，刘鸣君. 论我国民事诉讼电子送达制度的现状及其完善［J］. 法律适用，2018（3）.

制、平衡法院与当事人在送达中的责任与权利、充分调动当事人在民事诉讼中的积极性等方面多管齐下，才能切实解决司法中的"送达难"。

第三节　司法人工智能问题探讨[*]

　　近年来，人工智能（Artificial Intelligence，AI）的出现给各个行业带来了翻天覆地的变化，法律这个古老的行业同样受到来自人工智能的冲击。[❶] 人工智能是研究人类智能行为规律，构造具有一定智慧能力的人工系统，以完成往常需要人的智慧才能胜任的工作。[❷] 虽然人工智能已经有 60 多年的发展史，但是人工智能这个概念入世之初并没有引起强烈关注。当大多数人对人工智能的印象还停留在语调死板的机器人和美国科幻大片里机器人统治人类的幻想当中时，IBM 旗下的子公司沃森研发的一款名为"阿尔法狗"的智能机器人先后打败了两位世界围棋高段位棋手，人类第一次强烈地感受到了来自人工智能的威胁。[❸] 实际上，机器人工智能的概念真正得到突破是在具有了大数据的今天。虽说大数据本身真正引起科技行业的注意，也仅仅是十几年前的事情，然而在短短几年间，它就井喷式地爆发了，并且让机器智能水平有了本质的提高。

---

　　*　本节撰稿人：范成艳，中国社会科学院大学法学院 2019 级硕士研究生。
❶ 李晟.略论人工智能语境下的法律转型 [J].法学评论，2018（1）.
❷ 吴习彧.司法裁判人工智能化的可能性及问题 [J].浙江社会科学，2017（4）.
❸ 钱大军.司法人工智能的中国进程：功能替代与结构强化 [J].法学评论，2018（5）.

随后，AI技术产品不断出现不仅使人类就业受到了威胁，法律制度和道德伦理也受到了人工智能的冲击。❶在无人驾驶汽车、AI新闻主播、人工智能医生相继亮相的同时，法律这个依靠人的智慧的行业同样受到来自人工智能的冲击。人工智能行业如雨后春笋一般不断涌现出新的产品，一些之前需要人的智慧才能胜任的岗位被人工智能机器人完美取代。基于此，一方面，世界先进国家开始加大对人工智能的研发力度，另一方面，人们也开始担忧人工智能带给人类的挑战。❷

司法人工智能是指人工智能技术在司法领域的应用。❸国内外早期对法律人工智能已经有所研究，但碍于科技的水准并没有给法律行业带来巨大的改变。一方面，随着互联网技术的发展，大数据技术的兴起，人工智能有了质的突破，也给法律解释带来了挑战，如无人驾驶车辆、机器人医生在工作时产生侵权问题的责任承担主体存在很大的争议，类似相关问题冲击着传统的法律理论；另一方面，"互联网+"、人工智能、大数据、云计算在司法审判领域的渗透力越来越大，司法人工智能和诉讼电子化给法律行业带来了全新的改变。如杭州法院的"法小淘"可以提供法律搜索、法律咨询以及案件结果预判等功能；❹上海法院建设的"刑事案件智能辅助办案

❶ 吴汉东.人工智能时代的制度安排与法律规制［J］.法律科学（西北政法大学学报），2017，35（5）.
❷ 乔治·扎卡达基斯.人类终极命运［M］.陈朝，译.北京：中信出版社，2017：295.作者提到人类担心人工智能会侵占劳动市场，人工智能以其高效率的优势和人类竞争工作岗位，人工智能可能会提高人类失业率。
❸ 罗伟鹏.人工智能裁判的问题归纳与前瞻［J］.国家检察官学院报，2018（5）.
❹ 钱大军.司法人工智能的中国进程：功能替代与结构强化［J］.法学评论，2018（5）.

系统"开始投入运作并取得良好的成果。❶ 我国的"十三五国家信息化规划"也进一步强调了科技发展的重要性，2018 年 3 月，最高人民法院院长周强在最高人民法院工作报告中指出建设"智慧法院"，建设集审判人员、数据应用、司法公开和动态监控于一体的智慧法庭数据平台，促进人工智能在证据收集、案例分析、法律文件阅读与分析中的应用，实现法院审判体系和审判能力智能化，要真正发挥人工智能、大数据的功能。

国外对司法人工智能有了深入的研究，如"贝叶斯"量刑模型为电脑量刑辅助提供理论指导。❷ 国外法律人工智能在律师实务中应用广泛，很多人认为人工智能在未来 10 年的时间内会取代初级律师助理。❸ 在国内，随着《国家信息化战略纲要》提出实施网络强国战略，建设"智慧法院"列入国家信息化发展战略。司法人工智能建设从上到下、从无到有逐渐在全国内拉开了一场"司法人工智能变革"。从诉前自助立案、法律服务咨询到智慧庭审再到量刑辅助和案件结果预判，司法人工智能无处不发挥着信息科技的卓越功能和超乎想象的魅力。但是，科技本身就是一把"双刃剑"。目前，司法人工智能尚处于初级阶段，属于弱智能化的人工智能。我们对司法人工智能的过度期待和依赖可能会背离我们引进司法人工智能的初衷。不仅如此，从人工智能问世到今天，关于人工智能的争议和担忧一直伴随其发展，以正确的视角认识

---

❶ 葛翔.司法实践中人工智能运用的现实与前瞻——以上海法院行政案件智能辅助办案系统为参照［J］.华东政法大学学报，2018，21（5）.

❷ 魏斌，郑志峰.刑事案件事实认定的人工智能方法［J］.刑事技术，2018（6）.

❸ 吴军.智能时代——大数据与智能革命重新定义未来［M］.北京：中信出版社，2016：310.

司法人工智能在实践应用中承担的角色和存在的问题，能够合理化、最大化地发挥人工智能在司法实践中的价值。基于此，我们有必要对人工智能在司法实务中的应用现状、带来哪些改变、存在的问题和挑战以及我们对人工智能在司法实践中的期待展开探讨。

一、司法人工智能的发展背景与运作机理

人工智能是一门研究语音识别、计算机视觉、自然语言处理、信息检索、机器学习理论、智能控制机器人、无人机无人车等的学科。人工智能通过模仿人类思维、意识，使机器能够拥有人类的智能，其本质是对人脑思维信息过程的模拟，包括知识获取、深度学习、智能模拟能力等过程。[1]1956 年的美国达特茅斯会议上，人工智能概念和研究领域第一次被正式提出和确立，[2] 从人工智能诞生到目前为止已经过了 66 年。1970 年世界上第一代计算机律师诞生，布坎南（Buchanan）和海德里克（Headrick）为此发表了《关于人工智能和法律推理若干问题考察》，此文认为理解、模拟法律论证或法律推理，可以将它们最终运用于编制能执行法律推理和辩论任务的计算机程序，区别和分析不同的案件，预测并规避对手的辩护策略，建立巧妙的假设等。[3]1981 年，法律判

---

❶ 钱大军. 司法人工智能的中国进程：功能替代与结构强化［J］.法学评论，2018（5）.

❷ 乔治·扎卡达基斯. 人类终极命运［M］.北京：中信出版社，2017：245.

❸BUCHANAN，HEADRICK. Some Speculation about Artificial Intelligence and Legal Reasoning.Stanford Law Review, 1970（23）：40−62.

决辅助系统（LDS），首次将智能法律系统应用于实践。❶ 此后，法律人工智能逐渐发展成熟，智能机器人通过深度学习理论知识逐渐适应司法实务中的工作。谷歌副总裁杰弗里·辛顿（Geoffey Hinton）首度提出深度学习（Deep Learning）这个概念，深度学习是指：一种数据驱动的人工智能算法，可以通过人脑信息处理神经结构从海量数据中自动提取从底层到高层抽象的特征表达，实现提升分类或预算精准性的目的。❷ 当前，法律行业技术辅助审核或调查将被人工智能接管，它可以浏览数千份文件以获得合法证据，且丝毫不会感到厌倦。自动化深度学习系统将为现在无法负担律师费用的普通人提供法律建议，法律工作不仅收费会便宜，也会更高效，这一点通常比费用更关键。

　　信息化的社会是大数据的时代，大数据与人工智能技术结合为司法审判智能化提供了可行性。法律大数据的人工智能形态更加偏向于是一种基于法律大数据的认知科学实践，即通过法律专家团队拆解法律法规，构建事实、证据、法律法规之间的动态逻辑关系（知识图谱），使机器人能够具有理解、推理和学习的能力，进而实现从数字化的法律大数据中提取法律知识点，反映历史判断规律，并为法律实务工作者提供所需的法律知识辅助。❸ 法律知识图谱概念体系是指给机器赋予法律逻辑推理能力，将散落在法律逻辑体系中的不同知识点关联起来，进行推理、相关性挖掘，从而实现

---

❶ 张保生.人工智能系统的法理学思考［J］.法学评论，2001（5）.

❷ 原新利，续圆圆.人工智能对司法领域的"正负"双重功能［J］.广西社会科学，2018（10）.

❸ 华宇元典司法人工智能研究院.让法律人读懂人工智能［M］.北京：法律出版社，2019：19.

在复杂的法律文本数据中洞察认知出实际的法律事实。❶ 例如，在刑事案件中，同样是有"如实供述"的表述出现，如何认识推理出该被告人系"自首"还是"坦白"？机器运用自有的法律逻辑结构，通过可扩展的规则引擎分析判断该被告人是属于"主动投案"还是"被动到案"，进而推理得出结论。正是由于有这样的法律知识（逻辑）体系和推理能力，使机器能够在情境中理解自然语言，从非结构化内容中分析出实际事实，进而提升法律人的数据洞察力和数据综合运用能力。

从所知的司法人工智能实现路径来看，一条路是目前比较清晰的"专家、算法、数据"模式，这是从人工智能技术深度应用于各个专业细分领域中找到的一个模式，目前的法律科技公司大致都沿着这个模式推进。❷ "专家、算法、数据"模式三个要素当中，"算法"开源，各国水平虽有所不同，但基本原理自 20 世纪五六十年代成熟之后没有变化，不是本质的差距而是通用资源。"数据"是生产资料，具有明显的行业特征。例如，上海法院信息化起步早，基础设施相对完善，大力推进司法公开，产生了大量数据。但是"数据大"并不是"大数据"，这些数据并不能直接用于人工智能开发。数据需要经过标注、整理，机器才能读懂。否则，开发者面对的只是一堆无用的数据，而不能看到这堆数据里的机遇。人工智能系统基于海量数据能够做出理性公正的预判结果，正因如此我国在

---

❶ 华宇元典司法人工智能研究院. 让法律人读懂人工智能［M］. 北京：法律出版社，2019：19.

❷ 华宇元典司法人工智能研究院. 让法律人读懂人工智能［M］. 北京：法律出版社，2019：112.

建设"智慧法院"的战略布局中高度重视人工智能在司法领域中的作用。全国各地法院相继推出了人工智能量刑辅助系统，如上海高院的"上海刑事案件智能辅助办案系统"、海南高院的"量刑规范化智能辅助办案系统"、江苏南通中院的"电子卷宗随案同步生成及深度应用 + 庭审及办公语音识别系统"、浙江智慧法院等。尽管人工智能近两年来炙手可热，但是人工智能的发展还处于初级阶段尤其是在司法人工智能行业，司法实务界应当立足实际，切不可盲目跟风。斯蒂芬·霍金曾说过：人工智能之于人类，可能是最好的事情，也可能会是终结人类的最坏的事情。❶ 尽管如此，目前的人工智能还属于弱人工智能阶段❷，我们在这方面既不能盲目悲观，也不能盲目乐观。

二、人工智能在智慧法院中的实践应用

借助云计算、大数据、人工智能等技术的快速发展，司法人工智能运用海量数据与专家经验把握了司法运转的全过程，把司法诉讼程序中的每一步都以模型计算运算出来，以满足司法运作中的要求。目前，我国人工智能在司法领域主要应用于诉讼服务、司法管理和司法审判，助力建设"智慧法院""智慧检务"系统。❸ 人工智

❶ 卢克·多梅尔．人工智能——改变世界，重建未来［M］．赛迪研究院专家组，译．北京：中信出版社，2016.
❷ 弱人工智能阶段也称作初级人工智能阶段，司法人工智能分为初级司法人工智能和高级司法人工智能。初级司法人工智能属于一种司法辅助工具，这是目前学界和实务界对司法人工智能的一般定位。高级司法人工智能，即人工智能裁判。罗维鹏．人工智能裁判的问题归纳与前瞻［J］．国家检察官学院报，2018（5）.
❸《新一代人工智能发展规划》，国务院于 2017 年 7 月 8 日印发并实施。

能在司法领域中的应用大致可以概括为三个阶段：法院立案阶段、法院的案件审理阶段、法院的审判管理阶段。目前全国已经有许多智能机器人落户地方法院，在诉前服务中发挥了重大作用。

（一）法院立案阶段

随着我国全面依法治国战略布局的建设，尤其是立案登记制改革后，案件数量大幅度提升，法官的工作量日益繁重，"案多人少"的矛盾日益突出，法院现有的审判体系、审判能力、司法服务能力已难以与之相适应，迫切需要进一步提升人民法院信息化水平，深化司法改革力度，促进审判流程再造，破解人民法院"案多人少"的难题。❶

传统的诉前服务，不管是法律咨询服务还是简单的立案服务全部需要法院工作人员的人工服务，随着案件数量日益激增，给法院工作人员造成了巨大压力，同时从人力资源优化配置的角度来讲，这也大大降低了办案效率。当法律人工智能被引进司法系统后，主要目的就是通过其适当分担司法系统工作人员的工作量，减轻工作人员繁重的压力，简化诉讼程序，提高办案质量。在诉前立案阶段，自动化智能诉讼服务系统可以设置导诉、叫号、立案、阅卷、查询、收转等自助服务区。各功能区业务协同、有序衔接，有效整合传统诉讼服务大厅的各项资源，给当事人带来一种渠道多、办事易、效率高的诉讼服务新体验。

相应的，法官、律师能够把本来用于重复劳动的时间节省出

---

❶ 2016 年最高人民法院印发《关于全面推进人民法院电子卷宗随案同步生成和深度应用的指导意见》的通知。

来用于那些需要深入思考的价值判断，做目前机器还做不到的事情。未来社会愈加快速发展，但法律的滞后性决定其必须与社会的快速发展保持一个合适的距离，如此司法价值判断的难度将会越来越大，法律人的地位和价值也将愈发凸显。如 2017 年 10 月北京一中院为提升立案诉讼服务制度建设，开始引入智能机器人"小法"，实现人机语音互动，提供智能化诉讼服务；推出智能自助服务系统，包括访客登记系统、自助立案信息填报系统、自助诉讼服务终端机器、自助服务设备、自助导航地图和自助电子导诉屏等，提升诉讼服务体验。❶ 智能自助服务系统实现了规范化的诉状自助填写、智能化审查标准、自动化自助立案，具体如图 3–3 所示。

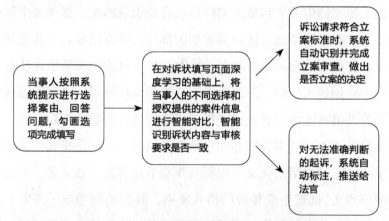

图 3–3　人工智能诉讼服务系统自助立案流程

❶ 曾巧艺 . 北京一中院新诉讼服务中心正式启用当事人共享"全方位服务、全流程化解"［EB/OL］.［2021–08–25］.http：//bj1zy.chinacourt.org/article/detail/2017/11/id/3084148.shtml.

（二）法院的案件审理阶段

凯文·凯利说过：法律人和智能技术将会形成协同，智能技术通过智能法律检索、文件自动审阅、文件自动生成、智能法律咨询案件结果预测更好地辅助法律人，帮助法律人更高效地完成特定任务。❶

1. 文书自动生成

裁判文书自动生成系统是基于法律语义分析技术，对案件的起诉状、答辩状、证据等前置数据和庭审笔录的内容进行智能判断分析后，按照最高院文书格式要求，一键式自动生成本案判决书等各类裁判文书。

法官制作法律文书时以案件当事人为基本单位，智能系统可以根据上传文档中关于当事人案件信息自动识别匹配。如果文书制作的过程中有智能系统无法自动识别的部分，可以结合人工智能深度学习和智能语音输入功能填写。❷ 诉讼文书自动生成系统在法官工作当中应用最为广泛。❸ 如法律人工智能信息公司——南京通达海公司的文书智能生成系统已经得到了许多地方法院的肯定。在"通达海"系统中，文书智能制作包括两种情况，一种是格式化文书自动生成，即通过格式化文书模板与流程节点绑定（如立案、开庭排期等节点），批量生成相应的格式文书，并自动加盖电子签章。另一种是裁判文书的制作，即通过对起诉状、答辩状、庭审笔录、原

---

❶ 华宇元典司法智能研究院. 让法律人读懂人工智能 [M]. 北京：法律出版社，2019：39.

❷ 原新利，续圆圆. 人工智能对司法领域的"正负"双重功能 [J]. 广西社会科学，2018（10）.

❸ 左卫民. 如何通过人工智能实现类案类判 [J]. 中国法律评论，2018（2）. 在该文中作者指出，同类案件推送系统并没有在法官中受到欢迎，法官更倾向于选择使用文书自动生成系统。

审文书等材料的文本分析和信息智能提取，结合办案系统案件信息，根据文书模板自动生成裁判文书初稿；利用文书"左看右写"模式，复制、粘贴文书内容、关联卷宗材料；借助说理库、计算工具等完成裁判文书的制作。❶针对法律关系相对单一、事实较为明晰的类型化案件（如道交、信用卡、金融借款等），智能分析提取审判规则要素，庭前辅助归纳争论要点、生成庭审指引提纲；庭后自动采集庭审笔录信息自动生成裁判文书初稿；并借助计算工具完成裁判文书制作。必须明确的是，现在司法人工智能对法律文书进行组装，对文本内容进行排版和校核的功能已经比较乐观可行。如科大讯飞的"智慧庭审"人工智能系统已经成功在北京知识产权法院、广州市中级人民法院等十几家国内法院实践应用。科大讯飞的"智慧庭审"系统采用人工智能语音识别技术实现对庭审语音的实时转录。庭审时智能识别多人说话，对不同地方的方言也能准确识别，庭审笔录能够达到 100% 的正确率。文书自动生成有助于提高庭审笔录的记录速度，降低书记员的工作强度，提高审判效率。

2. 证据智能分析

证据标准是诉讼程序中认定案件事实的证明程度和证据要求。❷认定犯罪嫌疑人有罪的证据事情清楚、证据充分是一个笼统的定罪量刑标准。智能产品天然具有较强的人机交互特征和用户体验创新需求。让产品像人一样能听会写、阅读理解，可能是智能产品的终极目标。证据分析系统基于文本、证据材料来开展工作，基于 NLP

---

❶ 详见通达海公司网站：http://www.tdhnet.com.cn/tdh/jjfa/zhsp/2018/07/17085 048328.html.

❷ 魏斌，郑志峰.刑事案件事实认定的人工智能方法［J］.刑事技术，2018（6）.

（自然语言处理）、图像识别和机器学习的感知智能与认知智能对案件的证据进行定量、定性分析。法律是一门以人为中心的学科，量刑证据的定量、定性分析事关当事人的实体权利，法律人工智能基于客观分析的特征，能够在实践当中规避司法人员执业行为不端的违法违规现象。

在"以审判为中心的刑事诉讼改革"的推进中，人工智能辅助法院办案系统做的最成功的是上海高院推出的"上海刑事案件智能辅助办案系统"。研发"推进以审判为中心诉讼制度改革——上海刑事案件智能辅助办案系统"，是中央政法委于 2017 年 2 月 6 日交办上海的重大任务（"206 系统"）。该系统主要是充分运用图文识别（OCR）、自然语言理解（NLP）、智能语音识别、司法实体识别、实体关系分析、司法要素自动提取等人工智能技术，通过制定统一适用的证据标准指引、证据规则指引，并依托互联网、大数据、云计算等现代科技，嵌入公检法司机关刑事办案系统中，为办案人员收集固定证据提供指引，并对证据进行校验、把关、提示、监督，确保侦查、审查起诉的案件事实证据经得起法律检验，确保刑事办案过程全程可视、全程留痕、全程监督，减少司法任意性，防范冤假错案产生。❶ "206 系统"工程能够初步实现对各种证据的手写体文字、印刷体文字、手印、签名和表格一系列证据的智能识别、定位以及信息提取。

具体到每一类案件，每一个案件还需要继续细化定量和定性的

---

❶ 王闲乐，梁宗．人工智能首次参与上海法院庭审：能自动识别瑕疵证据的法律人工智能表现竟如何［EB/OL］．（2019-01-23）．https://www.shobserver.com/news/detail?id=128936.

证据。证据智能分析系统首先需要研制者先把同一类案件的证据分成不同的类型。上海高院刑事案件审判系统把命案证据分为四种：第一种现场有监控录像或目击证人，可以完整反映案件情况的现场证据；第二种依靠犯罪嫌疑人供述得来的和现场留下的能够相互印证的证据；第三种现场留下物证、书证等以证明犯罪嫌疑人有罪的证据；第四种犯罪嫌疑人拒不认罪的类型。这四种类型虽然都属于命案证据，但是证据审查标准相差很大，根据不同类型的命案制定不同的证据标准具有必要性。制定了证据标准后，接下来就是证据规则的适用。证据规则是规范证据收集、运用、判断的法律准则。上海高院对刑事诉讼法规定的八类证据详细制定了收集程序、规格标准和审查判断要点，同时明确了程序证据、量刑证据的收集、固化。最后，需要根据案件类型和证据标准构建证据模型。证据分析是指对证据标准指引、单一证据合法、合规性校验以及证据链完整性的审查判断。大数据和法律人工智能在逐渐地改变司法领域的工作方式，诉讼的一方会通过数据之间的强相关性寻找证据，而司法领域也认可这一类证据。

　　虽然"206系统"取得了初步的进展，但是计算机量刑辅助证明标准的量化依然是一个难题。国外研发的"贝叶斯理论"量刑系统为证据量化提供了理论依据，但是如何从定量的角度来认定案件事实的最终结果仍然饱受争议。❶如何在定量和定性之间找到平衡点仍然值得讨论和思考。

---

❶ 魏斌，郑志峰 . 刑事案件事实认定的人工智能方法［J］. 刑事技术，2018（6）.

3. 同类案件推送

同类案件推送是指电脑智能系统深度分析电子卷宗材料，智能提取案件要素信息，为在办案件推送相似案例，供法官裁判参考。

在建设"智慧法院"的战略布局当中，我国在中央层面上非常重视"类案推送"人工智能系统的建设。2018 年 1 月 5 日，最高人民法院正式上线运行了"类案智能推送系统"，期冀以同类案件的快速查询和智能推送，来规范裁判尺度、统一法律适用、辅助量刑决策，并进一步提升审判质效，促进司法为民、公正司法。同类案件推送系统可以在检察院和法院的案件审理阶段，辅助司法工作者在具体的案件办理过程中获取到案件的准确、详细结构，分析（构成案件画面）、帮助法律人在大数据平台迅速找到同类案件，分析历史裁判规则，从而对具体在办案件做出正确的判断和决策。❶ 同类案件推送在实践中有两种工作方式，一种是自动推送：司法工作人员先根据裁判文书网上的案例建立数据库，给每一个案例添加 10 个以下的"标签"，然后将起诉书电子化接入该数据库系统，系统会根据起诉书的内容自动生成一整套标签。通过系统自动与数据库的标签进行对比而推送近似或类似的案例。另一种是人工主动检索：法官无法通过自动推送模式检索到理想的案例时，可以选取系统中已经罗列的各种标签，然后输入待办案件的关键词在数据库中比对类似标签，通过这一整套的菜单式标签选取与自主搜索，最终获取类似案件。❷

---

❶ 华宇元典司法人工智能研究院 . 让法律人读懂人工智能［M］. 北京：法律出版社，2019：163.

❷ 左卫民 . 如何通过人工智能实现类案类判［J］. 中国法律评论，2018（2）.

但是不得不说基于目前人工智能尚处于"弱智能化"阶段，我国"智慧法院"的建设也处于初步阶段，同类案件推送系统在司法实践中并没有产生很好的实践效果。❶实践中，往往推送的案件只有关键词或部分案件情节类似，但是对于法官想要参考的技术难题和法律要点却很难匹配成功。技术突破是同类案件推送系统进步的难题。同类案件要件提取标准化、标注科学化可以帮助我们构建各类型案件的审判要素模型，形成从生产到加工再到产出这样一个司法大数据产业。目前，国外在进行同类案件推送实践之前，通常将已有的同类案件研究成果进行标准化提取，然后再根据各类案常用的不同审判思维进行模拟，这种将理论研究成果与法律科技创新相结合的方式已经得到绝大部分实务人士和技术人员的认可，❷但是问题就在于一般的标准化提取要件如何实现结构化和科学化。另外，同类案件标注要科学化。标注系技术用语，应用于模型和复杂神经网络建构，如标注的数据越精准、数量越多，模型的效果越好，所以同类案件标准化确定后标注内容表达要素提取要全面化、科学化。

4. 量刑辅助

量刑辅助系统是基于知识图谱技术的产品。它能根据公开的成千上万份裁判文书进行全面、实时的分析，推送具有类似情节的真实案例，并提供量刑分析报告。法官在认定被告人的罪行符合犯罪构成要件构成犯罪后，只需要将被告人的犯罪情节输入电脑系统

---

❶ 魏斌，郑志峰.刑事案件事实认定的人工智能方法［J］.刑事技术，2018（6）.
❷ 华宇元典司法人工智能研究院.让法律人读懂人工智能［M］.北京：法律出版社 2019：9.

中，计算机会根据系统中已经存储的法律规定和案例给出量刑结果。电脑量刑辅助的初衷是实现同案同判，避免法律适用不统一的问题。关于电脑量刑辅助的研究由来已久，武汉大学的赵延光教授在 20 世纪 90 年代就已经对电脑辅助刑事审判量刑有了深刻研究。那个年代计算机信息在中国尚不发达，赵延光教授就以先进的视角用电脑量刑辅助来纠正、避免人为量刑中的重大偏差和徇情枉法的违法行为。根据赵延光教授的观点，电脑量刑辅助分为三个步骤：首先，确认每个量刑情节的分量"等级"；其次，正确评价量刑情节的从重或从轻处罚程度；最后，根据分量等级 × 轻重档次 = 该情节积分。❶

量刑关乎当事人应当承担的法律责任的大小，也是实现司法公正的最重要部分，计算机量刑辅助不能够完全取代法官的裁判。正如季卫东教授所言：毕竟电脑不能完全取代人脑，我们在现阶段对计算机量刑辅助不能急于求成，对法律专家系统软件的设计和运作应当持谨慎的态度。❷

5. 法律检索

法律检索近几年已经成为律师的一项标配技能，但现在的法律检索仍然是以关键词为核心的搜寻式检索。法律人先对检索任务做分析，从中提炼出关键词，而后借助检索平台检索包含这一关键词的目标信息。这类检索的效率障碍在于关键词的提炼和检索之后目标案例的整理审核。这对机器人来说是一个很大的挑战，如"人民司法"与"民法"字面意思接近但是含义却完全不同；"数额巨大"

❶ 赵延光. 电脑量刑辅助系统的一般原理 [J]. 中国法学，1993（5）.
❷ 季卫东. 电脑量刑辩证观 [J]. 政法论坛，2007（1）.

和"数额较大"两者字面只差一字，但是对量刑结果来讲又影响巨大。当前我们看到多数已经落地的智能法律技术也是围绕任务层面建立的。正是基于法律学科强大的逻辑性和复杂性，在人工智能的时代下，可以借助法律知识图谱体系让人工智能不断深入学习，从而做出正确的法律理解。而借助智能检索技术，我们可以让系统自动对检索任务进行文义识别，识别后系统自动做检索，并向我们推送经过整理审核的检索结果，自动导出检索分析报告。

在司法领域内，人工智能与法律的研究重点是如何使用人工智能的方法识别出代表案件核心信息的法律构成要件，建立基于规则和案例的法律推理逻辑或专家系统。法律逻辑关注法律推理或论证的分析、评价或构建，是对司法案例、立法效果进行分析的前提，所以从某种意义上来说，法律逻辑研究水平决定着人工智能法律人的研发水平。法律大数据和人工智能更加绕不开法律人的专业化和事业化，通过机器的自然语言理解能力，结合由专家给出的数据逻辑关系，能够给机器赋予理解和辨别的能力，区分所有的细微差别和歧义，进而实现让司法人工智能理解文本中所表达的法律含义。在日常的法律文本中，人们会用一些相似的词语来表达意思完全不同的语义，在智能检索技术的辅助下，法律人仅仅需要做检索结果的审核即可，这样原来6小时完成的法律检索任务，现在只需要30分钟就可以完成，极大地提升了检索的精确度和效率。❶

---

❶ 华宇元典司法人工智能研究院. 让法律人读懂人工智能［M］. 北京：法律出版社2019：45.

三、人工智能给司法领域带来的挑战和机遇

我们经常听到要实现司法人工智能，建设"智慧法院"与"智慧检务"，但是我们去追问司法人工智能推进者们，无论是公检法这一端的国家行政司法机关还是法律科技公司，大部分人都清醒地认识到，实现司法人工智能是手段而不是终极目标。我们为什么要实现司法人工智能？主要是因为，我们长期想解决却解决不了的问题，司法人工智能会给我们一个新的解答方法。

（一）诉讼成本降低、诉讼效率提高

人工智能对司法领域的一个重大影响在于机器智能会逐渐取代律师做一些案例分析工作，这使得诉讼成本可能大幅度下降。[1] 像美国这类发达国家，律师是一项"高大上"的职业，由于打官司的过程长、费用高，而且法庭的判罚常常带有惩罚性质（而不是简单的赔偿性质），因此律师的工作显得特别的重要，而诉讼双方付出的律师费用也高得惊人。例如，2010 年维亚康姆（Viacom）国际公司诉谷歌旗下的 YouTube 侵犯其视频版权，谷歌公司为这场官司花费近 1 亿美元的诉讼费用。在苹果公司与三星公司的诉讼中，双方付出的律师费更高。[2] 虽然小公司和公民的诉讼成本没有国际大公司打官司那么高，但是在一起诉讼当中律师费用成本仍然是不小

---

[1] 李晟.略论人工智能语境下的法律转型［J］.法学评论，2018（1）.

[2] 吴军.智能时代——大数据与智能革命重新定义未来［M］.北京：中信出版社，2016：310. 本书作者以苹果、谷歌、IBM 此类全球 500 强企业的诉讼费用举例来说明在美国一场官司花费巨大。

的数目。在大数据时代，这个情况会慢慢得到改变。利用自然语言处理和信息检索技术开发的法律检索系统实现了计算机阅读和分析法律文献，可以取代很多人工。位于硅谷帕罗奥图市黑石发现公司发明的一种处理法律文件的自然语言处理软件，使得律师的效率可以提高 500 倍，打官司的成本显著降低了很多，这意味着有相当多的初级律师可能失去工作。美国 Altman Weil 调查公司对美国律师事务所的老板进行一项民意调查。调查显示，38% 的被调查者认为 5~10 年人工智能无法取代律师；47% 的被调查者认为，在未来 5~10 年律师助理将失去工作。但是人工智能取代有经验的律师还有许多难度。[1]

司法人工智能大幅度减少了司法工作人员的工作时间，提高了司法效率。前面介绍过的自助立案系统和智能机器人法律检索能够减少当事人人工窗口排队的时间，缩短法院司法工作人员检索法律、案例指导、司法解释的时间。借助"智慧庭审"人工智能机器人能够识别出不同地方的方言，迅速形成庭审笔录和裁判文书，提高法庭审判的效率。

（二）司法人工智能有助于实现司法公平正义

我国司法工作人员职业能力水平参差不齐，个别司法工作人员存在徇私枉法、徇情枉法等不端现象是不争的事实。司法体制改革的目的是促进公平正义的实现，防控因法官不当履职带来的审判风险。司法人工智能在实务中不仅能够缓解执业人员水平不一、能力

[1] 吴军.智能时代——大数据与智能革命重新定义未来［M］.北京：中信出版社，2016：310.

不足的问题，同时能够避免相似案件判决结果相差巨大的司法不公现象。

将司法人工智能引进司法系统的初衷是因为人工智能可以在一定程度上起到对司法工作人员的监督作用，提高审判质量。同案同判在我国具有极其特殊的要求与功能，不仅作为认定司法是否公正的指标，也是我国民众评判一个案件是否审判公正的理由。司法人工智能可以实现案件结果的预判，如果我们质疑某法官在审理案件的时候有没有做到公正合法审判，即可借助司法人工智能的裁判系统来查验。❶ 正因如此，司法人工智能的应用可以适度减少现存的司法不公的不端执业行为。理想的裁判系统和结果预判可以规避同案不同判的风险，但目前的司法人工智能的算法还过于简单。

可以说司法人工智能确实给实现司法公正提供了一条可循之路，但是要想真正实现借助司法人工智能来检测法官审判是否公平从而规避同案不同判还需人工智能技术的进一步发展。如若借助简单的裁判系统来检验法官审判结果是否公正，则会增加法官的职业风险。毕竟计算机算法是客观存在的，一旦某一算法错误，得出的结果也是错误的且唯一的。过度依赖裁判系统和结果预判而没有真正地了解案件的性质和证据，就对法官的审判结果妄加评议，就会与司法人工智能的初衷相违背。

（三）改善法律行业知识管理方式，助推法律行业"跃迁"

法律行业之所以被认为是一个传统行业，其中一个重要原因是

---

❶钱大军.司法人工智能的中国进程：功能替代与结构强化［J］.法学评论,2018（5）.

知识管理问题。无论是在司法机关还是在律所，往往一个带头人离去，同时宣告了一个业务"巅峰"的结束。所以我们想了很多办法推动职业化、专业化，无论是树立知识管理、做好文档管理，运用印象笔记、思维导图等软件，还是开发 OA 系统，建立完善的培训体系，都是为了解决这个问题。人工智能专家经验嵌入应用系统中能带来法律行业知识管理的新方式。一个新入行的律师或法官，可以借助专家经验系统来处理法律实务问题。例如，以北京市法官为例，根据统计，2018 年北京市法官人均结案 357 件，居全国首位，❶ 足以见得法官工作任务之繁重，而司法人工智能的引进，在一定程度上能够缓解法官繁重的工作负担。人工智能的发展，不仅是司法机关的事情，也不是某些科技公司的事情，而是整个法律行业的事情。人工智能一直被认为是一个"黑箱"，认为人工智能最终将会成为终结人类的凶手。但是我们不能因为对技术的无知而认为技术无所不能，也不能因为对技术的无知而限制想象力。

四、司法人工智能实践中存在的问题及其应对方法

司法人工智能在实践当中的确能取代以往只能靠人力才能完成的工作。今天，我们要选择的已经不是是否接受人工智能，而是只能选择以科学理性的方式应用人工智能造福于人类，并共同应对人工智能应用可能带来的法律伦理、个人信息保护、公共和国家安全等新的挑战。基于本文主要论述人工智能在司法诉讼中的问题，对

---

❶ 北京市法官去年人均结案 357 件 居内地首位［EB/OL］.（2019-01-18）［2022-09-01］. https://baijiahao.baidu.com/s?id=1622966301079373851&wfr=spider&for=pc.

人工智能的侵权责任承担、个人隐私保护、法律伦理等问题不做讨论。

（一）司法人工智能的工作方式有待认可

1. 司法理性与技术理性的矛盾

传统的司法工作方式是以人为主导，由人主导着诉讼的环节推进，主导着司法大数据的运用。这种逻辑能力和思辨能力可以使得司法工作人员将法律语言转化为逻辑语言，将证据转化为逻辑命题。而人工智能很难像人一样主导着司法大数据的运用，也很难像人一样具有逻辑能力和思辨能力。计算机相对于人来说欠缺的主要是思辨，这种与"阿尔法狗"打败围棋高段位棋手的运作原理仍不一样。围棋机器人可以通过人工编程给计算机设定固定的程序，这个程序是闭合的，因为围棋不需要像法律一样具有发散性。但是要使得计算机系统很快判断出一起案件是刑事案件还是民事案件，则非常困难。所以说将法律语言转化为逻辑语言仍然是人工智能自然语言翻译难以突破的瓶颈。

审判工作的系统性和审判者的职业性、经验性，决定了司法人工智能不可能取代法官。如若人工智能把法庭内外的工作方式固定化和格式化，很可能阻碍审判者伦理人格、法律解释学、专业化教育和推理教育的发展和提高。久而久之，使得充满逻辑思维和辩证色彩的司法工作最终流于形式。尤其是裁判辅助系统，形象化地来看就像在一个闭合的系统里，人工智能机器人根据大数据库中的已有案例和法律来得出一个法律推理，而没有人的发散性思考和逻辑推理。这个闭合的系统能够合理避免法律认知水平不一的法官对同一类案件作出裁判尺度相差较大的判决，但是当案件的条件或场景发生变化后，缺少法官裁判的闭合系统将不再适用。如果法官过于依赖电脑给出唯一的裁判结果，法庭交流辩论将成为人工智能的附属品，一个案件缺少法官的人脑思维和双方当事人的辩论，缺少审级制度下的层层审核很难做到司法公正。所以目前司法人工智能还处于辅助审判的地位，司法人工智能可以迅速识别语音形成庭审笔录、减少法律检索时间，但不能取代人的地位。

2. 深度学习试图打破法律实践瓶颈

目前，司法人工智能的实践当中，诉前诉讼服务系统可以大量减少人工时间，提高了司法资源的利用效率；类案推送系统、法律检索系统和裁判辅助系统可以减少司法工作人员的检索时间、避免同类案件最后判决结果相差较大的司法不公现象。今天的弱智能阶段的司法人工智能工作模式过于固定化和形式化，无法取代专业司法工作人员对案件证据的辨别，也无法取代法官对一起案件的最终裁判。

针对这一问题，研究者试图通过神经网络学习和语言图谱来突破技术瓶颈是值得我们期待的事件。通过机器人的自然语言理解能力，结合由专家给出的数据逻辑关系，能够给机器赋予理解和辨别能力，区分所有的细微差别和歧义，进而实现让司法人工智能理解文本中所表达的法律含义。在人工智能时代，基于法律认知科学，则可以实现基于法律知识图谱概念体系，帮助机器做出正确的法律概念理解，进而实现高效理解各类法律文本，从中提取出有用的信息。

（二）避免对人工智能的过度期待

对人工智能的过度期待和依赖可能会导致现有司法体制的瓦解。如前文所述，司法人工智能在审判中只能处于"辅助者"的地位。"以审判为中心的诉讼制度改革"追求实质的公平正义，法官依法独立行使审判权，不受其他任何主体的干涉。若审判者过度期待或依赖司法人工智能给出的结果预判，审判者没有了自己的思考和判断，完全沦为司法人工智能的执行者，则背离了法院独立审判的基本原则。进一步讲，假如审判者过度依赖司法人工智能得出案件的裁判结果，而不加以自己的辨析和思考就予以宣布，则不仅会出现审判结果责任追究主体不明的问题，而且有软件工程师、程序员、信息技术公司、数据处理商干涉司法审判的嫌疑。我们必须自始至终都要坚守好司法人工智能"辅助"审判这个原则，也唯有司法人工智能不能取代人的功能才能保证在算法错误时，能够通过审判者的主观能动性加以规避。

虽然现阶段，司法人工智能在诉前立案服务和诉讼文书自动生成这两个系统做的非常成功，在全国地方法院也在逐渐引进智能机器人诉前立案、法律咨询服务，引进"智慧法庭"系统。但是我们依然要加强对人工智能工作结果的及时监督审核，在出现人工智能无法立案或立案错误时及时纠正；充分审核人工智能自动生成的裁判文书后再将裁判文书送达给各方当事人。司法人工智能的引进只是提高了司法工作的效率，而不是完全取代人的工作。司法人工智能也是一个"暗箱"，片面强调大数据和人工智能在司法实践中的作用，很容易使得人工智能机器人继承原来错误大数据带来的算法

偏差 ❶，和我们引进司法人工智能的初衷南辕北辙。

（三）司法数据隔离与应对措施

1. 缺乏整合统一的大数据库

数据隔离是困扰司法人工智能发展的一大瓶颈。根据目前的思考，为了应对上述挑战，打造自己的"护城河"，我们需要在数据上下功夫。众所周知，人工智能技术有三大基石构成，即数据、算力、算法。阿里巴巴提出，未来数据将成为全新的最重要的生产资料，带来新的产业革命。因此，围绕数据的采集、数据的汇聚管理、数据的治理、数据的挖掘分析和数据可视化等形成了一条完整的产业链条。这其中的关键在于，数据的积累状况和数据质量情况。而目前来看，在过去十多年来，由政府部门主导并大力推行的电子政务和信息公开的基础建设，以及由互联网大发展所带来的海量数据积累和计算要求，有效促进了大数据和云计算的发展，为基于两者的深度应用提供了一定的支撑。

由于信息化工作有较好的基础，法院不缺乏数据，但是，这些数据是条块分割的，是"条数据"，不是"块数据"。虽然法院行业已经积累了不同类型的海量数据，但这些数据存在于不同的生产系统中，以不同的数据类型被存储，各自储存，各自维护，是一个个信息的孤岛。流程数据在审管办，执行数据在执行局，裁判数据在信息中心，案件数据在研究室，人事数据在政治部，大家都把数据当部门资源，哪怕屯着不用也不愿与人分享。互联网的生命就是互

---

❶ 季卫东 . 人工智能时代的司法权之变［J］. 东方法学，2018（1）.

联共享，数据不能分享，就是一个个支离破碎的"垃圾堆"。没有数据的汇总就不会有人工智能的发展，在法律行业尤其如此。但是就目前的法律智能产品来说，可公开获取的数据体量还不够大，数据维度也相对有限，数据质量还需进一步提升。

更关键的是，我们缺乏可供机器学习甚至深度学习的高质量的标注数据，特别是自然与法律事实的对应关系。首先，我们要从基础的数据采集、治理做起，一方面扩充数据体量和维度，另一方面提升数据的基础质量。其次，需要专业法律人的参与，将对行业的理解、业务的研究体系化并数据化，形成自有的知识图谱。与判例法系国家不同，仅实现对案件的文书检索并不能在真正意义上辅助中国的法律人。判例法国家强调"遵循先例"的原则，历史判例可以作为审判的参考依据，所以类似 Westlaw 这样庞大的案例资料库及检索工具即可满足法律人的审判辅助需求。但中国作为成文法国家，重视法律的逻辑思维和等级结构，法院严格执行立法机关制定的法律，分析"类案"的历史裁判规律更加有助于法官更好地展开案件审查和裁判工作。并且调研也显示，中国法律人的检索需求是知识（思路、规律）需求而非信息需求。❶

2. 打破数据孤岛

对于法律大数据而言，找到相似个例不是目的，目的是找到案件的裁判规律。❷ 所以，就目前现有的各类法律大数据研究成果而言，实务工作中所面临的具象化的业务痛点并没有能够很好地得以

---

❶❷ 华宇元典司法人工智能研究院.让法律人读懂人工智能，北京：法律出版社2019：155.

解决，尤其是与法院办案法官所面临的迫切的精确化审判辅助需求还存在差距。不可否认，我国法治建设水平存在地域差异性，所以在系统性整合司法大数据时，不仅要打破数据地域上的隔离，也要消除司法数据准确度上的差距。只有将准确、完善的数据码进大数据库才能最终得出正确的预判结果。

司法人工智能能够随着数据的不断积累和从人机互动中获得新的知识，持续不断地学习，进而提升自身的法律知识体系。具体来说，既可以通过专家训练不断吸纳新的法律业务知识，使其法律知识体系可以一直处在最新且完善的状态，保证为法律人提供最全面的知识辅助；也可以通过对法律人数据的收集提取关键信息，像人类一样进行学习和认知，并将法律人的操作（如检索、认定等）行为过程进行记录、分析，从中发现规律及价值信息，循环沉淀并扩充数据库内的知识储备。即通过经验学习来获取反馈，优化模型，不断进步，保证知识图谱的稳定和自洽。

（四）司法人工智能的道德伦理争议

是否应当赋予人工智能机器人权利、人工智能机器人侵权责任的承担主体以及人工智能的不可预测性一直是关于人工智能道德伦理争议的焦点。随着人工智能的快速发展，程序员们注意到有必要为驱动机器的算法建立统一的道德准则。但是，要创建这些准则却是一大挑战。人工智能领域广阔无边，包含了众多互不相关的领域。学术界在有关意识与深度学习方面的研究取得了突破，得到了外部企业的研发预算支持。很多时候，这些专家学者不清楚自己的想法将会如何被转化成消费产品，这让道德标准根本无法实施。21

世纪之前，所有现存法律都是由人撰写的，也都是为人而撰写的。由于技术的进步速度让监管部门望尘莫及，这也意味着现在的大多数法律都会被视作对创新的限制。❶

人类的价值是至高无上的。在人工智能背景下，这就涉及了人类意识的问题。自动化机器是否仅仅因其存在，而值得拥有人类特有的权利？如果真是这样的话，那就意味着我们今天就应该赋予谷歌的自动驾驶汽车或人工智能机器人医生这些权利。人的最高价值并非来源于某个世俗强权的决策。或许一个人的价值独立于任何一个具体世俗强权的范围之外，但如今的自动化机器人正是在全世界多个国家和司法管辖区内生产出来的。这就是说，无论哪种人工智能道德标准，都必须包含多种文化对机器的存在本质所持有的不同看法。金钱掩盖了这些问题的存在，因为在将来的几年里，机器人和人工智能领域有着巨大的利润空间。这意味着，我们必须把作为利润的价值概念作为人类的道德指南。

在人工智能的创造过程中，人类价值观应该居于中心地位。随着自动化系统的广泛采用，事后再考虑道德问题的做法是行不通的。对于不允许人类干预的"演化"人工智能程序，除非在开发的最初阶段就把道德问题考虑在内，否则道德标准是没有用的。正如斯图尔特·拉塞尔所指出的，这些基于价值观的指令还应该应用于非智能系统当中，从而把人工智能行业追求普遍"智能"目标，转变为寻求经证实可以匹配人类价值观的最终成果。❷

人脑中存在数量巨大的神经元细胞，但是谁也不知道巨大的互

---

❶ 约翰·C.黑文斯.失控的未来[M].仝琳，译.北京：中信出版社，2017：214.
❷ 闫勇.在人类价值观基础上发展人工智能[N].中国社会科学报，2019-03-27.

联网大数据的下面还有什么，这使得人工智能的思维成为不可预测的过程。现在人工智能机器人已经在电子法院、电子诉讼中成功实践。"国家十三五战略信息规划"下，全国各地的法院开始致力于"智慧法院"的建设。在信息时代的大潮当中，我们对法律人工智能建设必然不能因其不可预测性避而不谈，也不能因为信息社会的热潮而盲目追捧。20世纪80年代有过一股"人工智能"热潮，然而盲目的热追却导致人力、物力、财力的付诸东流。

五、结语

　　人工智能正在以前所未有的速度改变着我们的生活方式，在全面建设社会主义法治国家的进程中，法律行业也会搭上人工智能的"快车道"。毫无疑问地说，司法人工智能虽然还有许多现实问题，但是人工智能给法律领域带来了司法程序精准性和客观性的提升，极大地促进了司法效率和司法公正的实现，特别是在我国法治建设进程中"案多人少"的困境当中，人工智能就像一剂催化剂加快了中国法治建设的跃迁。在推进以审判为中心的诉讼体制改革中，我国法治建设者将人工智能引进司法系统，建设"智慧法院"的初衷是把人工智能定义为审判者的辅助工具，而不是审判者的对手，也不是审判者的替代品，我们应该拥抱司法人工智能。

　　各个行业如雨后春笋一般不断涌现出新的人工智能产品，这些产品在服务人类的同时也不断倒逼中国立法司法的改进，倒逼着中国司法领域的不断更新。有人说人工智能是一个"黑箱"，它可能最终取代人类成为地球上的主人，我们对人工智能的发展不可过于偏激，盲目乐观或悲观。同样在法律这个关乎人的基本权利和道德，关乎芸芸众生的切身利益的重大问题上，我们也不能因为司法人工智能能够提升司法效率、实现司法公正，就过度依赖司法人工智能而产生人性的懒惰，也不能因为司法人工智能的负面效应而选择固步自封。在信息化的时代，法律这个古老的行业受到来自科技的影响是必然化的结果，拥抱人工智能也是建设智慧法院的必经途径。平衡"以人为主"的审判工作和智能"辅助"判断是一条始终贯穿在司法人工智能实践当中的准则线。

事实上，自开展"智慧法院"信息化建设以来，人工智能在法治建设中带来很多惊人的改变，从最初的机器人律师到大数据背景下的电子法院建设、电子卷宗同步生成、裁判文书自动生成，类案推送、法律检索、裁判辅助和案件结果预判，虽然这其中还有很多不足和有待完善之处，但是司法人工智能建设一定会有一个乐观的结果。新事物的发展总是伴随质疑和争议，现阶段我们无法精准地预见未来 50 年、100 年之后人工智能会发展到怎样的标准，司法实务中能够做到的就是找准审判者的主观能动性和司法人工智能辅助审判的平衡点，做到公正审判，实现司法公正。

第四章
建构有效的多元解纷机制

民事诉讼程序繁简分流改革必然离不开有效的多元化纠纷解决机制的建构。中外实践均表明,仅依靠正式的司法程序难以满足社会纠纷解决的需求,而一种建立在法治基础上的多元化纠纷解决机制更符合社会和法治的可持续发展的需要。

第一节　现代社会治理中的司法强制和当事人自治 *

在现代社会治理中,纠纷解决的社会需求期望法院不仅是司法裁判者,而且是多元化纠纷解决服务的提供者。目前,我国仍然处于社会转型期,社会纠纷多发且呈现多元化的特征,民间纠纷解决组织的弱化以及法治普遍主义的有效导入,使得法院成为大量民商

---

*　本节撰稿人:申琛,中国社会科学院大学法学院 2019 级博士研究生。本节内容首次发表于《黑龙江社会科学》2021 年第 6 期。

事纠纷当事人寻求救济的主要路径。虽然纠纷解决是法院的基本功能之一❶，甚至是我国基层法院的核心功能❷，但是，法院作为传统的司法裁判者并不能很好地满足社会纠纷解决的多元化需求。现代民事诉讼被诟病成本高、耗时长、不利于维护当事人合法权益等。多元化的纠纷解决机制可以在诉讼之外为当事人提供其他的纠纷解决路径，从而更好地满足不同纠纷当事人的纠纷解决需求，因而也被称为替代性纠纷解决机制。❸ 因此，为了更好地承担社会治理职责，满足社会纠纷解决需求，法院必须兼顾司法裁判者以及多元化纠纷解决服务提供者的双重角色。

但是，传统司法裁判者与多元化纠纷解决服务提供者，这两种角色定位之间存在着一定的价值冲突。本节从法院角色的二元冲突切入，围绕二者在价值取向上对司法强制和当事人自治的不同偏好，对我国法院已有的冲突和解决路径进行梳理和分析。随后，将讨论焦点集中在司法强制和当事人自治在纠纷解决中如何实现价值统合之上，从比较法角度选定司法 ADR 制度，对司法强制和当事人自治的平衡技术进行分析，试图为我国法院角色的二元冲突解决提供新的路径参考。

❶ 蒋惠岭.法院两种功能的重构［N］.人民法院报，2011-03-04.

❷ 范愉.调解的重构（下）——以法院调解的改革为重点［J］.法制与社会发展，2004（3）.

❸ 笔者在此不对多元化纠纷解决机制，非诉讼纠纷解决机制，替代性纠纷解决机制（Alternative Dispute Resolution，ADR）等术语概念进行区分，三者可互相替代使用。

一、法院角色的二元冲突

在获得司法正义（access to justice）第三波浪潮的影响下，不少国家对已有的司法系统无法确保纠纷当事人依赖诉讼程序有效地解决纠纷进行了反思，转而将关注点放在了处理、甚至预防现代社会纠纷的所有机构、工具、人员和程序，并意识到有必要将民事司法程序与纠纷的类型联系起来并加以调整。❶ 因此，各国采取了相较于前两波浪潮更加全面和激进的司法改革路径，将民事纠纷解决的功能承担转向了社会，ADR 由此成为现代民事司法制度的重要组成部分。❷

在现代民事司法制度中，ADR 在纠纷解决上呈现诸多优势。对当事人来说，"公民将发现司法正义更容易获得，那些被诉讼程序所吓倒的人和那些无力承担或不理解诉讼程序的人可能会发现非诉讼方法更受欢迎。此外，公民还有可能从纠纷解决技术中受益，因为这些技术使当事人能够设计自己的协议，并受益于对案件的早期评估和评价、案件处理速度的加快，以及比诉讼更不正式和更容易理解的程序。如果在对抗性程序之外有其他办法，诉讼当事人也许能够以较少的费用、较多的满意和较少的怨恨来解决纠纷"。❸ 对法院来说，ADR 可以"分流民事案件、提高审判效率、降低诉讼成

❶CAPPELLETTI M., GARTH B.Access to Justice: The Newest Wave in the Worldwide Movement to Make Rights Effective [J]. Buff. L. Rev., 1977（27）：181-292.

❷ 范愉.浅谈当代"非诉讼纠纷解决"的发展及其趋势 [J].比较法研究,2003（4）.

❸KESSLER G, FINKELSTEIN L J. The Evolution of A Multi-Door Courthouse [J]. Cath. U.L Rev., 1987（37）：577-590.

本、减少诉讼延迟"❶，使法院从诉讼爆炸、案多人少的困境中走出，促使其"从纠纷解决更多地向规则的发现和确认利益的平衡乃至决策的方向转化"。❷

　　然而，在传统的民事司法制度中，法院承担着司法裁判者的角色，与 ADR 在纠纷解决领域的价值取向上存在一定程度的冲突。ADR 作为纯粹的以纠纷解决为核心的制度，其程序的启动、运行和终结是建立在当事人自治的基础上，当事人的同意几乎是程序设计的唯一指导原则。❸ 一方面，已有实证研究表明，当纠纷解决者认为程序控制权归于受决定影响的人时，纠纷解决程序被视为更公正。❹ 另一方面，出于对当事人自治的尊重与追求，ADR 呈现更强的灵活性和回应性特征，能够为纠纷当事人量身定做创造性的纠纷解决方案，从而节省时间和资源并提升当事人的满意度。❺ 因此，ADR 的程序公正和效率价值均建立在当事人自治的基础上，当事人自治原则成为其核心原则，导致 ADR 在解决纠纷过程中呈现对法律规范的偏离、对司法强制的抵触，纠纷解决结果呈现个别化、情景化的特征。

　　传统的民事司法制度中，法院作为民事司法裁判权的行使主

---

❶ 刘晶晶.建构中国民事诉讼中司法性 ADR 的审视与思考［J］.法律适用,2006(3).

❷ 范愉.非诉讼纠纷解决机制（ADR）与法治的可持续发展——纠纷解决与 ADR 研究的方法与理念［J］.法制现代化研究，2004.

❸SARAH RUDOLPH COLE.Managerial Litigants——The Overlooked Problem of Party Autonomy in Dispute Resolution［J］. Hastings L.J., 1999（51）：1199-1263.

❹LIND E A, Tyler T R.The Social Psychology of Procedural Justice［M］.Plenum Press, 1988：29.

❺KATHLEEN BRYAN, MARA WEINSTEIN.The Case Against Misdirected Regulation of ADR［J］.Disp. Resol. Mag., 2012（19）：8-12.

体，依赖于司法强制行为来确保纠纷的最终解决。现代法治国家通过立法将被社会共享的意识形态规则化，并依靠法律的抽象强制性规范社会成员。法律的抽象强制在赋予法院民事司法权的同时，还必须通过法院的司法强制行为得以实现。❶ 这意味着，法院作出民事裁判不能仅仅是特定纠纷的解决，纠纷解决的结果一方面必须反映和维护现有的法律规范，另一方面还须具有确定性和终局性从而维护法律的权威性。因此，法院的司法裁判权在纠纷解决领域的行使离不开司法强制，并且伴随对纠纷解决结果多样化的限制、对当事人自治空间的挤压。

总而言之，ADR 的纠纷解决优势吸引法院将其纳入民事司法制度中，然而 ADR 与司法裁判在纠纷解决过程中呈现对当事人自治和司法强制不同的价值偏好，使得司法裁判者与多元化纠纷解决服务的提供者二元角色产生冲突，为法院如何对二者平衡和兼顾提出了挑战。

二、我国法院调解制度中二元冲突解决路径

调解是我国法律文化的优势，同时也是我国民事司法制度的争议热点，司法裁判者与多元化纠纷解决服务提供者的二元冲突，在我国的法院调解制度中得到了充分的关注和讨论。无论是将法院调解当作审判方式 ❷ 的一种，还是结案方式的一种，法院调解中的司

---

❶ 顾培东.社会冲突与诉讼机制［M］.北京：法律出版社，2016：180.
❷ 王亚新.论民事、经济审判方式的改革［J］.中国社会科学，1994（1）.

法强制都得到了普遍的否定。❶ 在此基础上，我国学者提出了三种代表性的改革理论，分别是诉讼和解替代论、法院调解重构论、法院调审分离论，这三种改革理论均把目光集中在当事人自治的保护和司法强制的限制之上。

首先，诉讼和解替代论从法院调解的职权性和审理性出发，认为"法院调解本身的性质决定了其适用过程中难免损害当事人的自主权，从而造成非真实的自愿"❷，因此，应当完全排除审判人员在当事人合意解决纠纷中的介入和强制，"围绕真正意义上合意的形成"❸，来保障当事人解决纠纷的自愿性，进而建立完善诉讼和解制度，废除法院调解制度。其次，法院调解重构论认为，法院调解强制性弊端的根源在于制度设计的职权主义倾向，而非法院调解这一制度本身，法院调解反而是符合当事人角度的程序公正论的，因而应当遵循自愿原则（涵盖参与调解的自愿和达成调解协议的自愿），将法院调解贯穿审判全程，调解和审判的主体也无须完全分离，但是应当从当事人主义的角度出发，对法官的行为进行规范，从而保证当事人的平等与自主。最后，法院调审分离论认为，"在调、审结合的审判模式中，强制与自愿的矛盾和冲突是无法避免的"，应当把判决作为诉讼目标，调解只是某些案件的前置程序，实行以当事人申请开始调解程序的原则，并且调审合一以及法官身份的双重

---

❶ 李浩.民事审判中的调审分离 [J].法学研究，1996（4）.

❷ 张晋红.法院调解的立法价值探究——兼评法院调解的两种改良观点 [J].法学研究，1998（5）.

❸ 蔡虹.内地法院调解与香港诉讼和解之比较——关于完善合意解决纠纷诉讼机制的思考 [J].中国法学，1999（4）.

性所导致的强制性问题，只有通过调审分离才能解决。❶

目前，法院调解重构论、法院调审分离论在我国法院均得到了不同程度的实践❷，诉讼和解替代论的价值也得到了各地法院的重视。❸ 这三种改革理论及其实践，在对当事人自治进行保护的同时涵盖了纠纷解决程序的启动、运行以及终结，很大程度上压缩了司法强制的空间，这固然是对我国法院调解职权性、强制性弊端的理性回应。但是，对当事人自治原则在多元化纠纷解决中的价值进行肯定，并不能简单等同于法院作为多元化纠纷解决服务提供者必须完全否定其司法强制行为，至少从纠纷解决的角度出发，司法强制和当事人自治可以在某种程度上实现价值统合。

三、司法强制和当事人自治的价值统合：公正与效率

公正与效率被视为司法制度设计与运作的基本价值目标❹，现代民事司法制度的设计和运作也不例外。出于对当事人自治的价值偏

---

❶ 王红岩．试论民事诉讼中的调审分立 [J]．法学评论，1999（3）．

❷ 参见 2007 年《最高人民法院关于进一步发挥诉讼调解在构建社会主义和谐社会中积极作用的若干意见》、2010 年《最高人民法院关于进一步贯彻"调解优先、调判结合"工作原则的若干意见》等有关法院调解的司法解释中强调对当事人自愿的保障；以及，"审前调解……事实上部分满足了调审分立的要求。基层法院的审前调解既有建立专门的速裁庭的，也有将人民调解引入法院的；既可以由主审法官或合议庭成员直接进行，也可以委托法官助理、书记员、人民陪审员、人民调解员或其他人员进行；还有把调解与审前准备程序相结合的"。参见：范愉．调解的重构（上）——以法院调解的改革为重点 [J]．法制与社会发展，2004（2）．

❸2013 年《最高人民法院关于人民陪审员决定执行和人民陪审员工作情况的报告》中指出"各地法院充分发挥人民陪审员社会阅历丰富、了解乡规民约、熟知社情民意的独特作用，积极促使当事人诉讼和解、服判息诉及自愿履行"。

❹ 姚莉．司法效率：理论分析与制度构建 [J]．法商研究，2006（3）．

好，ADR 程序对于当事人的纠纷解决需求回应性更强，因而具备了灵活、便廉等特征，可以更好地满足当事人纠纷解决的需求。但是，一方面，在纠纷解决中"过分强调合意纯粹性的价值立场可能会……导致合意摸索的长期化、反复化，滑向法律虚无主义"。❶另一方面，ADR 程序也因此被诟病放大了当事人谈判能力的不平等、次等正义、公共利益和福利保护的缺失、阻碍民事裁判权的行使等。❷ 在纠纷解决过程中，不受约束的当事人自治不但不能确保ADR 的优势得到充分发挥，反而会造成纠纷解决的低效和不公正，这就为司法强制提供了必要的存在空间。因此，从兼顾纠纷解决的公正和效率出发，司法强制和当事人自治可以在 ADR 中实现价值统合。

（一）纠纷解决程序启动中的价值统合

社会纠纷的日益多元化相应地要求纠纷解决方式的多元化发展 ❸，当事人对纠纷的理性评估及纠纷解决方式自愿选择，被证明对ADR 程序的成功至关重要。❹ 然而，不同的纠纷解决方式存在着不同的优势和弊端，纠纷当事人不可能对所有的纠纷解决方式都熟练掌握，律师也可能由于自身利益或者观念等原因选择不推荐当事人

---

❶ 季卫东. 当事人在法院内外的地位和作用（代译序）[M]//. 棚濑孝雄. 纠纷的解决与审判制度. 王亚新，译. 北京：中国政法大学出版社，1994：序言.

❷WEINSTEIN J B.Some Benefits and Risks of Privatization of Justice through ADR[J]. Ohio St. J. on Disp. Resol., 1996（11）：241-295.

❸ 章武生. 论我国大调解机制的构建——兼析大调解与 ADR 的关系 [J].法商研究，2007（6）.

❹GENN H，FENN P，MASON M.Twisting Arms：Court Referred and Court Linked Mediation under Judicial Pressure [R].Ministry of Justice Research Series，2007：202-235.

适用 ADR，这时，法院在两种情形下对 ADR 强制适用和排除被认为是符合公正和效率的。其一，在当事人不熟悉、不了解特定的纠纷解决方式而表现出不信任、不选择态度时，法院强制当事人适用 ADR 解决纠纷被认为是有助于帮助他们克服偏见或熟悉此类纠纷解决方式❶，而且强制的适用同样能够使得当事人收获程序利益❷，从而兼顾公正和效率。其二，ADR 在纠纷解决中的某些弊端可能会对个案公正乃至社会公正产生实质性的伤害，如涉及家暴的家事纠纷等，当事人由于谈判能力的悬殊导致其在 ADR 程序中难以保证其意思表示的真实和自愿，这时，法院有必要对不宜通过当事人自行达成合意解决的事项进行排除，从而维护公共利益和纠纷当事人的权益。

此外，从纠纷解决资源的角度来看，司法资源的有限性和纠纷解决的无限性构成了紧张的关系❸，法院作为公共机构，司法服务的主要提供者，如何对有限的司法资源进行分配从而兼顾公正和效率是司法权力行使的应有之义。一方面，裁判请求权是公民基本权利，法院作为裁判服务的供应机关应当确保当事人的基本权利不被剥夺，并提供正当的民事审判程序来确保当事人基本权利的实现，这是司法正义的根本要求。另一方面，诉讼在纠纷解决中的局限性、司法资源的有限性导致法院无法确保所有纠纷都可以通过完

---

❶QUEK D.Mandatory Mediation：An Oxymoron-Examining the Feasibility of Implementing a Court-Mandated Mediation Program［J］.Cardozo J. Conflict Resol.，2009（11）：479-501.

❷PEARSON J, THOENNES N. Divorce Mediation：An Overview of Research Results［J］.Colum. JL & Soc. Probs.，1985（19）：451-476.

❸ 肖建国，黄忠顺 . 诉前强制调解论纲［J］. 法学论坛，2010（6）.

整的民事审判程序得到有效解决，因而司法权力对司法资源的分配进行强制就有了其正当性，将有限的裁判资源集中在高价值的案件中，同时，借助 ADR 资源来分流争议金额小、简单的案件，实现司法资源最优化利用，是有效平衡司法公正和效率的需要。

（二）纠纷解决程序运行中的价值统合

ADR 被批判是"以（当事人）讨价还价为基础，并接受财富的不平等是程序中不可分割的合法组成部分"。❶ 如果纠纷当事人各方是在谈判能力不平衡的情况下进入纠纷解决程序，则 ADR 程序可能只会加强和助长这种谈判能力的不平衡❷，进而影响当事人对于过程的控制能力，弱势的一方不能够按照自己的意愿对 ADR 程序的展开施加影响，不能够真实地表达自己的意思和真正地维护自己的权利，ADR 程序因此违背了确保当事人有效获取司法正义的理念，丧失了其正当性。在这种情况下，灵活和效率带来的程序利益不足以满足现代民事司法的需要，这为司法权力强制提供了存在空间。

但是，研究表明对纠纷解决过程的控制感、有意义的参与决定程序结果的机会以及充分自我表达的机会，影响着当事人对程序公正性和满意度的评价。❸ 因而，司法权力强制的空间同时需要被严格限定，如何划定司法强制的空间，最终又不得不在对纠纷解决的公正和效率价值进行统合的基础上，通过平衡司法强制和当事人自治来实现。

---

❶OWEN M. Fiss.Against Settlement [J].Yale Law Journal, 1984（93）：1073.

❷JEFFREY Z. RUBIN, BERT R. BROWN.The Social Psychology of Bargaining and Negotiation [M].New York：Academic Press Inc., 1975：79.

❸R. BUSH.What Do We Need a Mediator For：Mediation's Value—Added for Negotiators [J]. Ohio St. J. on Disp. Resol., 1996（12）：1.

（三）纠纷解决程序终结中的价值统合

不同 ADR 程序得出的纠纷解决结果其传统的法律效力并不相同，但是，无论何种 ADR 程序，当事人均为在法院外解决纠纷付出了努力，因此，对纠纷解决结果给予特殊的救济成为国际趋势[1]，这不可避免地依赖法院司法权力的行使。

首先，法院对纠纷解决结果进行承认和执行能有效避免程序的浪费。虽然，在没有特殊救济机制的情况下，对纠纷解决结果进行肯定，承认其替代了原来产生纠纷的权利义务关系，同样肯定了当事人在法庭外进行纠纷解决的努力。但是，特殊的救济可以更好地督促当事人自觉履行协议，在得不到履行时通过强制执行力来确保纠纷解决的努力不被浪费，是对当事人自治的尊重，也是避免程序浪费的有效保障。其次，法院对纠纷解决结果中不合法、不自愿等情况进行督促能有效避免纠纷解决结果对个人或社会利益造成损害，从而保证纠纷解决结果的公正。此外，民事审判始终是纠纷当事人的最后一道救济保障。对于当事人通过 ADR 程序仍然无法解决的纠纷，法院仍然有义务确保当事人可以通过民事裁判对该纠纷进行处理。

综上所述，在现代民事司法制度中，司法强制和当事人自治在对公正和效率价值的追求方面呈现多重交叉、相互影响的关系，舍弃其中任何一方，对于公正和效率价值的追求都是偏颇的。因此，对于两者的处理应以平衡为佳，而不是非此即彼。

---

[1] 如 1956 年的《纽约公约》为仲裁协议和仲裁裁决提供的救济框架，2019 年《新加坡公约》为商事调解所得纠纷解决协议提供的救济框架。

四、司法强制和当事人自治的平衡技术分析

在现代民事司法制度中，面对法院和 ADR 制度在司法强制和当事人自治上的不同价值偏好，与我国学界主流观点和司法实践不同，比较法领域对二者在纠纷解决上的价值统合进行了肯定，ADR在与法院的互动中呈现强制化、制度化的态势，司法 ADR 制度在各国立法者和司法实践者的推动下得到快速发展。司法 ADR 制度是法院将 ADR 整合入法院日常纠纷解决中的一种尝试，从纠纷解决的公正和效率价值目标出发，对司法强制和当事人自治的平衡技术提供了实践参考。

但是，司法 ADR 制度继承了 ADR 的灵活性、回应性和实践性特征。一方面，不同国家、地区甚至不同法院的司法 ADR 项目的设计和实施，充满对当地的政治、经济、社会环境因素的考量，从而呈现多样化的特征。另一方面，面对制度施行过程中出现的问题和困境，司法 ADR 项目由此呈现极强的适应性和生命力，新的程序技术因此不断得到实践和发展。

上述特征，使得司法 ADR 因此成为一个难以准确界定的法律概念。在司法实践中两个最常用的 ADR 程序是调解和仲裁，此外还包括早期中立评估、简易陪审团审判、案件评估、和解会议等。❶因而，难以通过对微观层面的项目实践来对制度中的平衡技术梳理

---

❶ 和解会议是否属于司法 ADR 范畴目前尚有争议，但是就美国联邦法院层面的司法 ADR 制度报告来看，将和解会议的设置作为司法 ADR 项目的一种形式。DONNA STIENSTRA.ADR in the Federal District Courts: An Initial Report [R]. Federal Judicial Center, 2011: 3.

和分析，但是，却为平衡技术设计中不同的考量因素、价值衡量提供了丰富的讨论素材。本节接下来将对这些考量因素、价值衡量进行分析，并结合已有的研究成果对其中的平衡技术如何兼顾公正和效率进行讨论，以期从中提取出普适性的知识。

（一）司法 ADR 程序启动中的平衡技术

在司法 ADR 项目中，法院通常是根据立法、法院规则或者授权法官自由裁量，从争议金额和纠纷性质两方面对案件进行考量，将进入法院案件系统的案件强制转入 ADR 程序。虽然，无须当事人申请法院即可依职权启动 ADR 程序，但是通常设计有相应的退出机制，而且几乎所有法院的 ADR 项目在强制启动之外，都允许当事人合意选择适用 ADR 程序。

首先，就项目的适用路径来看，强制适用是司法 ADR 项目的常态。主流观点认为纠纷当事人自愿地参与难以达到强制适用所能达到的程度，强制适用 ADR 程序可以达到减少案件积压和诉讼拖延的目的，从而提供快速的裁决，降低当事人的诉讼成本。● 实证研究结果基本与该观点相符，联邦法院的调查报告显示自愿参与司法 ADR 项目是难以达到强制适用司法 ADR 项目所达到的水平的，因而无法实现司法仲裁项目的效率目标。● 加拿大安大略省的强制调解项目评估报告结果显示，强制性的适用同样可以产生程序效

● JAMES C. Thornton.Court-Annexed Arbitration：Kentucky's Viable Alternative to Litigation［J］.Kentucky L. J., 1989（77）：881.

● RAUMA D，KRAFKA C.Voluntary Arbitration in Eight Federal District Courts：An Evaluation［R］.Federal Judicial Center, 1994：3.

益，如案件处理时间的显著减少，诉讼当事人费用的减少，诉讼当事人和律师的高满意度则肯定了程序的公正性。❶虽然，英国伦敦中央郡法院的项目调查报告认为，各方进行谈判和妥协的动机和意愿对于调解的成功至关重要，促进和鼓励加上有选择的和适当的压力，可能比一味的强迫调解更有效，也可能更有效率。❷但是，有学者认为，伦敦中央郡法院的自动转接调解试验的表现较差的原因在于没有对当事人选择退出的权利进行明确的限制，导致该项目实际上变成了一个自愿性而非强制性的调解项目，从而导致该项目无法达到其目标。❸

其次，从项目的适用范围来看，大多数司法 ADR 制度仅适用于低于特定金额的金钱损害诉讼并且各地标准不一。对这一标准的设定主要出于以下两方面的考虑。第一，争议金额对司法效率的影响。虽然适用司法仲裁的案件管辖限额越高，可以从审判日程表上分流出去的案件比例就越大，减少日程表上拥挤情况的可能性就越大。但是，司法仲裁项目的性质决定其主要针对的是中小额简单案件，如果上限设定过高，占据法院系统的大部分案件都是相对较小的纠纷，也不太可能对法院积案产生重大影响，甚至某种程度上，该方案的效率可能会受到影响，因为与成功裁决可能取得的收益相

---

❶HANN R G, BAAR C, AXON L. Evaluation of the Ontario Mediation Program（Rule 24.1）Final Report：The First 23 Months ［R］.Civil Rules Committee，2001.

❷GENN H, FENN P, MASON M.Twisting Arms：Court Referred and Court Linked Mediation under Judicial Pressure ［R］.Ministry of Justice Research Series，2007：202–235.

❸QUEK D.Mandatory Mediation：An Oxymoron–Examining the Feasibility of Implementing a Court–Mandated Mediation Program ［J］.Cardozo J. Conflict Resol.，2009（11）：479–501.

比，上诉的经济风险会下降。● 在面临更多的金钱风险时，人们通常更愿意花钱，如果他们得到不公正的裁决，则抑制上诉的措施不太可能阻止他们上诉。● 因而，一个适合当地经济生活水平的金额是一个理想的平衡点，它可以确保该项目包含足够的案件，以有效地减少法院的拥挤情况，同时允许由法院集中资源处理涉及更多资金的案件，从而最终实现司法效率的提升。第二，争议金额对司法公正的影响。通常情况下，按照争议金额来确定管辖，可以将涉及不复杂的事实问题的纠纷通过司法 ADR 项目迅速处理，使得审判资源集中在复杂的案件上，从而兼顾司法效率和公正价值。但是，需要注意到的是争议金额和案件的复杂程度、重要程度并不总是呈现正相关的关系。比如涉及重大公共利益、需要考虑公共政策以及新的法律适用问题的情况下，这样的强制分流就难以保证社会正义的实现。●

因而，为了弥补金额管辖对纠纷解决公正性保障不足的情况，一方面，较为复杂的案件类型被司法仲裁制度排除在适用范围之外。常见的情形主要有以下几种：集体诉讼；衡平法、禁令或宣告性救济的诉求；家庭法问题，如离婚、收养等；遗嘱认证或被继承人遗产的管理；涉及房地产的诉讼，这些案件多被认为是过于复杂不应列入司法仲裁项目管辖之内。● 另一方面，允许当事人申请退

---

❶❸STICKEL B R. Oregon Court-Annexed Arbitration: Just What the Doctor Ordered [J]. Willamette L. Rev., 1985（21）: 593.

❷MCKAY R B. Rule 16 and Alternative Dispute Resolution [J].Notre Dame L. Rev., 1988（63）: 818.

❹BRODERICK R J. Court-Annexed Compulsory Arbitration Is Providing Litigants with a Speedier and lLss Expensive Alternative to the Traditional Courtroom Trial [J]. Judicature, 1991（75）: 41.

出的设计，被认为可以缓解司法强制对当事人自治的负面影响，从而提升当事人对于程序的控制感和满意度及公正性评价。事实上，考虑到争议金额的确定往往取决于当事人及其律师的决定，即使是按照争议金额对案件进行强制的适用，同样是伴随适当的当事人意思自治空间的。

由此可见，司法 ADR 制度依据争议金额和纠纷类型将案件强制适用于 ADR 程序，一方面改变了自愿参与率不高的情况；另一方面为复杂案件实现公正的救济提供了制度保障，在此基础上，结合自愿参与机制和申请退出机制的设计，保持了制度的开放性和灵活性，兼顾公正与效率，对司法强制和当事人自治进行了良好的平衡。

（二）司法 ADR 程序运行中的平衡技术

在司法 ADR 程序运行中，法院通常赋予当事人较大的自治空间，法官并不直接参与纠纷解决的实体过程，而是通过中立第三方的提供和选定、善意参与等程序技术来辅助推动 ADR 程序的展开。

1. 中立第三方的提供和选定

对于涉及中立第三方的司法 ADR 项目，法院通常会向当事人提供第三方名单供其选择，并且从资质、经验、培训经历等方面对名单设定准入门槛。虽然促进当事人和解是几乎所有司法 ADR 项目实现效率目标的捷径，但是不同类型的项目对中立第三方如何促进和解的方式却要求不一，并相应地呈现在第三方名单的准入标准上。例如，司法仲裁项目中的仲裁员需要像在审判中一样，听取案件的证据和论点，并对案情作出知情的、合理的判断，评估案件和预测法官或陪审团可能作出的判决范围，并且可能因此促进当事人互相妥协、达成和解。[1] 相应的，司法仲裁项目中的第三方名单对律师身份、职业年限等作出了要求[2]，从而保证了其具备充分的司法实践经验来模拟作出司法决定[3]，并通过视频培训、课堂培训、导师制培训等培训手段来确保第三方具备相关程序知识。[4] 已有的实证研究也相应表明，法院对第三方来源的强制可以有效保证司法仲裁的质量和当事人的满意度。[5]

此外，大部分的司法 ADR 项目都允许当事人参与中立第三方遴选的过程，可以通过当事人共同商定的方式，也可以通过从法院拟定的名单中进行"罢免（strike）"。[6] 虽然这两种方式的偏好体现出不同法院对于效率和公正的不同平衡，对当事人的自主程度进行不同程度的约束，但是都可以满足当事人在程序上的控制感，有助于提升其对程序公正性和满意度的评价。

---

[1] LIND E A, SHAPARD J. Evaluation of Court-Annexed Arbitration in Three Federal District Courts [R].Federal Judicial Center, 1983：85-87.

[2] 加利福尼亚州《民事诉讼程序法》第 1141.18 条规定，仲裁员由退休法官、在被任命为专员之前有法律执业资格的退休法院专员，或国家律师协会成员担任。亚利桑那州《民事诉讼规则》第 73 条要求由在亚利桑那州律师协会从业至少 4 年以上的律师担任。

[3] STICKEL B R. Oregon Court-Annexed Arbitration：Just What the Doctor Ordered[J]. Willamette L. Rev., 1985（21）：593-603.

[4] AMBERLEE B. CONLEY.You Can Have Your Day in Court-But Not before Your Day in Mandatory Nonbinding Arbitration：Balancing Practicalities of State Arbitration [J]. Iowa Law Review, 2018（104）：325-352.

[5] ROLPH E S. Introducing Court-Annexed Arbitration：A Policymaker's Guide [R]. Rand Institute for Civil Justice, 1984：45.

[6] GEORGE K. WALKER. Court-Ordered Arbitration Comes to North Carolina and the Nation [J]. Wake Forest Law Review, 1985（21）：901. 加利福尼亚州《民事诉讼程序法》第 1141.18 条规定仲裁员由法院分配，但是当事人可以依法申请取消为其案件选定的仲裁员的资格。亚利桑那州《民事诉讼规则》第 73 条规定，当事人可以共同书面约定一名仲裁员，如未指定，则由法院指定一名仲裁员。

2. 善意参与

在强制适用成为司法 ADR 项目的常见做法后，实践中出现了当事人恶意利用 ADR 程序拖延时间、刺探对方情况、敷衍参与 ADR 程序等导致程序架空的行为，造成了程序低效和浪费，使得 ADR 在纠纷解决中的效率优势受到威胁。部分司法 ADR 项目针对这一情况，回应性地设计出善意参与标准❶，将司法权力的强制投向当事人的纠纷解决过程中。

善意参与是很有争议的一项程序技术。反对者认为，这一原则模糊了法院促进 ADR 的适用与法院干涉 ADR 过程本身的界限，直接威胁到纠纷解决过程的保密性❷，被认为剥夺了当事人的"诉讼自主权和坚持并在审判中决定这些问题的合法权利"。❸ 支持者认为，这一程序技术对于避免程序浪费是有益的，缺乏的只是善意参与程度的明确界定和适度的惩罚措施。因此，一方面，通过"制定尽可能明确和客观的标准，并尽量减少法院对调解过程的强制"❹ 即可解

---

❶ 亚利桑那州《民事诉讼规则》第 75 条规定：（g）如果没有好的理由，一方当事人没有根据规则第 74（c）条出庭或真诚地参与听证，则放弃上诉的权利。内华达州法庭规则，NV SCR Part V A 22 规定：（A）一方当事人或律师在仲裁程序中未能真诚地起诉或辩护，应构成对重新审判权利的放弃。加利福尼亚州高级法庭规则第 3275（E）规定：……ADR 程序的所有参与者必须真诚地参与。

❷WINSTON D S. Participation Standards in Mandatory Mediation Statutes：You Can Lead a Horse to Water［J］. Ohio State Journal on Dispute Resolution, 1986（11）: 187-198.

❸SHERMAN E F. Court-Mandated Alternative Dispute Resolution：What Form of Participation Should Be Required［J］. SMU Law Review, 1992（46）: 2079-2098.

❹QUEK D.Mandatory Mediation：An Oxymoron-Examining the Feasibility of Implementing a Court-Mandated Mediation Program［J］.Cardozo Journal of Conflict Resolution, 2009（11）: 479-501.

决，如要求当事人或当事人的代理人亲自参与❶、参与人拥有和解纠纷的权利、交换立场文件并陈述各自案件的事实和论点等❷，将法院对善意参与的督促集中在 ADR 程序发生前，从而避免直接干涉当事人适用 ADR 程序解决纠纷的过程。另一方面，制裁必须与违反善意参与标准的严重程度相称，且必须在激励各方遵守法院的命令和确保制裁不至于严厉到掩盖了 ADR 程序的非正式和自愿性这两方面取得微妙的平衡，因此应主要限于金钱制裁。❸

　　由此可见，在司法 ADR 程序运行过程中，当事人享有相较于民事裁判程序中更多的自治空间，如选定第三方、控制和推动纠纷解决过程的展开等。但是，司法强制的价值同样得到了谨慎的肯定。司法 ADR 制度承认完全在当事人自治基础上运行程序并不能兼顾公正和效率，因此应当给予司法权力进行强制的空间，但是应当被限定在案件进入正式纠纷解决过程前的程序性事项之上，如对中立第三方的提供和选定、善意参与的客观要件进行督促等，以免直接威胁到当事人自治。

（三）司法 ADR 程序终结中的平衡技术

　　司法 ADR 程序所得结果是不具约束力的，除非当事人同意受

---

❶ RISKIN L L. The Represented Client in a Settlement Conference: The Lessons of G. Heileman Brewing Co. v. Joseph Oat Corp［J］.Washington University Law Quarterly, 1991（69）: 1059-1079.

❷SHERMAN E F. Court-Mandated Alternative Dispute Resolution: What Form of Participation Should Be Required［J］. SMU Law Review, 1992（46）: 2079-2098.

❸QUEK D.Mandatory Mediation: An Oxymoron-Examining the Feasibility of Implementing a Court-Mandated Mediation Program［J］.Cardozo Journal of Conflict Resolution, 2009（11）: 479-501.

其约束。在司法调解程序中，当事人只是被要求见面并讨论解决方案解决案件，是否达成和解完全由他们自己控制。在司法仲裁程序中，仲裁员作出裁决之后，当事人可以按照自己的意愿选择接受与否，不愿意接受约束可以申请进入重新审判（trial de novo）程序。当事人如果选择受到 ADR 程序结果的约束，无论是调解协议还是仲裁裁决，即可发生与民事裁判相同的法律效力。当事人如果不愿受到 ADR 程序结果的约束，选择进入重新审判程序，那么案件就可以像之前从未被审理过一样得到重新审理。❶ 在时间上，案件重新回到起诉时所处在的法院案卷队列上。在内容上，ADR 程序中涉及的案件事实、证据、和解协议、仲裁裁决、案件评估意见等均不能作为证据在接下来的审判中出现。❷

司法 ADR 程序结果的非约束性，使得当事人在 ADR 程序终结后仍然可以就同样的纠纷进行民事裁判救济，这被认为有两方面的正当性：其一，民事裁判权是公民的基本权利，因此应当予以保护。在强制分流的前提下，司法 ADR 制度面临着剥夺当事人审判权利、违背正当程序原则和平等保护原则，以及裁判权的非法代理等问题。❸ 司法 ADR 程序结果的非约束性确保了诉讼当事人有某种"足够不受限制的机会获得新的审判"。❹ 其二，"现代上诉权的主要

❶DEBORAH R. Hensler, Albert J. Lipson, Elizabeth S. Rolph.Judicial arbitration in California：The First Year［R］.The Rand Corporation，1981：9.

❷ 然而，1999 年内华达州的司法仲裁制度改革是个例外，允许仲裁员的书面调查结果在重新审判过程中得到承认，并由此引起了极大的争议。

❸W P.LYNCH W P.Problems with Court-Annexed Mandatory Arbitration：Illustrations from the New Mexico Experience［J］. New Mexico Law Review，2002（32）：181-207.

❹MENKEL-MEADOW C J，PORTER-LOVE L，KUPFER-SCHNEIDER A. Dispute Resolution：Beyond the Adversarial Model［M］. Aspen Publishers，2018：562.

功能是防止司法不公"。^❶ 这主要是就具有裁判性质的司法 ADR 程序来说，如司法仲裁制度、简易陪审团审判等，将重新进入民事裁判的权利看作是上诉权的一种。因为具有裁判性质的司法 ADR 程序，缺乏正当程序保障，因而必须为当事人提供上诉的机会，从而避免不正义的结果被强加在当事人之上。^❷

然而，出于对程序效率价值的追求，部分司法 ADR 项目中设计了一定的抑制重新进入审判程序的措施。以司法仲裁制度为例，伴随重新审判（trial de novo）技术而生的制裁措施，督促当事人接受仲裁裁决的结果，避免司法资源的浪费。常见的如，要求申请重新审判的一方当事人需要提前支付仲裁员的报酬，审判结果未能达到一定百分比的改善时，即无法索回预支的仲裁费用。这样的制裁方式被认为可以在阻止轻率的上诉的同时不会不适当地惩罚有真实诉讼理由的当事人，因为当事人在之前程序中所花费的时间和金钱已足够构成和解的压力。^❸ 但是，制裁措施的设定中也存在着对程序公正性的考量，成功的司法 ADR 项目被认为应当抑制错误的或不可能改变诉讼结果的上诉，同时允许当事人在有充分理由时提出

---

❶MARSHALL P. D. A Comparative Analysis of the Right to Appeal [J]. Duke Journal of Comparative & International Law, 2011（22）：1-39.

❷AMBERLEE B. Conley.You Can Have Your Day in Court-But Not before Your Day in Mandatory Nonbinding Arbitration：Balancing Practicalities of State Arbitration [J].Iowa Law Review, 2018（104）：325-352.

❸ JENNINGS S A. Court-Annexed Arbitration and Settlement Pressure：A Push Towards Efficient Dispute Resolution or Second Class Justice [J]. Ohio St. Journal on Dispute Resolution, 1990（6）：313-349.

上诉，即满足其效率要求的同时确保当事人的审判权利得以保障。❶
至于如何对效率和公正进行兼顾，Smith v. Wissler 案提供了一个衡
量标准，"向陪审团提出问题的权利不得因施加烦琐的条件、限制
或规定而受到影响，使得该权利实际上不可用"。❷

五、法院的二元角色承担：新的路径探讨

加快推进社会治理现代化是推进我国国家治理体系和治理能力
现代化的重要内容 ❸，人民法院作为社会治理责任的承担主体，作出
了"深化多元化纠纷解决机制改革，推动把非诉讼纠纷解决机制挺
在前面"的改革规划，有意兼顾司法裁判者与多元化纠纷解决服务
提供者的双重角色。然而，目前的立法、司法实践以及相关的理论
研究并未很好地解决二者的冲突。一方面，我国多元化纠纷解决机
制建设仍主要局限在调解领域；另一方面，所有的调解计划均采取
兼顾自愿调解和自愿达成协议的路径，并不对两者做出区分。这无
论从满足我国社会纠纷解决需求的角度，还是从法院承担社会治理
职责出发，均呈现了一定的局限性。

前述分析证明，在现代民事司法制度中，司法强制和当事人自
治可以在纠纷解决中互相制衡，统合纠纷解决的公正和效率价值，
从而使得法院能够兼顾司法裁判者与多元化纠纷解决服务提供者的

---

❶AMBERLEE B. Conley.You Can Have Your Day in Court—But Not before Your Day
in Mandatory Nonbinding Arbitration：Balancing Practicalities of State Arbitration［J］.Iowa
Law Review，2018（104）：325–352.

❷SMITH CASE. 381 Pa.223，1955.

❸ 陈一新 . 加快推进社会治理现代化［N］. 人民日报，2019–05–21.

角色。司法 ADR 制度为司法强制和当事人自治实现价值统合提供了一个运行良好的实现路径，通过对司法 ADR 程序的启动、运行、终结中各种影响因素进行考量，对二者进行平衡提供了丰富实践参考。首先，在该制度中，对进入法院案件系统的民事诉讼案件，法院并不排斥当事人自愿选择适用司法 ADR 程序，同时从对效率和公正考量角度，将符合一定争议金额、案件类型的案件直接转入司法 ADR 程序中，并设计了相应的退出机制，使得强制分流具备了灵活性，保证简单案件中司法 ADR 的广泛使用，复杂案件的当事人仍然保有进入正式审判程序的权利和机会。其次，在强制适用的前提下，司法仲裁制度通过赋予当事人其他程序环节的自主选择权，来保障当事人对程序的控制感、满意度和程序本身的公正性，如参与中立第三方的选定的权利，以及申请重新审判的权利。这两项权利的赋予也并非毫无限制的，同样有法院出于效率与公正的平衡对其进行限定，如第三方名单的提供、当事人参与选定的方式，以及抑制申请重新审判的各种制裁措施等。最后，司法 ADR 制度的回应性和灵活性特征，使得其面对实践中产生的新问题时可以及时作出调整。面对实践中的程序浪费、架空的风险，针对性地设计出善意参与标准及相应的惩戒措施，依据公正和效率对司法强制和当事人自治作出平衡，将司法强制范围限制在实质的纠纷解决过程之前，保障了当事人对程序的确定性和控制感。

由此可见，在现代民事司法制度的构建中，法院面对二元角色在价值取向上的冲突，"并不意味着一味限制法官的职权，而是在于合理配置法官职权与当事人的权利，调动当事人的参与及自主性，使程序中的特定价值得以体现"。[●]就纠纷解决的公正和效率价值而言，司法强制和当事人自治可以实现价值上的统合，司法 ADR 制度针对二者的平衡技术实践，为我国法院兼顾二元角色提供了新的路径参考，使其更好地承担起我国社会治理过程中的司法责任。

此外，调解虽然是司法 ADR 制度最常见的类型，但是对于法院和 ADR 制度的互动和整合，目光不应仅仅局限在司法调解之上，司法仲裁、早期中立评估等为法院利用法庭外的纠纷解决方式同样提供了新的参考。当然，司法 ADR 制度的回应性和实践性特征必然会在我国社会环境和司法制度互动的过程中，产生出新的问题和新的经验，甚至新的平衡技术。

第二节　多元解纷机制在现代型争议中的应用研究：以工商业人权问题为例 *

关于多元化纠纷解决机制的研究，以往多是基于作为应对现代社会"诉讼爆炸"产生的诉讼分流需求，而将研究视点聚焦于对各种民间调解和社会组织在纠纷解决中所发挥的作用上，借此来评判其制度优劣并提出相应的机制构建设想。但实际上，多元解纷机制的建构，固然是来自诉讼"案多人少"的压力和诉讼本身的弊端，然而从事实和实践层面看，由于多元解纷机制所具有的开放性和包容性等特征，在当代已逐渐形成通过多元化方式获得正义、实现利

---

❶ 范愉.调解的重构（下）——以法院调解的改革为重点［J］.法制与社会发展，2004（3）.

＊ 本节撰稿人：秦一坚，中国社会科学院大学法学院 2019 级硕士研究生。

益平衡并形成有效对话的机制建构，特别是在以工商业人权问题为代表的现代性争议领域中。

一、工商业人权问题概述：意涵及发展

工商业与人权（business and human rights）问题，从"business"一词字面理解出发，可以理解为生产、销售、购买、供应等所有工商业环节中与人权相关的问题。❶ 具体而言，工商业人权的内涵一直处于变化发展过程中。资本主义初期，工人阶级的生产生活条件十分恶劣，为了维护和稳定资本主义社会秩序，各资本主义国家达成一致——于第一次世界大战后根据《凡尔赛和约》成立国际联盟的附属机构国际劳工组织。尽管国际联盟于 1946 年解散，国际劳工组织却得以保留并在调和劳资关系的道路上发挥着重要作用，通过了关于改善劳动条件、禁止童工等多达 67 个公约。随着第二次世界大战结束，反殖民主义斗争和经济全球化成为主流趋势，发展中国家开始积极主张发展权、环境权等集体权利，并密切关注发达国家工商业企业在发展中国家的人权影响。20 世纪 70 年代，联合国跨国公司委员会开始探索起草《跨国公司行为守则》。因此，虽然工商业与人权问题受到联合国重点关注是 20 世纪 70 年代之后的事情，但该问题是早已存在的了。

时至今日，对于工商业与人权问题，全球范围内基本达成了两项共识。

---

❶ 牛津高阶英汉双解词典［M］. 北京：商务印书馆，2014：263.

1999 年，时任联合国秘书长科菲·安南（Kofi Atta Annan）在达沃斯世界经济论坛上提出了"全球契约"（Global Compact）的倡议。在承认工商业企业在人权领域的积极影响的基础上，这份倡议呼吁业界领袖接受和执行针对人权、劳工标准、环境、反腐败的十项基本原则，合称为"全球契约"❶。作为一份可供工商业实体自愿加入的倡议，"全球契约"承认了工商业企业在促进人权领域的积极作用，更为企业在尊重、保护和支持人权方面提供了参照和动力。截至 2020 年 3 月，"全球契约"参与者已经达到了 14 051 个，来自中国的工商业实体达到了 287 个。❷

2008 年被任命为特别代表的哈佛大学肯尼迪政府学院及哈佛法学院教授约翰·鲁吉（John Ruggie）向人权理事会提交了《保护、尊重和救济：工商业与人权框架》（以下简称《框架》），《框架》于 2011 年被正式确立在了人权理事会通过的《工商企业与人权：实施联合国"保护、尊重和补救"框架指导原则》（以下简称《指导原则》）中。《框架》和《指导原则》确立了"三位一体"的三项基本原则。第一，国家为防止第三方包括工商业企业侵犯人权具有提供保护的义务。第二，企业尊重人权的责任。此处的企业，包括了所有工商企业，无论其规模、行业、运营环境、所有制和结构；此处的人权，为国际公认的人权——在最低限度上，应理解为《国际人权宪章》中载明的人权以及国际劳工组织《工作中基本原则和权利宣言》中所阐明的有关各项基本权利的原则。第三，必须提供更

---

❶ 联合国，Secretary-General Address to the World Economic Forum in Davos，SG/SM/6881，Press Release，1999 年 2 月 1 日。

❷ 详见 https://www.unglobalcompact.org/what-is-gc/participants.

加有效的救济机制。《框架》和《指导原则》既承认了工商业对人权的积极影响，也指出了源于全球化带来的治理差距，需要通过规则、习惯和机构来进行规范才可充分发挥市场作用并促进人权的落实，成为目前唯一具有普遍性的用以指导解决工商业与人权问题的国际文件。

以上是国际关于工商业企业在尊重人权方面达成的共识，这里必须要指出的是，国际人权保护机制与国家人权保护机制有重大区别，《指导原则》所明确的工商业企业尊重人权的责任与工商业企业违反人权的法律责任也并不相同——前者指代国际公认的人权，具有最低限度标准，后者则需要通过各个法域的国内法或域内法来进行规范。国内立法层面，我国对国际公约采取转化和纳入并存的模式。所谓转化，是指国际公约即使受到批准，仍需要立法机关通过制定法律的方式将其转变为国内法后才可适用。而所谓纳入，即国家只要批准某国际公约，该公约便会自动被纳入国内法成为其中一部分，我国 2017 年《民事诉讼法》第 267 条即规定，我国缔结或参加的国际条约具有优先适用的效力。不过，我国目前采取纳入模式而可以直接适用国际条约的规定大多都是有关涉外关系的专门条款，《民事诉讼法》上述规定便是从属于"涉外民事诉讼程序的特别规定"，而转化模式才是人权保护方面的立法的适用方式。同时，国内人权保护相关的法律，如劳动法、工会法、未成年人保护法、消费者权益保护法等在法条中其实并未提及对国际条约的适用问题。因此，要将国际人权公约在我国诉讼与司法审判过程中进行直接适用，目前来看仍缺乏根据。

总结来看，确立企业的人权责任和义务，我们首先应当以国内实体法为纠纷解决依据，因为这些法律对企业违反人权保护的法律责任进行了明确规制。同时，我国政府已经两次在联合国人权理事会上支持了《框架》和《指导原则》的通过 ❶，意味着我国政府和企业都有意愿遵循和加入《指导原则》所构建的工商业领域人权保护体系，在纠纷解决过程中我们也不应忽视那些基于我国签署和批准的包含国际公认的人权在内的国际人权公约对企业提出的人权保护的义务，它们是《指导原则》所倡导的最低标准，同样是企业应当坚守的底线。另外，站在企业的角度，正如联合利华在 2015 年发布的世界第一份企业人权报告所带来的积极社会意义一样，当代企业还应该对自己保持更高标准，促进工商业企业人权保护的进一步发展。

二、纠纷解决机制的架构

从国际工商业人权实践经验来看，工商业领域人权纠纷主要表现形式包括劳工纠纷、工商业企业造成的环境侵权纠纷及消费者权益纠纷。每一类纠纷的发生，都有着各自的特性，并对应着各自所适应的纠纷解决方式，因此，对纠纷解决机制的了解是分析实际工商业人权纠纷的前提。

民事纠纷的解决机制，是指缓解和消除民事纠纷的方法制度。❷从过程分析的视角出发，纠纷解决机制的分类可采用强动态性的思路：定纵轴"合意性——决定性"用以区分某纠纷解决是通过当

---

❶ 白桂梅. 人权法学［M］. 北京：北京大学出版社，2015：325.
❷ 江伟. 民事诉讼法学原理［M］. 北京：中国人民大学出版社，1999：3.

事人间的"合意"或者是由第三方具有拘束力的"决定"而达成，前者以和解、调解为代表，而后者以审判为典型；定横轴"状况性——规范性"用于区别是否事先存在已有的规范来制约具体的纠纷解决内容，前者以受当事人力量对比影响巨大的国家间纠纷解决为代表，后者依然以审判为典型。[1] 该种划分方式重要意义之一在于，现实中无论哪种纠纷解决方式都并非固定在两条轴上的四极，而由于纠纷中当事人的地位、司法制度、法官的判断、社会环境等因素的变动，它们都将在这个坐标系内进行流动。因此，即使对于都是通过调解方式解决的两个纠纷，也可能由于调解过程中第三方给到当事人的压力不同，或是调解过程中当事人合意的程度不同，而分别在这一坐标系中找到自己的位置。

替代性纠纷解决机制（ADR），是指不包括民事诉讼制度的非诉讼纠纷解决机制，其内涵和外延在世界范围内尚不明确和统一，且在不断发展变化之中。基于 ADR 应当具有的对法院判决的替代性、当事人意愿上对纠纷解决方式的可选择性以及解决纠纷的功能性，当今社会常见的替代性纠纷解决方式有以下几种主要形式：谈判、调解、仲裁、其他。其中，有两种途径虽颇具争议，但本文仍然将其纳入工商业人权纠纷的 ADR 范围之中。第一，谈判（交涉）。谈判是仅发生在当事人双方之间的对话与协商过程。从狭义角度来看，ADR 一般以当事人之外的第三者的介入为条件，而谈判过程虽常伴随代理人即律师的介入，但由于无第三者的存在而不属于 ADR 的范围。不过，一方面，谈判本身满足替代性、选择性以

---

[1] 棚濑孝雄.纠纷的解决与审判制度 [M].王亚新，译.北京：中国政法大学出版社，1994：8-14.

及解决纠纷的功能性；另一方面，在工商业人权纠纷中，应聘者与招聘单位、劳工与工作单位、被侵权者与工商业企业之间，谈判往往是现实纠纷解决的最常见的手段，故将其作为替代性纠纷解决的形式之一是合理的。第二，"其他"类别中的信访。所谓"其他"，指世界范围内诞生的各种综合性或混合性的替代性纠纷解决方式。在我国，信访作为一种特殊的机制，由于其性质上为单方面的问题解决方式而往往不被作为纠纷解决机制来对待。依据2005年《中华人民共和国信访条例》，信访是公民、法人或其他组织采用各种形式向政府工作部门反映情况、提出建议意见或投诉，再由有关行政机关进行处理的过程。从概念上来看，信访制度的对象确实并非指向纠纷解决，但由于信访给了当事人处理利益冲突的新渠道使得信访制度具有了实质上的纠纷解决功能。2002年杭州市余杭区一农民陈某某因无法忍受住宅附近的粉尘及噪声污染一纸诉状将环保局告上法庭，最终杭州市中级人民法院以"环境污染跟原告无直接的利害关系"为由，裁定不予受理。❶ 环境公益诉讼制度建立健全之前，类似的案例还有很多。在当事人求诉无门时，申诉和信访成为他们仅有的依靠。所以对于本文中聚焦的工商业与人权相关的新型纠纷，我们不能忽视信访和申诉的重要作用。

多元化纠纷解决机制，是指一个社会中多种多样的纠纷解决方式以其特定的功能和运作方式相互协调地共同存在所结成的一种互

---

❶ 徐祥民，等.环境公益诉讼研究——以制度建设为中心［M］.北京：中国法制出版社，2009：125-126.

补的、满足社会主体的多样化需求的程序体系和动态的调整系统。❶
多元化纠纷解决机制并非将和解、调解、仲裁、诉讼等制度进行简
单个体累加，它们是一个融合的系统。我国多元化纠纷解决的立法
及实践的趋势十分明显，后文多个案例不但适用了 1982 年《民事
诉讼法（试行）》规定的法院审理过程中的调解制度，也有对 2012
年《民事诉讼法》新增先行调解制度的适用。

三、运用多元化纠纷解决机制应对工商业人权问题的实证分析

（一）中国工商业领域人权纠纷案件

结合中国工商业发展进程、社会热点和立法进程，笔者将就业
歧视纠纷单独列出，对就业歧视纠纷、劳工权益纠纷、环境侵权纠
纷、消费者权益纠纷四类案例依次进行分析。

1. 就业歧视纠纷

2007 年 1 月，黎某顺利通过了东莞诺基亚移动电话有限公司测
试技术员岗位的笔试和面试，随即到指定医院参加入职体检。体检
结果显示黎某为乙肝阳性，诺基亚随即拒绝了对黎某的录用。黎某
向法院提起诉讼，请求确认诺基亚不录用的行为违法，并赔偿精神
损害抚慰金 50 万元，并举证诺基亚拒绝其入职的原因之一是"职
员在大食堂聚餐，为黎某单独开餐不方便"。而诺基亚发表声明称，
其拒绝黎某的原因实际是该岗位需要特殊技能且存在评估结果更优
的其他申请者。由于案件发生较早判决书通过网络已不可考，但结

---

❶ 范愉 . 以多元化纠纷解决机制保证社会的可持续发展［J］. 法律适用，2005（2）.

合新闻媒体的报道，诺基亚方表示黎某提供录音中的谈话对象并非诺基亚工作人员，最终一、二审法院均判决黎某败诉。❶同年 1 月，东莞发生"广东乙肝歧视第一案"，原告李某因为为乙肝携带者，被伟易达集团拒录。❷时间更早的 2005 年 2 月，"上海乙肝歧视第一案"中，被告昌硕公司向原告陈某寄发了录取通知，录取通知中表明体检合格为录用的前提条件，而乙肝表面抗原状况亦为正式合同的生效条件。由于陈某体检结果显示其为乙肝病毒携带者，昌硕公司拒绝了最终录用，陈某因此将昌硕公司起诉到法院，要求法院判决被告赔偿误工损失并公开道歉，一审判决原告陈某败诉，二审原被告同意调解。❸

就业歧视案件有一个重要特点，即相关实体法规定经常混乱或缺失。具体到上述案例相关的乙肝，彼时国家法律法规及其他规范性文件对于其传染性认识并不统一。2006 年卫生部《预防控制乙肝宣传教育知识要点》中已经说明，乙肝虽然危害性大，但其传染途径局限于血液、母婴及性传播，日常生活和工作接触并不会传播乙肝病毒。但上述案例发生的 2007 年，1995 年《中华人民共和国食品卫生法》（以下简称《食品安全法》）就禁止病毒性肝炎患者参与涉及入口食品的工作。事实上，即使 2009 年制定的《食品安全法》也仍然保留了上述规定（相关规定在 2015 年《食品安全法》修订时才得以调整）。上述案例发生时，禁止用人单位以传染病病原携

❶ 林洁．乙肝病毒携带者起诉诺基亚就业歧视索赔 50 万［N］．中国青年报，2007-05-15.

❷ 邓新建．广东首起"乙肝歧视"案立案［N］．法制日报，2007-01-29.

❸ 辛华．"上海乙肝歧视第一案"落槌［N］．齐鲁晚报，2007-10-26.

带者为由拒绝录用员工的《就业促进法》尚未颁布，使得上述诉讼案件中招聘单位的拒绝录用行为并不违反既存的法律法规，故未达成调解而最终进入审判阶段的黎某诉诺基亚案以及陈某诉昌硕公司一审判决均以求职当事人败诉而告终。不过，进入调解程序的"广东乙肝歧视第一案"，在东莞法院的调解下最终伟易达公司向原告支付补偿金2.4万元，并承诺将贯彻公平公正的就业政策，禁止任何形式的歧视。

从纠纷解决机制的功能分析来看，就业健康歧视案件中，当事人往往面临高代价——由于体检结果和诉讼的公开，他们的求职之路都变得更加艰难。以黎某为例，起诉诺基亚期间，他还尝试找了四份工作，无一例外地均被以"身体原因"而拒绝。从纠纷终结及当事人满意度来看，二审败诉的黎某不甘心案件就此终结，于是开始积极申请再审，而选择调解的李某、陈某接受了公司的补偿金。但终究当事人的纠纷解决满意度都是不高的，比起些许的赔偿或补偿，对于他们而言，国家通过立法保护乙肝病人平等就业权，企业通过承诺让乙肝病人不再真正受到就业歧视才是最大的心愿。从社会效果层面出发，虽然我们称陈某的案例为"上海乙肝歧视第一案"，但显然，陈某并非因乙肝遭受就业歧视的第一人。全国多个乙肝公益网站的设立显示出因乙肝遭到就业歧视的人们一直将自己隐藏于社会的各个角落，他们可能由于保护自己的隐私或其他种种原因选择与企业进行私下的谈判而非对簿公堂，但谈判结果往往并不理想。好在诉讼的提起引发了社会的广泛关注，也引起了公权力部门的高度重视，劳动和社会保障部在诉讼案件频发的2006—2007年对此作出了积极响应并紧急出台了《劳动和社会保障部关于维护乙肝表面抗原携带者就业权利的意见》等相关文件。

得益于立法和政策发展，对乙肝患者的保护有了实体法依据，促使信访在乙肝歧视案件中展露出意外的效果。2018 年 6 月，黄某原本打算利用空余时间兼职送外卖，便下载了某外卖平台客户端尝试注册，当他发现"病毒性肝炎"患者不具有注册资格时，黄某认为其作为乙肝患者也就失去了获得骑手的资格。某公益组织得知此情况后分别向三家外卖平台负责人寄送了建议信，在未得到回复的情况下，该组织向北京市人社部门进行了申诉举报。同年 9 月，北京市海淀区人力资源和社会保障局回复该公益组织称，其中某平台已经在配送服务协议中进行了修改。❶ 申诉（信访）这一纠纷解决方式，在该案中不但减少了纠纷解决的时间成本和经济成本，更重要的是从纠纷处理结果来看，相较于诉讼中难以出现强制招聘单位录用的判决，申诉后外卖平台及时修改服务协议使得黄某可以立即继续选择从事这份工作，这对于当事人满意度层面的提升是巨大的。且这样针对广大应聘者的服务协议的修改，使得那些未参与甚至未知晓本次纠纷但被原服务协议拦在门槛之外的应聘者都可以获得就业的权利，其社会效果更加值得肯定。

我国由于缺乏反歧视的一系列配套具体立法，包括诉讼法领域的立法，导致目前对于艾滋病等传染病，对于哮喘、糖尿病等慢性病，甚至对身高、相貌等基本身体状况，以及户籍等个人基本状况的就业歧视仍然是纠纷频发且当事人难以获得满意解决的领域。2013 年诞生了"全国首例户籍就业歧视案"，应聘者江某在应聘时

---

❶ 赵思维，刘楚. 外卖平台被质疑招聘骑手时涉嫌乙肝歧视，滴滴配送已修改表述 [EB/OL].（2018-10-09）.https：//www.thepaper.cn/newsDetail_forward_2511397.

由于缺乏南京户籍而被拒绝录用，江某将该单位诉至南京市玄武区人民法院，却被告知劳动争议需要先进行劳动仲裁，当江某向南京仲裁委员会申请劳动仲裁时，又被告知由于双方不存在劳动关系，因此不予受理。最终，江某将南京市鼓楼人力资源服务中心再次起诉到南京市鼓楼区人民法院后，方才正式获得立案。历经 15 个月的维权，最终江某与南京市鼓楼人力资源服务中心经法院调解达成调解协议，由人力资源服务中心一次性支付江某 1.1 万元。❶2014年，李某诉黎平县教育和科技局案 ❷ 虽被认为是国内首例获得胜诉判决的艾滋病就业歧视案，但从判决结果来看，该案仍只作为劳动合同纠纷而非侵权案件进行了判决，法院并未对相关单位行为是否构成就业歧视进行确认。2016 年，"全国首例跨性别歧视案"获得宣判，同样，尽管最终判决原告胜诉，但对于跨性别身份的就业歧视，法院不予认定，使得这依旧被当作一起劳动争议纠纷。可见，无论是户籍歧视、艾滋病歧视或是跨性别歧视，都显示着《就业促进法》公平就业专章规定中涉及性别平等、民族平等、残疾人平等、传染病病原携带者平等、农村劳动者平等的规定已经难以应对层出不穷的新领域的就业歧视问题，在系统性反就业歧视立法出台之前，无论选择哪种纠纷解决方式，对于资源相对欠缺、地位相对不平等的被歧视者而言，都难以达到满意的纠纷解决效果。好在我国的配套程序制度建设正在完善过程中，正如 2018 年《最高人民

---

❶ 张秋实，蔡薇．全国首例户籍就业歧视案尘埃落定 安徽女孩获补万元［EB/OL］．（2014−08−08）．http：//china.cnr.cn/yaowen/201408/t20140808_516167227.shtml.
❷ 李曜．专访国内艾滋病就业歧视案首次胜诉代理律师［N］．潇湘晨报，2020−12−01.

法院关于增加民事案件案由的通知》，将"平等就业权"增加到第
四级案由，就为前面三起案例所引发的"劳动争议还是民事侵权"
的困惑画下了句点。

2. 劳工权益纠纷

2014 年 1 月，科维彤创（厦门）电子工业有限公司（以下称
"科维彤创"）计划搬迁工厂，公司向员工表示其无法律义务买断工
龄，但为减少工厂搬迁给员工带来的不便，愿意对员工提供包括
交通补贴、住房补贴在内的安置及福利。含陈某某在内的 44 名员
工对公司提出的方案不满，在无法与企业协商达成和解的情况下
于 2 月 13 日至 2 月 28 日集体罢工。3 月 4 日，企业以上述员工罢
工行为严重违反公司制度为由，单方面解除了与罢工员工的劳动合
同。5 月 9 日，厦门市劳动争议仲裁委员会作出裁决，确认员工和
企业之间劳动关系解除，但科维彤创应支付违法解除劳动合同的赔
偿金。该案是国内仲裁委第一次作出企业应向罢工工人进行赔偿的
裁决 ❶，其标志性意义在于将《劳动合同法》）相关规定的问题及解
决思路呈现在人们面前：依据《劳动合同法》，用人单位可以以劳
动者"严重违反用人单位规章制度"为由单方解除劳动合同；而由
于我国法律法规对罢工行为并无明确指引和规范，加之难以具体确
定"严重违反用人单位规章制度"的适用范围，企业往往就将工人
罢工一律归为严重违反单位规章制度的范畴，劳动仲裁和判决大都
依据企业该内部制度对罢工工人作出不利裁决或判决。事实上，该

---

❶ 中国日报福建记者站.财新网"内地仲裁委首次裁决开除罢工工人违法［EB/
OL］.（2014-06-11）.http://cnews.chinadaily.com.cn/2014-06/11/content_17580250.
htm.

案经劳动仲裁后，不服裁决的科维彤创向厦门市湖里区人民法院提起诉讼，也正是因上述缘由一审判决获得胜诉。不过，该案在二审中再次迎来转机，厦门市中级人民法院肯定了劳动合同平等性的本质，结合社会生活经验认为厂区搬迁对已经工作多年的劳动者来说会极大改变其家庭原来的生活节奏和品质，其实质是劳动合同约定内容的重大变更。科维彤创由于各种原因选择迁厂，但其未向劳动者提供平等协商的机会便予以辞退的行为属于《劳动合同法》规定的劳动合同订立时所依据的客观情况发生重大变化且用人单位与劳动者未就劳动合同内容变更达成协议的情形，最终判决科维彤创支付经济补偿金。❶

　　该案显示出我国在劳工权利实体立法层面仍具有许多模糊地带，而诉讼除了解决纠纷外，其另一个作用就是在实践中探索这些法律条款的具体合理的适用方法。科维彤创案还暴露出劳工权益纠纷不仅是一个法律问题，更是一个社会问题。纠纷解决过程中我们不能仅关注实体法依据，更要结合案件实际看待劳工权益是否被侵犯——一审判决书中厦门市湖里区人民法院曾表示陈某某等劳动者与公司签订的劳动合同中约定工作地点为厦门，故公司从厦门市湖里区迁厂至厦门市同安区并未违反约定。❷这样的判断显然与实际社会生活经验是相违背的。由于我国具有特殊的社会体制和历史发展背景，伴随自 20 世纪 80 年代开始的国企改革，劳工权益纠纷的社会性体现得更加明显。1993 年兴安电业局与刘某某等 11 名职工签订了《离岗退养协议》，约定离岗后签订协议的劳动者虽仍保

----

❶（2014）厦民终字第 3109 号。
❷（2014）湖民初字第 2873 号。

留职工身份，但仅可享受普调性工资待遇。改制后兴安电业局减负成功，企业的发展也推动了在岗职工工资结构调整与数额提高。对此，刘某某等离岗职工主张兴安电业局应当遵照《离岗退养协议》，依据在岗职工工资结构调整的方案调整离岗职工的工资结构和数额并补发工资。这一案件经历了漫长的一、二审以及再审过程，内蒙古自治区高级人民法院曾表示本案并不属于劳动争议纠纷，而应当按照有关部门企业改制的政策处理。最高人民法院再审认为，执行国务院相关国企改革政策与是否判定为劳动争议之间并不冲突，本案双方签署《离岗退养协议》，对普调性工资等都进行了约定，体现的就是劳动者和用人单位在工资待遇方面达成了一致，《劳动法》第 47 条也认可了用人单位可以根据本单位生产经营特点和经济效益自主确定工资分配和工资水平，故本案应当属于劳动争议纠纷。同时，刘某某等职工在兴安电业局改革之际同意离岗退养的行为，事实上确实减轻了企业负担，是为企业作出牺牲的表现。当经营状况回暖时，离岗职工提出要求共同分享改革成果，是合理正当的。因此最终判决兴安电业局向劳动者补发工资。❶ 从案件处理的实质结果来看，该案的积极意义是重大的：一方面，国企改革中的员工权益纠纷是牵涉行政与民事、政策与司法的敏感与疑难问题，该案中最高人民法院作出了合理、平衡的解释；另一方面，综合评估了劳动者实际付出、企业发展变化，该案判决保障了劳动者的合法权益，也实现了动态中的社会正义和公平。

从以上纠纷的解决过程和结果来看，劳动者权益纠纷有以下主

❶ 参见《最高人民法院公报》2015 年第 3 期（总第 221 期）"刘某某等十一人与内蒙古东部电力有限公司兴安电业局劳动争议案"。

要特点：第一，所涉法律众多但仍有立法模糊不清或缺失的现象。中华全国总工会官方网站为劳动者权利保护提供了一份法律法规文件参考目录，其中囊括《劳动法》《社会保险法》《工会法》等 9 部法律，《劳动合同法实施条例》《残疾人就业条例》等 14 部行政法规以及《劳务派遣暂行规定》《工伤认定办法》等 39 部规章。劳动者权利纠纷所涉及的法律是极为繁杂的，但无论是上述案例中提到的国企改革过程中的劳动者权利保障、《劳动合同法》解除劳动合同的具体条款适用，还是时下社会热点问题如互联网企业"996 工作制"及"弹性工作制"对现有工时制度的冲击，都反映出劳动者权益保障的要求下对立法进一步完善的需求。第二，劳工权益纠纷的社会性明显，这也就要求纠纷解决要关注实际情况，切忌机械化适用法律条文。第三，随着社会经济发展，劳动关系形式和运行都呈现新变化，劳动争议纠纷焦点从传统的劳动关系确认、劳动报酬追索、工伤赔偿扩展到特殊工时工作制纠纷、竞业限制纠纷、股权激励纠纷等。第四，劳动者权益纠纷既包括了个体纠纷，也包括了群体性纠纷。当纠纷金额较小，纠纷双方法律关系相对简单，用人单位组织结构不复杂时，纠纷双方通过谈判达成和解以及通过调解、劳动争议仲裁解决纠纷的可能性都会增加。而情况相反时，即使是通过劳动争议仲裁的案件其纠纷终结的有效性也会大大降低。同时，当群体性纠纷发生时，用人单位一旦对个别劳动者的诉求作出让步，就将面临更多劳动者提出同样的需求，企业这一顾虑的产生往往使得纠纷解决难度进一步加大。当然，这也并不意味着群体性纠纷不适宜适用 ADR 制度。以广州市人力资源和社会保障局发布的"广州市 2017 年度劳动人事争议调解十大案例"为例 ❶，10 例调解案中有 4 例都属于群体性纠纷。

不过值得注意的是，结合这 4 例群体性纠纷调解案件、科维彤创案和兴安电业局案，我们还可以发现实体法和程序法的完善程度对纠纷解决机制的选择起到的重要作用。4 例调解解决的纠纷其内容均主要指向工资支付即集体欠薪，相关实体法规范是比较完善的。而科维彤创案为我们呈现的是一个实体法存在一定模糊或缺失的情形，此时纠纷双方难以确定权利归属、取得利益平衡，无论是个体纠纷还是群体纠纷的当事人都希望通过完善的、正义的程序来实现纠纷的终结，在劳动争议仲裁制度并不具有终局性的基础上，诉讼成了最后解决纠纷的方式。兴安电业局案呈现的是另一种状态即程序法的不明或冲突，由于司法实践对于国企改革的行政性和民事性难以平衡，内蒙古自治区高级人民法院驳回了刘某某等人的起诉，直到最高人民法院再审时才最终明确了该纠纷可诉。可见，完善的程序法是纠纷解决的关键性保障。

3. 环境侵权纠纷

一直以来，由工商业企业引起的环境侵权纠纷是公众关注的焦点之一，2007 年"厦门 PX 事件"、2012 年"什邡钼铜项目事件"以及 2012 年"启东排海工程事件"所反映的人民群众呼声加速了我国对于环保立法的新发展，2017 年《民事诉讼法》及 2014 年《环境保护法》对环境公益诉讼的立法制度完善，使得环境侵权纠纷在我国有了新的纠纷解决路径。工商业企业环境侵权纠纷特点如下：第一，

---

❶ 广州市人力资源和社会保障局"广州市 2017 年度劳动人事争议调解十大案例"，http：//rsj.gz.gov.cn/zwdt/gzdt/content/post_2405319.html.

既可能是个体纠纷，也可能关系不特定多数人的利益，因此是民事公益诉讼重要类别之一。第二，普遍损害鉴定费用高、周期长，案件涉及赔偿金额大，达成和解或调解难度大。第三，当事人主张一般都包括了赔礼道歉、恢复原状、经济损害赔偿、精神损害赔偿等。

就损害鉴定成本高的问题，最高人民法院发布的环境侵权典型案例之十——李某某诉海南海石实业有限公司粉尘污染责任纠纷案为我们提供了一种解决思路。该案中，被告海石公司违法租赁土地建设砖厂，其排放的石灰粉尘等对隔壁李某某的山羊养殖和树木种植造成了损害，李某某遂请求法院判决被告赔偿其损失 5.3 万元。海口市琼山区人民法院依据该案件的特征即基本事实清楚、法律关系明晰，但若要进行完整的损害鉴定，费用偏高且周期过长，最终支持并引导原被告达成了调解协议，被告同意赔偿原告损失 5.3 万元并接受监督进行限期整改防止污染再次发生。在基本事实和法律关系都清晰时，通过调解方式解决环境侵权，纠纷解决代价将明显减小，双方对纠纷处理结果均比较满意，该案思路也被最高人民法院认可并进行了推广，产生了良好的社会影响。

而赔偿金额庞大的特点，典型案例如"泰州 1.6 亿天价环境公益诉讼案"❶。该案中，法院经审理查明，常隆公司等 6 家公司违反法律规定，将生产过程中产生的约 2.5 万吨危险废物排进泰兴市如泰运河、泰州市高港区古马干河，环境污染后果严重。泰州市环保联合会随即对上述公司提起民事公益诉讼，根据鉴定意见，本案虚拟治理成本约 3600 万元。依据环境保护部提供的《环境污染损害

---

❶ 案件字号：（2014）苏环公民钟字第 00001 号。

数额计算推荐方法》中实际污染修复费用为虚拟治理成本的 4.5 倍的计算方式，法院最终判决 6 家公司赔偿环境修复费用合计约 1.6 亿元。从纠纷处理结果来看，尽管本次诉讼耗费了较大代价，但二审维持了一审判决并最终交付执行，纠纷得到了完整解决，最大程度保护了沿河居民应有的权益，同时本次诉讼所倡导的由重经济赔偿轻生态恢复的传统环境保护思路向赔偿与恢复并重转变也意义深远。该案显示出诉讼在解决巨额环境侵权纠纷中的优势，但不得不指出，诉讼并非环境侵权纠纷的唯一解，除了前述李某某诉海南海石实业案提到法院调解在基本事实清楚的情况下由于代价更低可以代替诉讼外，诉讼还存在一定的实质缺陷，这主要在实体法或程序法存在冲突或缺失时尤其明显。

实体法方面的缺失，在某些环境污染缺乏立法保护或检测标准的问题上表现明显。例如，在"广东法院环境资源审判典型案例之六：莫某诉某地产开发商噪声污染责任纠纷案"中，莫某于 2007 年购置住房并入住后，发现楼下水泵房运转产生的低频噪声严重影响生活，遂将开发商诉至法院要求赔偿精神损失 5 万元。由于国家对社会生活低频噪声缺乏明确检测标准，法院通过引进环境审判咨询专家，积极为当事人解释噪声相关知识并促成双方和解，最终双方达成调解协议，开发商承诺进行噪声整改并进行昼夜检测。有学者经过调研发现，除了低频噪声外，受制于关键技术不足，类似新型环境损害未被纳入环境损害鉴定范围的还包括遗传学、辐射污染等。❶

---

❶ 王江.环境损害司法鉴定：制度框架、现实困境与破解思路［J］.中国司法鉴定，2018（2）.

而程序法方面的缺失，在环境侵权诉讼和环境公益诉讼的诉讼主体资格问题上值得重视。依据我国《民事诉讼法》，法律规定的机关和有关组织才可提起公益诉讼，而《环境保护法》将具有提起环境公益诉讼资格的社会组织进一步限缩。就以"泰州天价环境公益诉讼案"为例，原告泰州市环保联合会不符合专门从事环境保护公益活动连续 5 年以上且无违法记录的条件，因而便缺乏《环境保护法》所要求的环境公益诉讼提起资格，判决书中也显示被告曾以上述理由请求确认泰州市环保联合会无环境公益诉讼主体资格。当然，法院最终以提起诉讼时《环境保护法》尚未出台而泰州市环保联合会的起诉资格符合已生效的《民事诉讼法》为由对该主张不予采纳。值得深思的是，这样一起获得了较好纠纷解决效果，被最高人民法院列为"21 个庆祝改革开放 40 周年典型案例之一"的案件，倘若在《环境保护法》出台后提起诉讼，可能面临原告起诉资格的问题。笔者认为，《环境保护法》将诉讼主体资格进行限缩，与彼时环境侵权纠纷举证责任等规定的不完善相关，是出于对诉讼权利滥用等问题的担忧，然而随着立法的发展，2009 年颁布的《侵权责任法》关于环境污染责任举证倒置的规定已经在《最高人民法院关于审理环境侵权责任纠纷案件适用法律若干问题的解释》中被正式解释为被侵权人应当提供污染者排放行为、被侵权人损害以及排放与损害之间的关联性的证据，那么上述担忧是否需要被重新审视值得思考。事实上，在相关司法解释出台前，司法实践已经在推动法律规则和法律价值形成，曲某某诉山东富海一案❶中，曲某某按

---

❶ 案件字号：（2013）鲁民一终字第 303 号。

法院要求提交了检测报告，报告显示距离山东富海厂区越近，其樱桃叶片氟化物含量越高，这便是完成了损害行为和结果的关联性证明，最终法院判决曲某某胜诉。

4. 消费者权益纠纷

2012 年《民事诉讼法》设立了民事诉讼公益制度，2013 年《消费者权益保护法》细化了消费者公益诉讼制度，通过比较和分析上述立法前后的两起在当地甚至全国都很有影响的案例，一方面我们可以深刻感受到程序的保障对纠纷解决带来的根本性影响，另一方面也引发我们更加关注在实体法存在争议时应如何有效解决纠纷的问题。

特别是在涉及消费者权益纠纷领域，这方面三鹿奶粉案颇为典型。2008 年，以三鹿奶粉为代表的三聚氰胺婴幼儿奶粉一案引发全国关注。2009 年 3 月 15 日，河北省高级人民法院判决被告石家庄三鹿集团股份有限公司犯生产、销售伪劣产品罪，判处罚金约 4900 万元，被告人三鹿集团董事长田某某犯生产、销售伪劣产品罪，判处无期徒刑，剥夺政治权利终身。❶ 案件发生后，中国乳制品工业协会紧急协调有关责任企业（包括三鹿集团及其他 21 家责任公司）对近 30 万名确诊急性肾功能衰竭的患儿给予合计约 9 亿元人民币的一次性现金赔偿。同时，为了妥善解决后续纠纷，避免大量个案诉讼，中国乳制品工业协会牵头这 22 家公司成立了 2 亿元医疗赔偿基金。根据代管 2 亿元医疗赔偿基金的中国人寿发布的基金管理及运行情况报告，截至 2011 年 12 月 31 日，共累计办理支付 2000 余人，支付金额 1000 余万元。❷ 尽管该案开创了通过赔偿基金来应

---

❶ 参见《最高人民检察院公报》2009 年第 4 号（总第 111 号）。

❷ http://www.e-chinalife.com/news/gongsixinwen/detail3410495.html.

对大规模侵权的先河，但实际纠纷解决结果仍不尽如人意。《人民日报》也曾发文揭露中国乳制品工业协会始终无法公布具体账目，巨额基金利息归属不得而知的情况。❶ 因此，2008 年案发后个体维权的脚步始终没有停下，但纠纷解决的路途并不顺利——多名受害婴儿家长多次试图起诉三鹿集团索赔，均未获得立案。在刑事诉讼终了后的 2009 年 3 月 25 日，石家庄市新华区人民法院终于签发一起关于三鹿奶粉民事赔偿案件的受理案件通知书，三鹿奶粉事件民事赔偿首次进入诉讼程序。❷ 然而，事实上，2009 年 2 月 12 日，石家庄市中级人民法院已经发出民事裁定书，正式宣布三鹿集团股份有限公司破产 ❸，这也意味着即使通过诉讼程序，彼时受侵害的大量消费者也已难以得到优先受偿。2010 年 4 月 8 日，多名受三聚氰胺毒奶粉伤害的儿童的父母向香港小额钱债审裁处申请对三鹿集团股东新西兰恒天然合作集团索赔。2010 年 5 月 25 日，香港小额钱债审裁处以恒天然集团是少数股东、未控制生产过程且香港非正确索赔地为由驳回索赔，同年 8 月 6 日，法庭复核聆讯后以同样理由再次驳回诉讼。❹ 通过梳理可以发现，由于缺乏重要的程序保障，三聚氰胺奶粉事件一系列受侵害消费者难以及时诉诸司法程序，紧急出炉的首次尝试赔偿基金的方案又由于基金管理的重大问题使得

---

❶ 刘武 . "三聚氰胺医疗赔偿基金" 去向成谜 ［N］. 瞭望东方周刊，2011-05-16.

❷ 三鹿奶粉事件首起民事赔偿案件已正式立案 ［EB/OL］. 新华网 http: //news. sohu.com/20090326/n263016143.shtml.

❸ 石家庄市中级人民法院依法宣布三鹿集团正式破产 ［EB/OL］. 中国政府网 http: //www.gov.cn/jrzg/2009-02/12/content_1229150.htm.

❹ Zhou et al. v. Fonterra Brands（China）Ltd., Small Claims Tribunal, Hong Kong Special Administrative Region, Claim Numbers 15980 – 15983 of 2010.

纠纷解决效果难以令人满意，消费者权益无法获得实质性保护。

2018 年 9 月 26 日，广东"假盐公益诉讼案"宣判❶，广东省消费者委员会诉请法院判决七被告依照《食品安全法》处价款 10 倍的惩罚性损害赔偿的主张获得法院判决肯定。该案关键在于公益诉讼中原告是否有权要求损害赔偿，这无论在立法和司法实践还是学术研究中，都是一个争议和冲突明显的问题。立法层面，依据 2016 年《最高人民法院关于审理消费民事公益诉讼案件适用法律若干问题的解释》，原告在消费民事公益诉讼案件中明确列出的请求权仅限于请求被告停止侵害、排除妨碍、消除危险及赔礼道歉。而依据《人民法院审理人民检察院提起公益诉讼案件试点工作实施办法》，人民检察院提起民事公益诉讼的诉讼请求就在前述内容中明确增加了恢复原状以及赔偿损失。学术领域，赞成公益诉讼原告可以请求损害赔偿的学者认为，民事公益诉讼作为民事诉讼中的子类型，应当维持民事诉讼的一般性特征；❷ 而持反对意见的学者则解释公益诉讼的诉讼请求与传统私益诉讼并不相同，返还财产和赔偿损失都必须对应特定的财产返还对象及受偿主体，这与公益诉讼针对不特定主体利益相违背。❸ "假盐案"中，广州市中级人民法院认为，即使没有消费者起诉 7 个被告，依法也不可免除其制假售假犯罪行为所应承担的民事侵权责任。消费民事公益诉讼具有替代性和补充性，是为了保护不特定消费者的合法权益的同时避免消费侵权者的民事侵权责任落空，因此应当由被告承担民事侵

❶（2017）粤 01 民初 384 号。

❷ 刘俊海 . 完善司法解释制度激活消费民事公益研究［J］. 中国工商管理研究，2015（8）.

❸ 张卫平 . 民事公益诉讼原则的制度化及实施研究［J］. 清华法学，2013（4）.

权的损害赔偿责任，包括惩罚性赔偿。

从纠纷解决的视角来看，对于消费公益纠纷而言，在程序法有保障的情况下，诉讼将更有利于推进纠纷解决，这主要是源于单个消费者在证据收集和保存方面的劣势。采用诉讼方式较为担心的是实体法有所冲突或缺失的情形，但如同环境公益诉讼一样，通过诉讼引导新的法律规则和秩序的形成来保护消费者权益的现象并不罕见。

（二）域外工商业领域人权纠纷案件

制度建设要立足基本国情、社会发展状况、社会价值观等多重因素，与人权纠纷相关的制度更是如此。但基于以下两个原因，域外工商业人权纠纷案件的解决经验对我国仍然具有较强的借鉴意义。第一，世界各国各地区工商业发展虽呈现阶段上和路径上的不同，但具有普遍意义的《指导原则》等文件的发布，表现出世界工商业发展希望保证人权平等的基本价值观，意味着工商业领域的人权纠纷从内容上将呈现一定的相似性。除了域内工商业企业对利益相关者造成的权利影响外，外派劳工、外籍劳工、外企的进入、本国企业的跨国发展等现象都已不再是个别国家的个别现象。只有综合学习全球经验，才能有备无患。第二，从纠纷解决的思路出发，传统法系的划分已经不再那么明显，各法系所蕴含的一些原则也已经在现代纠纷的发展下出现了融合，即使是传统成文法的国家，过于机械化的实体法适用也不再能适应社会的需求。通过观察其他法域国家对相似的纠纷甚至在我国尚未出现的新型纠纷的应对方式，可以为我们的制度设计以及未来纠纷发生的解决提供思路。

1. 新型劳工权益纠纷

1996 年，美国平等就业机会委员会（the US Equal Employment Opportunities Commission，EEOC）提起了一宗针对三菱汽车制造公司（Mitsubishi Motor Manufacturing of America，MMMA）的集团诉讼（a class action lawsuit）。EEOC 指出，自 1988 年起，超过 300 名在三菱公司伊利诺伊州车间工作的女工受到了不同程度的性骚扰，具体包括管理层将参与性俱乐部作为日本出差行程的一部分、淫秽涂鸦、男性职工的性暴露行为及相互传递色情照片的行为、对女性职工的言语或行为上的攻击等，而 MMMA 管理部门对上述情况反应不力。因此，EEOC 诉求 MMMA 内部停止对女性的性骚扰，并对女性职工进行赔偿。MMMA 随即提出即决判决的动议（a motion for summary judgment），认为对于性骚扰的主张并不能在集团诉讼中提出，同时很多控诉已经超过了诉讼时效。1998 年 1 月，法院拒绝了 MMMA 的动议，认为并没有立法对性骚扰指控不能成为集团诉讼作出约束，且 EEOC 的主张并没有不可原谅的迟延（no inexcusable delay）。❶1998 年 6 月 10 日，MMMA 与 EEOC 达成协议，同意赔偿 3400 万美元，同时对公司内的性骚扰事件"零容忍"。该案是一起美国集团诉讼制度下的重要案例，虽距今已有时日，但是其反映出的纠纷内容及主张值得我们重视，即对于工商业领域中存在的职场性骚扰的民事索赔。

公法本位是我国对于性骚扰的法律规制的主要思路，在曾经的民事法律体系中，尽管有如《民法通则》关于禁止侮辱、诽谤等方

---

❶ 参见 E.E.O.C. v. Mitsubishi Motor Mfg. of America，Inc.，990 F.Supp.1059.

式损害公民名誉的规定，但在《民法典》施行之前，尚不存在直接针对性骚扰的民事法律规范，性骚扰纠纷案件若要进入诉讼程序也会将案由调整为"侵权纠纷"。❶而随着人格权立法及司法实践的发展，2018 年 12 月 12 日《最高人民法院关于增加民事案件案由的通知》中，新增"性骚扰损害责任纠纷"为第三级案由；最终，《民法典》在第 1010 条第 1 款对性骚扰的民事救济进行了明确规定："违背他人意愿，以言语、文字、图像、肢体行为等方式对他人实施性骚扰的，受害人有权请求行为人承担民事责任。"立法的完善将有助于受害者更容易通过民事诉讼方式向侵权者索要民事赔偿，司法实践中以性骚扰为案由的民事诉讼案例已经迅速出现。❷与工商业企业相关的是《民法典》的规定中除了追究行为人责任外，还规定了用人单位制止性骚扰的义务，但我们必须注意到用人单位违反制止义务时应当承担何种侵权责任法律又未予明确，或许我们可以结合侵权责任规定进行解释，但可想而知，在未来劳工性骚扰纠纷案件发生时，是否能同时起诉行为人和用人单位，以及用人单位应该如何承担责任，这些势必会成为司法实践需要破解的重要问题。而在立法或司法实践对此予以明确之前，已经具备实体法依据的 ADR 制度或许将在前期发挥更有效的纠纷解决作用。

2. 新型主体提起的劳工权益纠纷

在美国，近年来，消费者提起了一系列主张劳工权益保护的诉讼，可以看作是消费者权益与劳工权益相结合的新型纠纷。

---

❶ 邓克珠，邢晖. 律师解析京城性骚扰第一案：受害者要搜集证据［N］法制日报，2005-09-08.

❷（2018）川 0106 民初 8856 号。

例如，2015 年 9 月 28 日，德纳（Dana）及其他消费者将好时公司（Hershey）起诉至联邦地区法院，称好时在科特迪瓦的供应链上具有严重的雇用童工现象，好时公司未将相关信息及时披露给消费者的行为，违反了消费者保护相关法律。同时，原告宣称若好时公司告知了相关情况，则不会购买相关产品。公司称其并未隐瞒信息或作出错误引导，同时《加州供应链透明法案》（California Transparency in Supply Chains Act）所要求的也仅是公司应当披露自己在供应链端消除奴役等问题方面所作的努力而非所有的事实，法院最终驳回了原告的诉求。❶ 类似的案例还有很多，被起诉的对象大多为行业巨头，如开市客（Costco）❷，雀巢（Nestle）❸ 等。从纠纷解决和权利保护的视角来看，这些案例有两个方面值得我们思考：其一，便是诉讼过程的价值。纵使消费者的诉讼请求均被驳回，但诉讼的提起将这些龙头企业推上风口浪尖，迫使他们向消费者作出及时承诺的同时对供应链迅速开展严查工作，这样的结果也基本达到了消费者提起诉讼的预期。其二，成为起诉对象的是这些行业巨头而非那些直接侵犯劳工权益的公司的原因。不同国家和地域其国内法对劳工权益的法律保护标准不同，诉讼程序的开展和影响也不同，一方面，我们需要承认和尊重第三世界国家所主张的人权文化相对性；另一方面，我们也会期待总部大多位于发达国家的龙头企业相较于供应链末端的企业具有更强的社会责任承担，通过迫使龙头企业作

❶ DANA V. Hershey Company，180 F.Supp.3d 652.
❷ SUD V.Costco Wholesale Corporation，229 F.Supp.3d 1075.
❸ TOMASELLA V. Nestle USA, Inc.，364 F.Supp.3d 26 & Barber v. Nestlé USA, Inc.，154 F. Supp. 3d 954.

出策略及行为上的调整，将更快带动劳工权益保护的实现。

3. 新型消费者权益纠纷

2019 年 7 月 24 日，美国联邦贸易委员会（Federal Trade Commission, FTC）宣布与脸书（现更名为 Meta）达成和解，FTC 终止关于脸书欺骗消费者并获取消费者个人信息的指控，而脸书则需要承担的责任包括支付 50 亿美金罚款，解除首席执行官扎克伯格在隐私方面的最终决定权，通过调整公司治理结构、建立独立隐私委员会等措施进行更严格的隐私防控。❶ 随着现代科技的发展，隐私权和个人信息保护成为消费者最关心的权益之一，由此产生的纠纷也与日俱增。事实上就在脸书与 FTC 和解后不到半年，脸书再次陷入消费者隐私纠纷——人脸识别侵权的集体诉讼，原告称脸书在未经消费者许可时从数百万该州用户照片中获取面部数据用于其照片标签服务，这违反了伊利诺伊州生物特征隐私相关法律。2020 年 1 月 30 日，脸书与消费者以 550 万美元赔偿金达成和解。❷

从纠纷解决的角度来看，脸书天价隐私和解案带来的影响力是极大的，其积极意义在于：第一，通过诉讼方式获得的救济几乎不可能达到 50 亿美金的数额，事实上即使是民事罚款数额极高的环境侵害纠纷以及大规模金融欺诈纠纷大多也在 10 亿美金左右。第二，侵权行为法律规定的基本机能是填补损害，主要目的是让被害人的损害能获得及时填补。❸ 因此在类似的案件中法院大多会采取

❶ https://www.ftc.gov/news-events/press-releases/2019/07/ftc-imposes-5-billion-penalty-sweeping-new-privacy-restrictions.

❷ https://www.reuters.com/article/us-facebook-privacy/facebook-reaches-550-million-settlement-in-facial-recognition-lawsuit-idUSKBN1ZS38Y.

❸ 王泽鉴. 侵权行为法：第一册［M］. 北京：中国政法大学出版社，2001：7-8.

禁止已证实的侵犯隐私的违法行为等停止损害层面的救济，而该案的和解使得 FTC 能监督脸书进行公司治理结构和业务运营层面的重组，这样的方案更有助于从根本上长效解决纠纷并保护消费者隐私权益。第三，FTC 与脸书的和解作为一个标杆，一方面刺激着其他消费者与脸书进行谈判的动力；另一方面也督促着脸书在谈判和解的过程中保持对消费者权益受到的损害进行最大程度救济的意识，第二起消费者与脸书达成的和解便是最好的例证。

四、结论

我们可以直观地发现，工商业与人权案件在纠纷解决过程中所反映的很多现象与一些经验判断是存在差异的，如申诉（信访）其实在特定案例中获得了甚至比诉讼等其他纠纷解决机制更好的纠纷解决效果，如通过谈判达成和解有时却能比诉讼获得高得多的赔偿金额，如败诉的案件却实质上取得了良好的纠纷解决效果等。

综合上述材料，可以总结出工商业与人权问题纠纷解决所呈现的一些经验和结论：第一，纠纷解决机制之间并非相互孤立，而是存在流动性。工商业人权纠纷解决过程中经常出现纠纷解决方式的中途变更，其中可能是由于谈判无果只能对簿公堂，可能是由于新的法律或政策出台涉嫌侵权的企业选择妥协，还可能是由于诉讼的曝光使得企业在利益权衡后选择退步。总之，纠纷解决过程中纠纷当事人会随着双方谈判地位、对纠纷解决成本及结果的判断、立法状况变化、社会环境变化等多重因素作出纠纷解决机制的调整。第二，对话在解决工商业与人权纠纷过程中意义重大。由于企业在与劳工、消费者及其他利益相关者的关系中往往占据资源优势地位，未经筹备的双方谈判成功率是极低的。但是当存在第三方介入时，无论是主动还是被动，企业与利益相关者的沟通都会增加，此时哪怕最终第三方并未实际作出裁判或施加影响力（如提起诉讼后的庭外和解），纠纷解决的可能性也会增加。第三，实体法的缺失或冲突并不会实质上阻碍工商业人权纠纷的当事人将诉讼作为纠纷解决方式的选择，而实体法的完善会提高 ADR 制度在纠纷解决中的有效性。本节多起案例中尽管都存在实体法缺失或冲突的现象，但当事人仍然选择提起诉讼。这些案件进入诉讼程序后，虽然有些诉讼经历了再审等阶段，但最终有大部分案件的判决都指向了非企业方胜诉及弱势方的权利保护。而且，这些具有填补漏洞的功能性的判决很多还促进了后来实体法立法的完善，这反过来也让 ADR 的进行有了更坚实的基础，从而提高了纠纷解决的有效性并实现了权利保护。第四，程序法的缺失或冲突会极大影响诉讼作为纠纷解决方式的有效性，而程序法的完善将会弥补实体法空缺时诉讼的正义性。本文中多起存在程序法缺失或冲突的案例，其中要么当事人选择诉讼转为调解或和解，要么被驳回起诉，甚至有纠纷至今未彻底解决。另外，即使胜诉的首例艾滋病就业歧视案和跨性别歧视案中原告对纠纷解决结果也并不满意，兴安电业局案也是经过了最高人民法院再审才取得形势的扭转。因此相比于实体法的进步，程序法的完善是纠纷解决更关键的要素。同时，我们也看到，只有在有程序法作为保障的基础上，多起实体法存在缺失的案例才能最终实现纠纷的解决与权利的保护。因此，为了更好地应对工商业与人权问题，站在国家的角度应当高度重视程序法的设计和完善；站在纠纷当事人的角度，应当针对程序法的现实状况选择是否采用 ADR 代替诉讼。第五，正如 FTC 与脸书达成天价和解所呈现的意义——在新型工商业与人权纠纷方面，在新的科技发展和社会环境中，在新的公司理念以及社会价值观的背景下，选择 ADR 对于当事人双方而言并非就等同于折中和妥协，实际上，ADR 可能会创造出新的价值。

第三节　多门法院的构造与有效性研究：以司法仲裁程序为切入点[*]

为贯彻"把非诉讼纠纷解决机制挺在前面，构建起分层递进、衔接配套的纠纷解决体系"重要思想，承担起社会治理责任，多元化纠纷解决机制的构建成为我国法院系统的核心工作之一。❷ 从已有实践来看，该项工作的核心与重点放在以人民调解为主的调解领域。

但是，社会纠纷的日益多元化要求纠纷解决方式的多元化发展 ❸，以调解为主的多元化纠纷解决机制或难以满足我国社会纠纷解决需求。我国目前仍然处于社会转型期，民事纠纷的法律关系复杂、专业性较强，在不少当事人看来，人民调解员缺乏系统的法律知识，调解手段单一，未有足够的专业水平来理顺法律关系，直接

　　＊　本节撰稿人：申琛，中国社会科学院大学法学院 2019 级博士研究生。本节内容首次发表于《南海法学》2021 年第 5 期。

　　❷ 最高人民法院于 2019 年 8 月出台《关于建设一站式多元解纷机制、一站式诉讼服务中心的意见》。同年 6 月，院长周强指出，全国各级法院要大力推进多元化纠纷解决机制和现代化诉讼服务体系建设，加快推进社会治理现代化建设。

　　❸ 章武生 . 论我国大调解机制的构建——兼析大调解与 ADR 的关系 [J]. 法商研究，2007（6）.

导致当事人诉诸调解的积极性不高。❶

　　针对复杂且专业性强的民事纠纷，司法仲裁制度综合了裁判和仲裁的第三者居中专业裁判，以及 ADR 程序的便宜、快速、低廉的特征，能够快速处理此类纠纷。该制度起源且仅存在于美国民事司法制度之中，曾经是联邦法院应用最为广泛的司法 ADR。❷ 然而，国内目前对司法仲裁制度的关注并不多，依据主题和关键词在中国知网检索后并未发现相关的公开发表的论文，仅在部分学者的专著中可见到对司法仲裁制度的简明描述 ❸，并无深入介绍和分析。美国作为司法仲裁制度的起源地，已有比较成熟的实践发展和广泛的理论讨论。司法仲裁在美国非诉讼纠纷解决机制中具有独特性，它是美国民事司法领域所特有的司法 ADR 制度，而且该程序在美国施行历史悠久并且得到多个研究机构关注，有较多的系统性的研究报告。❹ 因此，本节拟利用美国现有研究资料对司法仲裁制度进行研究，以期获得对司法仲裁制度更为全面和深入的了解，从而考察制度移植的可行性。

---

❶ 李旭辉，胡小静，谢刚炬．"多元调解＋立案速裁"的紧密型司法 ADR 模式探索——以北京市 22 家中基层法院的改革实践为视角［J］．人民司法（应用），2018（1）．
❷KIM DAYTON.The Myth of Alternative Dispute Resolution in the Federal Courts［J］．Iowa Law Review, 1991（76）：889−958.
❸ 范愉．非诉讼纠纷解决机制研究［M］．北京：中国人民大学出版社，2000：144.
❹ DEBORAH R. Hensler.Court−Ordered Arbitration：An Alternative View［M］．University of Chicago Legal Forum, 1990：399−420.

一、多门法院的理念与司法仲裁制度概述

所谓多门法院（multi-door courthouse），其实是一个形象的比喻，指案件到达法院之后，可以不拘泥于诉讼这一种纠纷解决方式，而是有多种纠纷解决的"门径"可供选择。❶ 这一概念最初由哈佛大学法学院教授弗兰克·桑德尔（Frank Sander）在 1976 年的庞德会议上提出，桑德尔教授提出，未来的法院可以成为一个纠纷解决中心，为法律纠纷的解决提供一系列选择。❷ 多门法院系统的构思基于以下理念：设立在任何特定案件中适用一个或者另一个纠纷解决程序总是有利有弊。❸ 在多门法院制度设想中，这样的中心大厅导向数个不同的房间，这些房间被标示为筛选员、调解、仲裁、事实调查、渎职审查小组、法院、监察员等，纠纷当事人将首先通过筛选员进行登记，然后由筛选员指导当事人进入最适合其案件类型的程序。❹ 美国法官认为这样的制度有诸多优势："通过多门法院，公民将发现更容易获得司法公正。那些被诉讼程序所吓倒的人和那些无力承担或不理解诉讼程序的人可能会发现替代方法更受欢迎。此外，公民还有可能从解纷技术中受益，这些技术使当事人设计自己的协议，并受益于对案件的早期评估和评价、案件处理速

❶AZZATO L. The Multi-Door Courthouse Approach: A Look Across the Threshold [J]. The Suffolk Lawyer, 2006 (12).

❷ART HINSHAW, ANDREA KUPFER SCHNEIDER, SARAH RUDOLPH COLE.Discussions in Dispute Resolution: The Foundational Articles [M].Oxford University Press, 2021.

❸ 斯蒂芬·B.戈尔德堡，等.纠纷解决——谈判、调解和其他机制 [M].蔡彦敏，等译.北京：中国政法大学出版社，2004：7、344.

❹FRANK E. A. SANDER. The Multi-Door Courthouse [J]. Barrister, 1976 (3): 3.

度的加快，以及与诉讼相比更不正式且更容易理解的程序。如果在对抗性程序之外有其他办法，诉讼当事人也许能够以较少的费用、较多的满意和较少的怨恨来解决争端。……对于法院来说，方便和可行的替代办法将意味着减少法官和陪审团审判的数量，减少法院排期日程表的拥挤情况。某些案件将得到更快的处理，使法官有更多的时间专门处理需要他们关注和参与的案件。" ❶

自桑德尔教授提出多门法院的理念后，美国律师协会（ABA）就计划支持相应的项目并在哥伦比亚、图尔萨、休斯顿等地展开试验，之后这一理念更是在欧洲、墨西哥等地得到了讨论和实践。经过几十年的发展，已经形成了一定的模式，司法仲裁作为其中的一个组成部分，在实践中发挥着重要作用。

司法仲裁 ❷ 是一种强制性、非约束性的替代争议解决方式（ADR），当事人必须在寻求法院依法重新审判之前接受仲裁 ❸。司法仲裁的制度化推行最早可追溯到 1952 年，美国宾夕法尼亚州通过修订法案在州内普通法院推行司法仲裁 ❹，随后该制度在美国各州和

---

❶GLADYS KESSLER, LINDA J. FINKELSTEIN. The Evolution of a Multi-Door Courthouse [J]. Catholic University Law Review, 1988（37）.

❷ 司法仲裁，与法院附属仲裁（Court-annexed Arbitration），法院命令仲裁（Court-ordered Arbitration），强制仲裁（Compulsory/Mandatory Arbitration）等在美国早期研究中并不作区分，参见：DEBORAH R. HENSLER, ALBERT J. LIPSON, ELIZABETH S. ROLPH. Judicial Arbitration in California: The First Year [R].The Rand Corporation, 1981: 9. GEORGE K. WALKER. Court-Ordered Arbitration Comes to North Carolina and the Nation [J].Wake Forest Law Review, 1986（21）: 901–956.

❸ PAUL C. WILLIAMS. Court-Annexed Arbitration and Nevada's Unique Penalty Provisions: Introducing an Arbitrator's Findings at a Trial de Novo [J].Nevada Law Journal, 2010（11）: 282–302.

❹ PA. Laws 1951, No.590.

联邦法院得到了推广，并进一步通过联邦或州立法的形式成为美国联邦民事司法系统的组成部分。

司法仲裁制度同样是在美国现代法院改革与替代性纠纷解决运动的背景下产生的。在美国现代法院改革运动影响下，美国司法领域一改 1938 年《联邦民事诉讼规则》的"以案情为导向"的精神，向纠纷解决的非司法化方向发展。美国最高法院首席法官沃伦·伯格（Warren Burger）认为诉讼系统的成本过高和延误，需要采取一些措施，将案件从法院分流出来，减少案件积压，并采取其他更有效的方式来提供司法救助。❶ 由多门法院所带来的观念上的变化源于这样一种观点，即对抗性的争端解决模式可能不适合于解决小额纠纷，调解和仲裁将更好地满足小额索赔诉讼人的需求。❷

通常情况下，施行司法仲裁项目的法院会依据立法或者法院规则，将符合一定条件的民事诉讼案件转入仲裁程序，由一名或三名由当地从业律师担任的仲裁员对案件进行仲裁听证并作出裁决，如果当事人对于裁决不满可在一定期限内申请重新审判，该案件将被当作从未进行过仲裁一样重回诉讼日程表上等待法院审判，否则裁决生效，同审判判决具备同等效力，此外，这类项目中通常会设计一定的抑制申请重新审判的机制，以实现项目的效率目标。

对于司法仲裁制度在美国民事诉讼司法系统之下应当发挥什么样的功能，目前存在三种态度：司法系统补充说、审前管理说和替

---

❶ WARREN E. Burger.Isn't There a Better Way [J].American Bar Association Journal, 1982（68）：274.

❷ WILLIAM DEJONG, GAIL A. Goolkasian, Daniel McGillis.The Use of Mediation and Arbitration in Small Claims Disputes [R].National Institute of Justice，1983：6-9.

代诉讼说。司法系统补充说认为，法院的司法仲裁项目是解决法院能力不足的方法，应且只应是补充司法系统的一种选择，总有纠纷是需要依赖诉讼程序来解决的。❶审前管理说在认同司法仲裁是司法系统的补足的基础上，进一步认为司法仲裁是民事案件审前管理方法的一种❷，是审前会议制度的革新❸或两阶段证据开示机制❹的一种。替代诉讼说认为司法仲裁应当尽量替代诉讼，促进和解或者当事人接受裁决。❺其中，司法系统补充说为美国主流意见。

二、司法仲裁程序的构成及技术考量

司法仲裁程序是美国法院将仲裁程序纳入其 ADR 服务范畴的一种尝试，虽然已经在美国联邦和州层面得到了制度化的发展，但是，不同法院的司法仲裁程序构成和程序技术并不完全相同，其背后各自有其考量依据。

---

❶ JOSEPHINE Y. KING. Arbitration in Philadelphia and Rochester [J].American Bar Association Journal, 1972（58）：712-714.

❷BRANDT R. Stickel.Oregon Court-Annexed Arbitration：Just What the Doctor Ordered [J]. Willamette Law Review, 1985（21）：593-630.

❸CHERYL L. Roberto.Limits of Judicial Authority in Pretrial Settlement under Rule 16 of the Federal Rules of Civil Procedure [J]. Ohio State Journal on Dispute Resolution, 1987（2）：311-332.

❹ROBERT F. Peckham.A Judicial Response to the Cost of Litigation：Case Management, Two-Stage Discovery Planning and Alternative Dispute Resolution [J]. Rutgers Law Review, 1985（37）：253-278.

❺E.ALLAN LIND, JOHN E. Shapard.Evaluation of Court-Annexed Arbitration in Three Federal District Courts [R]. Federal Judicial Center, 1983：23.

（一）参与路径：当事人自愿与法院强制

司法仲裁项目的强制性和非约束性被普遍认为是其区别于传统合意仲裁的根本特征 ❶，然而，美国现行司法仲裁程序既有可能是当事人自愿参与的也可能是被强制参与的。

在强制参与的司法仲裁中，当事人的案件如果符合法定条件（标的物和金额限制），当事人必须接受仲裁，而且在进行仲裁之前，通常禁止其选择司法审判程序。强制被认为有以下优势：减少司法系统的案件积压，当事人如果符合资格条件，就必须进行仲裁；减少司法系统中的诉讼拖延，仲裁程序的分流减少了进入审判程序的案件；仲裁听证会后，不满的争议者可以选择陪审团审判，当事人的诉权并未被剥夺。❷

对于自愿参与的司法仲裁，当事人可以自由选择而非被强制参与。但是，这样的设计被认为规避了实施司法仲裁的目的，积案只能略微减少，诉讼的迟延可能会继续，而且无论自愿参与项目的人有多少，事实和维持司法仲裁的行政费用仍然存在。❸

亚利桑那州的一项问卷调查显示，在有仲裁案件经验的律师中，几乎有 2/3（64%）的律师认为，高级法院应继续强制进行司法仲裁。❹ 但是，在 1997 年举行的国会听证会上，布洛克·霍恩

---

❶AMY J. Schmitz.Nonconsensual + Nonbinding=Nonsensical? Reconsidering Court-Connected Arbitration Programs［J］. Cardozo Journal of Conflict Resolution，2009（10）：587-626.

❷❸JAMES C. Thornton.Court-Annexed Arbitration：Kentucky's Viable Alternative to Litigation［J］. Kentucky Law Journal，1989（177）：881-922.

❹ROSELLE L. WISSLER，BOB DAUBER.Court-Connected Arbitration in the Superior Court of Arizona：A Study of Its Performance and Proposed Rule Changes［J］. Journal of Dispute Resolution，2007（1）：65-100.

比（Brock Hornby）法官指出在 10 个被授权强制仲裁的联邦地区法院中，有 5 个地区法院要么放弃了强制仲裁，要么将其作为一种自愿程序，要么很少适用，而在被授权将案件提交仲裁的地区中，有几个地区法院在当事人同意的情况下也很少适用，因而建议国会不要要求所有联邦地区法院进行强制性仲裁，而是考虑在联邦法院扩大自愿的法院附属仲裁方案或调解方案。❶ 同时，加州的司法仲裁项目在自愿参与的情况下，仍然可以有效缓解法院积案。

事实上，大部分司法仲裁项目中，涉及金额大于需要仲裁的索赔，当事人可以约定同意进入司法仲裁❷，但是难以说司法仲裁项目是排斥当事人自愿参与的。即使部分司法仲裁项目缺乏类似的规定，大部分司法仲裁项目的管辖条件多是基于当事人的索赔金额决定的，这在某种程度上，实际上是由当事人而非法院决定案件是否参与司法仲裁项目的。❸ 这一自愿性特征，在允许当事人自行评估案件争议金额的司法仲裁项目中表现最为显著。

（二）适用条件

如前所述，通常情况下，只有符合某些要求的案件才会移送仲裁。大部分司法仲裁项目采用两个标准来确定是否可以将争议提交仲裁：争议的主题事项，所寻求的补救办法。因为这些限制会影响到仲

---

❶WILLIAM P. LYNCH.Problems with Court-Annexed Mandatory Arbitration: Illustrations from the New Mexico Experience [J] .New Mexico Law Review, 2002 (32): 181-216.

❷GEORGE K. WALKER.Court-Ordered Arbitration Comes to North Carolina and the Nation [J] .Wake Forest Law Review, 1986 (21): 901-956.

❸WILLIAM EDWARDS.No Frills Justice: North Carolina Experiments with Court-Ordered Arbitration [J] .North Carolina Law Review, 1988 (66): 395-420.

裁案件量的规模和复杂程度，以及律师对于司法仲裁项目的反应。❶

1. 案件类型

几乎所有的司法仲裁项目都会将某些类别的案件从其管辖中排除，常见的有以下几种：集体诉讼；衡平法、禁令或宣告性救济的诉求；家庭法问题，如离婚、收养等；遗嘱认证或被继承人遗产的管理；涉及房地产的诉讼。这些案件多被认为是过于复杂不应列入司法仲裁项目管辖之内。❷ 例如，在衡平救济需要赋予仲裁员相应的衡平救济管辖权以及随之而来的必要权利，但是这与司法仲裁的基本目的——为快速解决相对较小、不复杂的索赔提供一个平台——不一致。❸ 也有一些司法仲裁项目则是采取限定特定类型的案件才能进入项目的方式，如内华达州和新泽西州的机动车损害索赔以及越来越多的州的医疗事故索赔。❹

2. 争议金额

大多数司法仲裁项目仅限于低于特定金额的金钱损害诉讼。❺ 研究者认为项目的管辖限额越高，可从审判日程表上分流的案件比

❶GEORGE K. WALKER.Court-Ordered Arbitration Comes to North Carolina and the Nation［J］.Wake Forest Law Review，1986（21）：901-956.

❷RAYMOND J. BRODERICK.Court-Annexed Compulsory Arbitrations Providing Litigants with a Speedier and Less Expensive Alternative to the Traditional Courtroom Trial［J］. Judicature，1991（75）：41-44.

❸CARLTON J. SNOW, ELLIOTT M. Abramson.Alternative to Litigation：Court-Annexed Arbitration［J］.California Western Law Review，1983（20）：43-59.

❹GEORGE K. WALKER.Court-Ordered Arbitration Comes to North Carolina and the Nation［J］.Wake Forest Law Review，1986（21）：901-956.

❺DEBORAH R. HENSLER.What We Know and Don't Know about Court-Administered Arbitration［J］.Judicature，1986（69）：270-278.

例就越大，减少日程表上拥挤情况的可能性就越大。❶ 然而，司法仲裁项目的性质决定其主要针对的是中小额简单案件，如果上限设定过高，占据法院系统的大部分案件都是相对较小的纠纷，也不太可能对法院积案产生重大影响。事实上，在某个范围内，该方案的效率可能会受到影响，因为与成功裁决可能取得的收益相比，上诉的经济风险会下降。❷ 由于面临更多的金钱风险，人们通常更愿意在程序上花钱，如果他们得到不公正的裁决，抑制上诉的措施不太可能阻止他们上诉。❸ 因而，一个适合当地经济生活水平的金额是一个理想的平衡点，它可以确保该计划包含足够的案件，以有效地减少法院的拥挤程度，同时允许由传统的法院系统处理涉及更多资金的案件。❹

不可否认，按争议金额和案件内容来确定仲裁管辖是解决这些争议的一种有效的行政管理方法。但是，由于有些争议符合仲裁的管辖标准，但在其他方面又不适合仲裁，这些争议应该可以不受阻碍地诉诸法院。例如，在涉及重大公共利益和需要考虑公共政策的情况下，仲裁是不合适的。同样，仲裁也不适合解决涉及新的法律

❶AMBERLEE B. CONLEY.You Can Have Your Day in Court-But Not before Your Day in Mandatory Nonbinding Arbitration：Balancing Practicalities of State Arbitration［J］.Iowa Law Review，2018（104）：325-352.

❷BRANDT R. STICKEL.Oregon Court-Annexed Arbitration：Just What the Doctor Ordered［J］.Willamette Law Review，1985（21）：593-630.

❸MAURICE ROSENBERG, MYRA SCHUBIN.Trial by Lawyer：Compulsory Arbitration of Small Claims in Pennsylvania［J］.Harvard Law Review，1961（74）：448-472.

❹AMBERLEE B. CONLEY.You Can Have Your Day in Court-But Not before Your Day in Mandatory Nonbinding Arbitration：Balancing Practicalities of State Arbitration［J］.Iowa Law Review，2018（104）：325-352.

问题的争议，因为在这些争议中，新的法律问题会引起宪法上的分歧。这类纠纷需要进行更深入的司法调查，不应该在提交法院之前就必须通过仲裁来解决。允许这类案件绕过仲裁的方法可能是允许律师申请"特殊情况"，以保证放弃仲裁的要求。❶

（三）仲裁员

根据 2011 年康涅狄格州针对民事仲裁参与者的一项调查来看，仲裁项目的成功在很大程度上取决于仲裁员的有效性（effectiveness）上，因而什么样的人担任仲裁员以及案件如何分配给仲裁员在相当程度上决定了司法仲裁项目的成功与否。

1. 资质

仲裁员在司法仲裁制度中是法院的代理人，他们履行职能的方式，以及支持其咨询判断的思维质量，会对案件的结果产生实际影响。如果他们主持的诉讼程序草率、不尊重他人，就会损害整个司法程序的公信力。❷ 因此，担任仲裁员的人必须具备良好的资质。

如果司法仲裁的目标是近似于司法判决的话，律师才是作出裁决的适当人选。因此，大部分法院的司法仲裁项目要求仲裁员为本地律协的成员，并且具备一定的执业经历，从而来保证其对司法审判具备一定程度的认识。有批评者指出律师仲裁员过度参与所审理的案件，没有能力处理其领域以外的案件，普遍缺乏公共利益意

---

❶ BRANDT R. STICKEL.Oregon Court-Annexed Arbitration：Just What the Doctor Ordered［J］.Willamette Law Review，1985（21）：593-630.

❷WAYNE D. BRAZIL.A Close Look at three Court-Sponsored ADR Programs：Why they Exist，How they Operate，What they Deliver，and Whether they Threaten Important Values［M］.University of Chicago Legal Forum，1990：303-397.

识；❶ 仲裁员身份的临时性，导致潜在利益冲突害怕在角色颠倒时遭到报复；❷ 作出适当裁决需要相应的司法培训。❸ 虽然有些人认为这些缺陷将随着时间的推移而得到纠正，但另一些人则警告说，支付给仲裁员的费用很低，一旦律师协会的热情消失，就会使有技能和有经验的律师望而却步，从而加剧这一问题。❹

　　大多数司法仲裁项目确实没有针对律师的专业领域知识对其可能仲裁的案件进行分配，但是就上述批评来说，亚利桑那州高等法院强制仲裁委员会持不同意见，认为过多的资质要求，如专业领域知识的要求，可能会得不偿失，而且会增加因被认为有偏见而产生冲突或被当事人罢免的仲裁员人数，其试图通过限制仲裁员作出处分性动议的权利、放宽可接受证据的标准等方式进行弥补。❺

　　大部分州的司法仲裁项目中并不包含对仲裁员的培训要求，仅有少部分州要求对仲裁员进行各种形式的培训，如佛罗里达州、乔

❶ANTHONY L. BARTOLINI, ANTHONY L. V. PICCIOTTI.Compulsory Arbitration in Pennsylvania—Its Scope, Effect, Application, and Limitations in Montgomery and Delaware Counties—A Survey and Analysis [R].Villanova Law Review, 1957（2）: 529-560.

❷ELLA GRAUBART, A. LEO LEVIN, EDWARD A. WOOLLEY. Dispatch and Delay: A Field Study of Judicial Administration in Pennsylvania, Philadelphia: Institute of Legal Research [R].Law School, University of Pennsylvania, 1961: 52-59.

❸WILLIAM P.LYNCH.Problems with Court—Annexed Mandatory Arbitration: Illustrations from the New Mexico Experience [J].New Mexico Law Review, 2002（32）: 181-216.

❹ANTHONY L. BARTOLINI, ANTHONY L. V. PICCIOTTI.Compulsory Arbitration in Pennsylvania—Its Scope, Effect, Application, and Limitations in Montgomery and Delaware Counties—A Survey and Analysis [J].Villanova Law Review, 1957（2）: 529-560.

❺ROSELLE L. WISSLER, BOB DAUBER.Court—Connected Arbitration in the Superior Court of Arizona: A Study of Its Performance and Proposed Rule Changes [J].Journal of Dispute Resolution, 2007（1）: 65-100.

治亚州采取了六小时课堂培训的方式，伊利诺伊州则通过视频培训的方式等。❶ 美国学者对于仲裁员是否应当接受培训，也并未达成一致意见。支持者认为，仲裁员的能力、表现和公正性可能是决定司法仲裁项目有效性的关键因素。❷ 因此，仲裁员应接受关于司法仲裁机制的培训，以及关于保护各方权利和程序完整性所需的正当程序保障措施的培训。提高仲裁员的资格，并规定对他们进行初步培训，将有助于确保司法仲裁项目的质量。❸

2. 选定与组成

各司法仲裁项目选择仲裁员的方法大不相同，但是都有一份有资格担任仲裁员的人员名单，都允许当事人选择参与遴选过程，可以共同商定一名仲裁员，也可以从合格仲裁员名单中进行"罢免"。

对于是否应当依据担任仲裁员的从业律师的从业领域和专业知识分配案件这一问题存在着较多分歧。亚利桑那州的一项调查显示，71% 的律师认为应根据案件涉及的主要内容的专业知识来指定仲裁员。❹ 大部分支持者，也从这一角度出发，认为根据仲裁员专业知识来分配仲裁案件，将向参与仲裁的各方提供一种确信，即仲

---

❶THOMAS L. KILBRIDE.Court-Annexed Mandatory Arbitration: Annual Report of the Supreme Court of Illinois General Assembly for State Fiscal Year 2011［R/OL］.https: // courts.illinois.gov/Administrative/Man Arb/2011/Man Arb Rpt11.pdf.

❷WAYNE D. BRAZIL.Continuing the Conversation about the Current Status and the Future of ADR: A View from the Courts［J］.Journal of Dispute Resolution, 2000（1）: 11-40（2000）.

❸AMBERLEE B. CONLEY.You Can Have Your Day in Court-But Not before Your Day in Mandatory Nonbinding Arbitration: Balancing Practicalities of State Arbitration［J］. Iowa Law Review, 2018（104）: 325-352.

❹BOB DAUBER, ROSELLE WISSLER.Lawyers' Views on Mandatory Arbitration［J］. Arizona Attorney, 2005（8）: 32-34.

裁员完全有资格处理该案。但是，特定案件的仲裁员可供选择范围将因此大大缩小，对此亚利桑那州高等法院强制仲裁委员会表示了担忧。

（四）重新审判

重新审判，意味着案件像之前从未被审理过一样得到重新审理。[●] 在司法仲裁的程序背景下，重新审判程序中，案件已被仲裁的事实、仲裁听证的实质内容、仲裁员的决定不能作为证据提供。重新审判是司法仲裁区别于传统仲裁的最根本的程序特征之一，就目前已有的研究来说，对重新审判制度的讨论主要集中在其背后的法律意义、抑制措施等内容，如下所述。

1. 法律意义

重新审判机制的设计与美国司法系统背后的普通法传统、现代法律理念密不可分，围绕陪审团审判权利、正当程序原则、平等保护原则、三权分立中的裁判权的非法代理等问题，不断有诉讼对司法仲裁制度的合宪性、合法性提出挑战，但是重新审判机制的存在确保了诉讼当事人有某种"足够不受限制的机会获得新的审判"[●]，使得这些诉讼大部分以法院判定项目合宪而结案。因此，重新审判机制是司法仲裁程序合法性和合宪性的重要保障。

除此之外，在美国民事诉讼程序当中，"现代上诉权的主要功

[●]DEBORAH R. HENSLER, ALBERT J. LIPSON, ELIZABETH S. Rolph.Judicial Arbitration in California: The First Year［R］.The Rand Corporation, 1981: 9.

[●]CARRIE J. MENKEL MEADOW, LELA PORTER LOVE, ANDREA KUPPER SCHNEIDER, JEAN R. STERNLIGHT. Dispute Resolution: Beyond the Adversarial Model［M］.Aspen Publishing, 2005: 562.

能是防止司法不公"。● 鉴于司法仲裁程序中，仲裁员的专业知识
（针对特定纠纷领域的专业知识）往往不足，而且缺乏对仲裁员的
培训，仲裁员的这些特质与仲裁程序的公正性又悉悉相关，因而司
法仲裁项目必须为当事人提供上诉的机会，从而避免不正义的裁决
被强加在当事人之上。

2. 抑制（disincentive）措施

除了少数的联邦法院的司法仲裁项目，大部分司法仲裁项目中
都设计了一定的抑制上诉的措施，如费用制裁、善意参与、对仲裁
书面调查结果的承认等，其中费用制裁最为常见。主流观点认为，
一个成功的仲裁方案将抑制错误的或不可能改变诉讼结果的上诉，
同时允许当事人在有充分理由时对裁决提出上诉，即满足其效率要
求的同时确保当事人的陪审团审判权利得以保障。

（1）金钱制裁。就美国目前的司法仲裁制度而言，为了抑制当
事人滋扰性质的、无价值的上诉，应用最普遍的抑制措施是金钱制
裁，这一措施同时也是美国司法仲裁项目合宪性诉讼中被讨论最多
的问题之一。金钱制裁需要衡量的关键问题是，可以合法地对由陪
审团审判的上诉权施加多少限制，这种限制必须足以使该程序能够
实现其目的，而不违反国家宪法对陪审团审判的保障。

诉讼中最常见的三种制裁方式为：①上诉人为其上诉支付申请
费；②上诉人支付最初审理该事项的费用；③上诉人支付其对手的
法庭费用。美国的司法仲裁项目多是在败诉制裁的基础上，采取后
两种方式，即仲裁费用的承担和费用转嫁。其中仲裁费用的承担这

●PETER D. MARSHALL.A Comparative Analysis of the Right to Appeal［J］.Duke
J.COMP. & INT'L L., 2011（22）：1-3.

一制裁方式被认为可以在组织轻率的上诉的同时不会不适当地惩罚有真实诉讼理由的当事人，因为当事人在之前程序中所花费的时间和金钱已足够构成和解的压力。❶但是，也有部分研究者认为这样的制裁方式对当事人来说负担过小，不足以抑制上诉，而应要求当事方支付包括律师费在内的全部诉讼费用，并以上诉方未能从上诉中获得实质性利益为条件。❷然而，反对者认为费用转移将司法仲裁的重点从法院附加的和解手段转变为审判的替代手段，无视其旨在于诉讼程序的早期非正式地解决案件这一事实。丽莎·伯恩斯坦（Bernstein）教授认为，费用转嫁并没有增加诉诸司法的机会，事实上可能会减少贫穷和不愿承担风险的当事人诉诸司法的机会，而这些当事人恰恰是此类项目旨在帮助的对象。❸而且，对于法院来说，由于大多数案件在审判前就已和解结案，费用转嫁条款可能无法显著降低进入审判程序的低比例案件。❹对于当事人来说，允许律师费用的追回则可能导致当事人因惧怕仲裁不能结案，在仲裁听证中保留证据或论据以确保赢得诉讼。❺

（2）善意参与。伊利诺伊州和内华达州是为数不多的在司法仲裁项目中采纳善意参与规则的典型代表。就伊利诺伊州经验来看，

❶SHARON A. JENNINGS.Court-Annexed Arbitration and Settlement Pressure：A Push Towards Efficient Dispute Resolution or Second Class Justice［J］.Ohio State Journal on Dispute Resolution，1991（6）：313-332.

❷BRANDT R. STICKEL.Oregon Court-Annexed Arbitration：Just What the Doctor Ordered［J］.Willamette Law Review，1985（21）：593-630.

❸❺LISA BERNSTEIN.Understanding the Limits of Court-Connected ADR：A Critique of Federal Court-Annexed Arbitration Programs［J］.University of Pennsylvania Law Review，1993（141）：2169-2260.

❹LUCY V. KATZ.Compulsory Alternative Dispute Resolution and Voluntarism：Two-Headed Monster or Two Sides of the Coin［J］.Journal of Dispute Resolution,1993(1）：1-56.

自采纳该原则后，出现了大量的附属诉讼，涉及善意参与的评价标准以及对恶意参与的制裁，严重损害了伊利诺伊州司法仲裁项目为当事人提供快速裁决和替代冗长诉讼的主张。❶ 但是，内华达州对进入司法仲裁的案件的高效处置却被认为是可以归功于本州善意参与和抑制措施的。❷

同时，善意参与标准被批评为本质上是模糊不清、难以一致执行。❸ 例如，伊利诺伊州最高法院规则第 91（b）条要求各方当事人以诚意和有意义的方式"参加听证会"。❹ 伊利诺伊州法院对这一规则的解释是：首先，须要参与仲裁听证会❺；其次，当事人须在仲裁听证中达到在进行审判时预期达到的对抗性标准，仅仅盘问证人和提出论据以反驳原告的案件远不足以达到这一标准。❻ 与此同时，内华达州仲裁规则第 22 条要求当事人在"仲裁程序期间"真诚地起诉或辩护。❼ 当事人是否亲自出席仲裁听证会、保险公司是否经常不顾个案的事实和情况而提出重新审理的请求，以及当事人在寻求重新审理后是否改变了诉讼策略或战略，这些都是内华达州

---

❶WILLIAM P. LYNCH.Problems with Court-Annexed Mandatory Arbitration：Illustrations from the New Mexico Experience [J] .New Mexico Law Review, 2002（32）：181-216.

❷L. CHRISTOPHER ROSE.Nevada's Court-Annexed Mandatory Arbitration Program：A Solution to Some of the Causes of Dissatisfaction with the Civil Justice System [J] .Idaho Law Review, 1999（36）：171-198.

❸EDWARD F. SHERMAN.Court-Mandated Alternative Dispute Resolution：What Form of Participation Should Be Required [J] .SMU Law Review, 1993（46）：2079-2112.

❹ ILL.STAT.S.Ct.R.91（b）.

❺WALIKONIS V. HALSOR, 715 N. E. 2d 326, 329（1ll. App. Ct.1999）.

❻HINKLE V. WOMACK, 707 N.E. 2d 705（11 l. App. Ct. 1999）.

❼NEV. STAT. S. CT. ARB. R. 22.

法院在处理当事人是否善意参与的问题时考虑的。❶

　　模糊的善意参与标准促使法院更多关注当事人的主观善意，对仲裁听证进行深入调查，而这需要在审判法庭前进行听证并允许对法庭的决定进行上诉，这与项目的效率目标也严重相背。❷此外，对诉讼当事人自主权的适当尊重要求律师能够选择他们在仲裁听证会上提出的内容，而不必担心他们会因恶意参与而受到制裁，而模糊的善意参与标准则使得诉讼自主权得到了极大的限制。❸因而，有学者建议废除此类规则。❹但是，也有学者认为，通过明确相应的客观标准或可规避相应的不足，如要求当事人在开庭前向对方和仲裁员提交立场文件和其他相关资料，要求各方当事人或其律师出席听证会，并准备就案件中提出的问题表明其立场。❺

　　（3）仲裁员书面调查结果的承认。在联邦以及大部分州法院的司法仲裁项目中，仲裁听证坚持的是无伤害仲裁（no prejudice arbitration）原则，除非在当事人特别要求且愿意承担相应费用情况下，听证会原则上不留取任何记录，同时仲裁员书面调查结果、仲裁庭审记录是不可作为证据进入重新审判程序的，但是内华达州是个例外。内华达州在其1999年的司法仲裁项目改革中，允许仲裁

❶GITTINGS V. HARTZ, 996 P.2d 898（Nev. 2000）.

❷❸EDWARD F. Sherman.Court-Mandated Alternative Dispute Resolution：What Form of Participation Should Be Required［J］.SMU Law Review, 1993（46）：2079-2112.

❹WILLIAM P. Lynch.Problems with Court-Annexed Mandatory Arbitration：Illustrations from the New Mexico Experience［J］.New Mexico Law Review, 2002（32）：181-216.

❺EDWARD F. Sherman.Court-Mandated Alternative Dispute Resolution：What Form of Participation Should Be Required［J］.SMU Law Review, 1993（46）：2079-2112.

员的书面调查结果在重新审判程序中得到承认。❶

　　针对这一制裁，反对者担心如果接受仲裁员的结论，陪审团就会简单地重申仲裁的结果，从而取消了陪审团发现事实的责任，而且仲裁程序的成本会因此得到当事人的重视而升高。一些游说者认为，接受仲裁员的书面结论直接与重新审判的定义相冲突，而且这些结论会不公平地使陪审团对当事人产生偏见。显然内华达州的立法者在考虑这一改革措施时已经预见了可能的违宪挑战，因而规定了强制性的陪审团指令，"禁止仲裁员作证或被传讯，并禁止提供与仲裁有关的任何其他证据"❷，并着重强调"不得因为这些结论是由仲裁员作出的而给予它们不应有的重视，也不得用仲裁员的结论来代替独立判断"❸。内华达州最高法院持类似态度，认为仲裁员的书面结论是"单纯的证据"，陪审团可以接受或拒绝。❹

　　但是，仍有反对者认为，陪审员通常不会过度依赖书面调查结果，导致当事人更可能申请重新审判，承认书面调查结果弊大于利，应当考虑废除这一规定，转而加强善意参与等要求。❺

　　从上述讨论中不难看出，对于司法仲裁项目背后的衡量与考虑离不开效率和公正的平衡，这是司法仲裁制度目标的要求，也是纠纷解决的必然要求。此外，我们也不应忽略，司法仲裁项目中各个机制的设计之间是相互影响的，其中各个节点的契合度会影响司法仲裁项的有效性。例如，在马里科帕县的司法仲裁项目中，仲裁员

---

　　❶❷❸NEV. REV. STAT. §38.259（2）（a）（2009）.

　　❹ZAMORA V. PRICE, 213 P.3d 490, 494（Nev. 2009）.

　　❺PAUL C. WILLIAMS.Court-Annexed Arbitration and Nevada's Unique Penalty Provisions：Introducing an Arbitrator's Findings at a Trial de Novo［J］.Nevada Law Journal, 2010（11）：282-302.

的资质要求不高且缺乏培训，仲裁裁决的质量就无法保证，当事人及其律师对裁决的信任度或可降低，甚至获得不正义裁决的可能性增大，这时如果项目设计中的制裁措施较为严格，当事人上诉的负担过大，可能会被实质剥夺其诉诸于陪审团审判的权利，也就是说项目以牺牲公正的结果而换取了效率。❶

三、司法仲裁项目的有效性评价

对施行司法仲裁项目有效性进行调查和研究，有利于帮助施行司法仲裁项目的法院对本院项目的有效性进行评估，并在此基础上决定是否继续施行，同时，也帮助尚未施行类似项目的法院判断该项目是否有可能解决本院所面临的司法困境，因而此类研究始终是司法仲裁研究领域的重心。

（一）快速解纷

持积极态度的研究者认为司法仲裁之所以可以更加快速，主要有以下几个方面的原因：（1）通过增加可用裁判庭（tribunals）的数量，从而加快对所有索赔的裁决。❷法院根据案件数量的需要设立尽可能多的仲裁法庭，小额诉讼案件审理上的延误可能会被实际消除，将这些小额索赔从初审法院的日程表中删除，法院可以更快

---

❶AMBERLEE B. CONLEY.You Can Have Your Day in Court—But Not before Your Day in Mandatory Nonbinding Arbitration：Balancing Practicalities of State Arbitration［J］.Iowa Law Review，2018（104）：325-352.

❷Compulsory Arbitration to Relieve Trial Calendar Congestion［J］.Stanford Law Review，1956（8）：410-419.

地履行其他司法职能，为更快地裁决较大的索赔铺平道路。对法庭数量的唯一限制似乎是是否有地方可供会议召开，以及当地律师协会成员的人数。（2）司法仲裁的日程安排比诉讼更加紧凑，仲裁听证本身比陪审团审判更加快速。司法仲裁项目省去了对可能的陪审员进行预先审查和向陪审团发出指示所花费的时间。❶（3）仲裁听证和裁决倒逼和解。仲裁听证往往比审判更早安排妥当，因此迫使律师更早地完成其调查和证据开示工作，从而使他们有能力更早地参与有意义的和解谈判。❷而仲裁裁决作为中立第三方提供的案件评估则为仲裁后的和解提供了谈判基础。❸

但是，也有部分学者认为，大多数符合仲裁管辖要求的案件在答辩前后不久就结束了，很少或根本没有使用法院资源，而且是在指定仲裁之前结束的，如果没有仲裁方案，预计会有类似的甚至更大比例的案件在法院介入最少的情况下尽早结案。❹因而，与其说司法仲裁分流了进入诉讼的案件，不如说分流了可能自行和解的案件，"净效果可能是增加法院的拖延和拥挤"。❺

❶Compulsory Arbitration to Relieve Trial Calendar Congestion［J］.Stanford Law Review, 1956（8）：410-419.

❷WAYNE D. Brazil.A Close Look at Three Court-Sponsored ADR Programs: Why They Exist, How They Operate, What They Deliver, and Whether They Threaten Important Values［M］.University of Chicago Legal Forum, 1990：303-397.

❸CHRISTOPHER SIMONI.Court-Annexed Arbitration in Oregon: One Step Forward and Two Steps Back［J］.Willamette Law Review, 1986（22）：237-284.

❹ROSELLE L. WISSLER, BOB DAUBER.Court-Connected Arbitration in the Superior Court of Arizona: A Study of Its Performance and Proposed Rule Changes［J］.Journal of Dispute Resolution, 2007（1）：65-100.

❺ROBERT J. MacCoun.Unintended Consequences of Court Arbitration: A Cautionary Tale From New Jersey［J］.The Justice System Journal, 1991（14）：229-243, 251-256.

（二）经济解纷

司法仲裁项目追求的经济解纷，是同时针对公共领域和私人领域的，希望在节省法院解纷成本的同时，也可以缩减当事人的诉讼开支。❶

对法院来说，与典型的司法法院系统相比，司法仲裁的执行费用较低，因为费用主要包括行政和仲裁费用。由于法院附属仲裁听证会通常在仲裁员办公室举行，因此不需要大量的建筑物资本支出以及高昂的维护费和司法人员管理费用。但是也有研究者认为不应对此持积极态度，大多数需仲裁的案件都是在作出答复之前或之后不久结束的，很少或根本没有使用法院资源。如果没有仲裁方案，预计会有类似的、甚至更大比例的案件在法院参与最少的情况下尽早结案。仅在相对较少的案件中，仲裁项目可能对法院的工作量产生影响，主要是减少了预审资源的使用，而不是审判资源的使用。

对当事人来说，仲裁的非正式性可以减少对证人作证的需要，从而降低证人费用。如果将这些节省的费用转嫁到客户身上，那么按小时雇用律师的一方当事人将支付较低的费用。然而，向律师支付胜诉费用的一方当事人尽管减少了律师和证人的时间，却并不会因此实现费用的节约。❷但是，有研究者指出在司法仲裁分流的案件实质上可能是和解案件的情况下，除非仲裁比和解成本更低，否则不会对当事人整体支出产生节省效果。

---

❶ALLEN E. LIND.Arbitrating High-Stakes Cases: An Evaluation of Court-Annexed Arbitration in a United States District Courts [R].The Rand Corporation, 1991: 37.

❷ELLEN B. MAUGHAN.Compulsory Automobile Arbitration: New Jersey's Road to Reducing Court Congestion, Delay, and Costs [J].Rutgers Law Review, 1985 (37): 401-432.

（三）公正解纷

纠纷解决的公正性同样是能否成功地减少法院的积压案件的关键。如果律师和诉讼当事人认为他们被剥夺了诉诸诉讼的机会，或者司法仲裁裁决的结果并不公正，无疑进入重新审判的概率会大大提升。支持者认为，司法仲裁为中小额民事纠纷诉诸司法系统增加了机会。此外，已有的研究表明，进入司法仲裁的案件，大部分在传统诉讼背景下极有可能通过自行谈判和解来结案，因此，司法仲裁制度为可能和解的案件提供了接受中立第三方评估的机会。❶

同时，部分学者认为，仲裁程序为当事人提供了一个类似审判的机会，通过利用普遍认为公平和令人满意的程序来解决纠纷，在具有为许多诉讼当事人在审判中所重视的相同品质，如公正、尊重、"讲述自己的故事"和有尊严的待遇的情况下，获得基于与争议有关的事实和法律的是非曲直的第三方判决。❷

因此，司法仲裁虽然可能不是高效、快速的，但是第三方审判的公正性可能使得这一弊端微不足道。而已有的实证研究结果同样表明，当事人以及律师对司法仲裁项目的满意度很高，和法庭审判不相上下。❸

---

❶ROSELLE L. WISSLER, BOB DAUBER.Court-Connected Arbitration in the Superior Court of Arizona：A Study of Its Performance and Proposed Rule Changes［J］. Journal of Dispute Resolution，2007（1）：65-100.

❷CRAIG BOERSEMA, ROGER HANSON, SUSAN KEILITZ.State Court-Annexed Arbitration：What Do Attorneys Think［J］.Judicature，1991（75）：28-33.

❸CHRISTOPHER SIMONI, MICHAEL B. WISE, MICHAEL FINIGAN.Litigant and Attorney Attitudes toward Court-Annexed Arbitration：An Empirical Study［J］.Santa Clara Law Review，1988（28）：543-580.

四、结论

司法仲裁经常背负"次等正义"（second-class justice）的批判，戴安娜·伍德（Diane Wood）教授认为司法仲裁存在拖延、程序过于冗长和正式、不效率、不够亲民、证据开始滥用等问题，考虑到司法仲裁所要解决的问题，它最多只是解决该制度中更普遍的弊端的次佳办法，其实际上是分散了民事诉讼制度所需要的更基本改革的注意力。[1] 但是兰德公司对加州司法仲裁项目的研究认为"司法仲裁被普遍看作是最有前景的，可以在缓解积案、加速诉讼的同时维持或提升案件的结果"[2]。罗切斯特司法仲裁项目同样被认为提供了全面和公正的听证会的优势，而且费用往往较低；为诉讼当事人和他们的律师节省了时间，并提供了一个既可理解又舒适的环境。律师的意见、低结算率和低上诉率都倾向于证实，诉讼当事人相信仲裁程序能以公正的方式解决他们的争议。[3] 甚至，司法仲裁制度避免了调审不分离可能导致的偏见，因其仲裁员队伍的构成为来自法庭外的法律从业人员。[4]

施密茨（Schmitz）教授认为政策制定者是在支持仲裁的运动

[1] DIANE P. WOOD.Court-Annexed Arbitration：The Wrong Cure［M］.University of Chicago Legal Forum，1990：421-456.

[2] DEBORAH R. HENSLER，ALBERT J. LIPSON，ELIZABETH S. ROLPH.Judicial Arbitration in California：The First Year［R］.The Rand Corporation，1981：9.

[3] STEVEN WELLER，JOHN C. RUHNKA，JOHN A. MARTIN.The Rochester Answer to Court Backlogs［J］.Judges' Journal，1981（20）：36-56.

[4] CHERYL L. ROBERTO.Limits of Judicial Authority in Pretrial Settlement under Rule16 of the Federal Rules of Civil Procedure［J］.Ohio State Journal on Dispute Resolution，1987（2）：311-332.

中建立了司法仲裁项目，意图获得与合意、约束性仲裁相同的效率效益和程序满意度，但是问题在于正是因为司法仲裁的强制性和非约束性导致其难以达到本身对于效率和正义的需求：强制性导致仲裁本身的合法性遭到了质疑，虽然非约束性允许当事人进行重新审判从而弥补了合意的缺失，但同时阻止了项目效率的实现，而这一负担往往反映在诉讼中更弱势的一方之上。❶ 这一观点与伯恩斯坦（Bernstein）教授的观点都认为司法仲裁项目的效率不足对弱势一方的影响更大。❷

艾西尔（Eisele）法官则强调陪审团审判权利、平等保护和正当程序在美国普通法传统中的重要性，并指出其所在的法院并没有出现诉讼爆炸现象，因而司法仲裁项目施行的司法背景本身就存在疑问。❸ 而布罗德里克（Broderick）法官对其观点进行了反驳，认为司法仲裁是为了保护光耀的司法传统而必须的改变，在其曾经任职的美国宾夕法尼亚州东区地区法院，司法仲裁是被当作快速的民事审判，除了证据规则的放松，仲裁与诉讼审判本质上是一致的。❹

从整体来看，虽然对美国司法仲裁制度的评价褒贬不一，争议

---

❶ AMY J. SCHMITZ.Nonconsensual + Nonbinding = Nonsensical? Reconsidering Court-Connected Arbitration Programs[J].Cardozo Journal of Conflict Resolution,2009（10）：587-626.

❷ LISA BERNSTEIN.Understanding the Limits of Court-Connected ADR：A Critique of Federal Court-Annexed Arbitration Programs［J］.University of Pennsylvania Law Review, 1993（141）：2169-2260.

❸ G. THOMAS EISELE.The Case against Mandatory Court-Annexed ADR Programs[J].Judicature, 1991（75）：34-40.

❹ RAYMOND J. BRODERICK.Court-Annexed Compulsory Arbitration Is Providing Litigants with a Speedier and Less Expensive Alternative to the Traditional Courtroom Trial[J].Judicature, 1991（75）：41-44.

颇多，但是司法仲裁的有效性可能取决于仲裁方案的结构或更大的法院案件管理背景及其运作的法律实践文化 ❶，直接否定这一制度存在的意义过于武断。

在我国加速司法改革、繁简分流、推广非诉讼纠纷解决机制的大背景之下，考虑司法仲裁制度在我国可能的应用具备重要的实践意义和理论意义，通过对司法仲裁项目结构设计中的核心节点背后的意义和综合考虑进行分析，将有利于全面认识司法仲裁制度，而对项目的目标及其效果的评价进行梳理将帮助决策者决定是否采纳以及如何施行该项目，虽然我国的法律传统与美国普通法传统相差甚远，但是保护当事人的诉讼权利、程序正当、平等保护等基本民事诉讼价值已经得到现代法治国家的普遍承认，我国也有相应的规定，因此对该问题的分析对我国具有重要的法律意义。

❶ROSELLE L. WISSLER，BOB DAUBER.Court-Connected Arbitration in the Superior Court of Arizona：A Study of Its Performance and Proposed Rule Changes［J］. Journal of Dispute Resolution，2007（1）：65-100.

第五章
思考与展望：民事诉讼程序繁简分流改革的完善路径 *

从制度设计上看，自 2020 年 1 月启动为期两年的民事诉讼程序繁简分流改革试点，是为民事诉讼法修法而进行的，并且在试点改革尚未结束之时，2021 年 10 月 19 日，民事诉讼法修正草案已提交十三届全国人大常委会进行审议，并于 2021 年 12 月 24 日第十三届全国人民代表大会常务委员会第三十二次会议通过了《全国人民代表大会常务委员会关于修改〈中华人民共和国民事诉讼法〉的决定》，自 2022 年 1 月 1 日起施行。在此意义上，就试点改革的任务本身而言，应当已是功成身退了；但是，总结试点改革过程中所存在的问题，探讨民事诉讼程序繁简分流改革的完善路径，应能对修改后新《民事诉讼法》的实施及未来的修法作业提供有益的经验。

---

* 本章撰稿人：徐卉，中国社会科学院法学研究所研究员。

第一节　试点改革中存在的问题评析

案多人少是中国法院所面临的突出困境，精简与效率是此次繁简分流改革的核心主旨。由于最高人民法院制定的试点改革方案是对现行《民事诉讼法》规定的基本审判组织（合议制）和基本程序（普通程序）进行改革的大动作，不仅大幅扩大小额诉讼程序和简易程序的适用范围，推行普通程序和二审案件的独任审理，而且全面扩大调解协议司法确认的范围，这些作为全新的内容，在试点改革的实践中，作为规则适用的磨合期，普遍暴露出一些具有共性的问题。

一、改革试点方案实施中存在操作规则不明、实践做法不一的问题

在北京法院试点改革期间，繁简分流试点改革作为对现行民事诉讼法的突破，与小额诉讼程序、简易程序、普通程序等相关的法律规定都因试点而停止适用，转为对最高院《实施办法》和北京高院实施方案与细则的适用。然而在对《实施办法》和实施方案的理解与适用上，由于对相关民诉法规定的调整适用幅度很大，而办法与实施方案的制定出台并不能涵盖实践中所遇到的种种问题，因此导致在试点改革过程中，法院在规则的理解和适用上均存在不明确的问题。

关于案件的繁简分流标准问题，从我们的实证调研来看，北京各法院普遍反映繁简分流标准较为抽象，识别标准过于模糊容易造

成案件审理过程中繁简程序频繁转换，降低审判效率。例如，基层人民法院反映法官对小额诉讼的程序标准理解不一，适用率较低；有部分中级人民法院反映对于二审案件，出于司法责任制的考虑，法官亦缺乏主动适用的积极性。关于中级人民法院和专门人民法院受理的调解协议确认案件，是否应组成合议庭审查，如何适用实质审查的标准及审查程序、审查规范，形式审查与实质审查的关系及其适用规则等问题，均缺乏明确的规范。

同时，由于规则不明导致的适用问题在线上诉讼中普遍存在，如部分当事人以在线庭审无法律依据为由恶意拖延诉讼，成为牵制法院主动开展线上庭审的掣肘因素。在线庭审在征得当事人同意方面存在困难，实践中，当事人表示不同意线上开庭，甚至拒绝沟通，导致在线庭审无法正常进行。在线庭审中当事人是否属于庭审中擅自退出难以识别确定，而在当事人发生不明原因退出后，经联系后再次上线的，是否适用"视为中途退庭"的规定，实践中亦难以把握。此外，能否进行线上审理需尊重当事人的选择权，可能导致部分符合线上庭审条件的案件未能及时审理。线上庭审存在缺席审理及按撤诉处理适用情形难以认定的情况。在线质证存在技术性障碍，无法通过线上对证据原件进行质证。对于当事人在同意适用在线诉讼但又不实际参与时，视为其放弃相应诉讼权利的标准亦不明确。

在电子送达的适用中，有法院反映电子文书送达仍然存在公章被盗用、送达日期难确定、泄露当事人隐私等风险。如电子送达裁判文书生效与当事人实际收到查看裁判文书有时无法完全对应，为避免影响当事人相关诉讼权利，需法官额外进行释明甚至二次送达工作，导致司法成本增加、电子送达效用减损。当事人自行打印的法律文书在其他法院或其他单位办理业务时不被接受，80% 的当事人仍然需要邮寄纸质文书，二审法院对于电子送达裁判文书的，仍需要写书面说明。受跨区管辖及案件特点影响，知识产权案件送达工作较难开展，不少被告存在拖延、躲避案件审理情形。部分承办人对电子送达裁判文书的安全性存在顾虑，特别是对当事人通过技术手段篡改文书存在担忧等。这些实际存在的问题都有赖于制定更加明确的规则和提供更为充分的法律依据。

二、小额诉讼和简易程序适用率仍需提高

在试点改革过程中，关于小额诉讼和简易程序的适用率，2021年北京市全市法院院长座谈会上确定了一个工作要求，即"加快简单案件审理进度，确保将简易程序、小额诉讼程序适用率提升到80% 以上，争取达到 85%"。但实际上，在改革进度已经达到 3/4 的时间段，北京法院的小额诉讼程序适用率仍然较低，简易程序的适用率离 85% 的目标定位也还有一定的距离。

造成小额诉讼和简易程序适用率不达标的原因，前述的规则不明仍然是一个重要的问题，特别是小额诉讼程序和简易程序的具体适用标准、适用范围不清，小额诉讼程序再审申请程序的流程不明确等都需要有更加明确的规则。

同时，缺乏相关的配套制度和激励机制，也是造成实践中小额诉讼和简易程序适用率不达标的重要原因。一方面，由于一审、二审法院对小额诉讼程序及独任制适用的条件与排除情况缺乏有效且

统一的认识机制，因而会因一、二审认识差异导致出现程序违法，使一审法官在小额诉讼的适用上存在顾虑。另一方面，由于繁简分流改革的宣传力度不足，关于民事诉讼程序繁简分流改革工作被社会大众知晓的覆盖面相对较小，当事人并不了解关于小额诉讼和简易程序改革，对于改革所带来的程序便利和优势一无所知，大量涉及企业、群众的案件需要在审理过程中由承办法官一一向其解释目前的改革试点要求和相关程序性事宜，甚至连律师群体对试点改革的了解程度也很有限，导致改革的推广效应不足。

三、改革仍呈现追求指标效应的功利化取向

繁简分流改革的牵涉面广，涉及的程序内容繁多且时间紧迫。然而，要在短时间内迅速改变法官长期以来形成的行为模式和惯性绝非易事，如将长期沿用的法庭调查——法庭辩论的庭审阶段划分转变为要素式审理、裁判，将一直以来强调的裁判文书要说理转变为撰写要素式、令状式、表格式裁判文书，这些要求对于法官来说都需要一个理解、磨合与适应的过程，对于诉讼参与人——当事人及律师来说更是如此。然而，试点改革的时间紧任务重，要想在短期内迅速实施改革方案且呈现明显的效果，那么势必只能动用指标考核作为重要的落实手段。为此，北京市高院调整了法院目标责任制考核的重点指标及分值，以图5-1为例，对繁简分流改革及与其相关的指标作了严格要求。

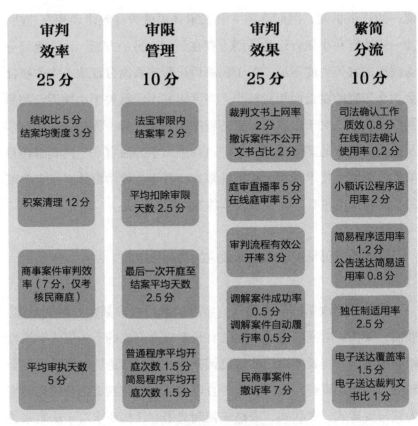

图 5-1 北京某法院目标责任制考核指标

应当说，通过指标考核来落实改革要求是一个有效的"雷霆手段"，借此能够"压实任务倒排工期"按期完成试点改革目标，但是数据上的好看不等于已经改变了制度和程序惯性并且真正获得了改革成效和收益；并且，指标本身就具有古德哈特效应（Goodhart effect），即当一个指标成为用以指引制度或行动的既定目标时，则该指标就会丧失其原本具有的价值而在实际应用中呈现功利化的价值取向。更何况，某些指标的设置与构成还缺乏一定的明确性和科学性，如在数据统计上，2020 年最高人民法院《关于民事诉讼程序繁简分流改革试点数据指标设置及统计口径的说明》未对"基础数据"项下项目予以定义，目前人工统计阶段仍存在认识不统一问题，后期抓取数据的时候也存在可实现性问题。如关于"在线庭审案件数"是否包括庭前会议、组织证据交换、案件调解、谈话询问等问题。这些本身就不够明确的指标来约束、指引试点改革的实践，其适用效果与改革的目标实现之间也必然存在一定的差距。

第二节　完善繁简分流改革的路径与方法

习近平总书记强调："要高度重视改革方案的制定和落实工作，做实做细调查研究、征求意见、评估把关等关键环节，严把改革方案质量关、严把改革督察关，确保改革改有所进、改有所成。"[1] 方法决定成效，行之有效的改革方法论对推进诉讼制度改革具有重要指导作用。为此，必须注重改革的统筹性、协调性、整体性，加强顶层设计与基层探索的有机结合，同时，必须坚持提高效率与维护公平的相互统一、相互促进，"改革既要往有利于增添发展新动力方向前进，也要往有利于维护社会公平正义方向前进"[2]，这是我们进行改革的本质要求和明确方向。

---

[1] 2014 年 9 月 29 日习近平总书记在中央全面深化改革领导小组第五次会议上的讲话。
[2] 2016 年 4 月 18 日习近平总书记在中央全面深化改革领导小组第二十三次会议上的讲话。

一、进一步明确并细化操作规则

如前所述，由于操作规则不明，导致在繁简分流改革试点中各法院的实践做法不一，因此相关规范标准明确化必须作为重要的基础制度建设并给予高度重视，尽管修改后的民事诉讼法已就改革相关内容作了修改，但是从目前的司法实践中看，规则不明仍然是一个现实问题。同时，从试点改革作为修法实证基础的角度来说，在今后的试点改革中，同样需要最高院进一步明确相关改革试点举措的具体规则。

在明确操作规则方面，最高院应更加关注在试点改革实践中细化具体的规则，包括加强沟通反馈等配套机制的建设，及时出台改革试点的最新口径解答，加强对普通程序适用独任制的受案指导，明确基层法院普通程序适用独任制的具体类型，明确审判组织转换的具体规则，统一一审、二审法院对小额诉讼程序及独任制适用的条件与排除情况，避免因一二审认识差异导致程序违法，规范二审独任制适用以及程序转换的标准和流程。统一程序要素式审判工作流程、文书模板，研究出台全国统一的裁判文书样式，包括小额诉讼程序和简易程序要素式审判裁判文书主要内容，制定独任制普通程序案件适用、审判组织转换等的统一文书样式。强化电子诉讼中有关在线质证、证人出庭等方面的技术升级规范，优化目前改革试点数据的统计口径和数据提取机理，进一步明确、统一基础数据采集的标准等。

二、摆脱指标依赖，切实落实以人民群众需求为导向的繁简分流改革

习近平总书记强调，"司法体制改革必须为了人民、依靠人民、造福人民"。[1] 民事诉讼程序繁简分流作为深化司法体制与诉讼制度改革的一个重要组成部分，其根本目标在于"全面提升司法质量、效率和公信力，努力让人民群众在每一个司法案件中感受到公平正义"，坚持把以人民为中心的发展思想贯彻试点改革的全过程，就应摒弃数据式治理方式带来的法院因追求短期绩效而产生功能错位的指标依赖，回归繁简分流改革的"初心"。为此，至少应从以下两方面对试点改革机制予以完善。

第一，应注重通过改革实现民事纠纷解决机制的结构优化。与人们通常适用的民事诉讼中法官—双方当事人的等腰三角形结构一样，民事纠纷解决机制的需求结构如图 5-2 的一个等腰三角形。

信任　　　　　　　　　专业

方便快捷

图 5-2　民事纠纷解决的需求结构

从这个需求结构图来看，目前的诸多繁简分流改革举措着力点主要在作为三角形底边的"方便快捷"上，包括提供各种在线调

[1] 司法体制改革必须为了人民、依靠人民、造福人民 [J].紫光阁，2015（5）.

解、在线诉讼机制、集约送达平台等，对于三角形的另外两边关注的不多。而实际上，要满足人民群众对完善纠纷解决机制的需求，必须聚焦对专业与信任的机制建设上。

从专业化纠纷解决机制的提供来看，目前法院指导下的特邀调解组织和特邀调解员的队伍建设必须大力向专业化方向发展。在这方面，北京互联网法院走在了最前列，其调解员的专业化水平和门槛都较高，这些调解员多作为专业律师、法务，任职于北京版权调解中心或腾讯、美团等大的互联网平台，他们不仅调解经验丰富，而且专业化程度和调解能力都保持在一个非常高的水平上。反观其他法院的特邀调解员队伍，尽管从名册上看起来专业化程度不错，但实际上真正发挥作用的，基本上都是驻院特邀调解员发挥作用更多，非驻院特邀调解员作用发挥不充分，而驻院特邀调解员往往是年龄偏大、专业水平不高但是调解经验丰富。在计件式量化指标和津贴激励机制下，他们的工作模式就是走量，追求在最短的工作时间里处理更多的调解案件，其结果是，调解在质量上并未能满足当事人对于纠纷解决的需求，而且通过这种方式分流到后端用于"精审"的案件其实仍有相当的本可在前端调解解决的空间，并未真正实现分流的目标。

另外，从信任机制的提供来看，大量通过驻院特邀调解员在前端发挥作用，在实践中带来的结果就是当事人对调解员的不信任。在司法确认上，有法院反映部分当事人对委派调解组织及调解员表示质疑，希望由法官直接承办案件，出具裁判文书。扩大调解协议司法确认的改革要真正发挥繁简分流的作用，必须更多地关注信任机制的建设。

第二，实质性地改变法院本位主义的改革观，在民事诉讼中切实引入当事人程序主体性原则。

当事人作为诉讼程序的主体，现代民事诉讼制度要求高度尊重当事人的程序主体地位。当事人程序主体性原则是指，"宪法在承认国民主体之同时，亦保障国民有自由权、诉讼权、财产权及生存权。依据此等基本权之保障规定，在一定范围内、应肯定国民之法主体性，并应对于当事人及程序之利害关系人赋予主体权（程序主体地位）。此即所谓程序主体性原则，乃立法者从事立法活动、法官运用现行法，及程序关系人（含诉讼当事人）为程序上行为时，均须遵循之指导原理。在适用此项原理之程序上，其程序之当事人及利害关系人，不应沦为法院审理活动所支配之客体"❶。

依据民事诉讼当事人程序主体性原则，当事人应当负责任地进行诉讼，此谓当事人的自我责任制度，即要求民事诉讼当事人，应对其诉讼行为所产生的法律后果承担相应的责任，这些行为既包括积极行为，也包括消极行为，自我责任主要通过为当事人设定行为负担而具体化。民事诉讼正是通过当事人自我责任机制的运行，从而促进当事人积极、及时推进诉讼，并遵循民事诉讼诚实信用原则。当事人程序主体性与当事人的自我责任实则是一体之两面，现代民事诉讼制度在充分保障当事人程序主体性的同时，必然要求贯彻当事人的自我责任制度。❷

在目前法院主导的繁简分流试点改革过程中，法院强调的是

---

❶ 邱联恭.程序选择权之法理［M］//民事诉讼法之研讨（四）.台北：台北三民书局，1993：580.

❷ 李浩.民事诉讼当事人的自我责任［J］.法学研究，2010（3）.

"把困难留给自己，把方便留给群众"的理念，为减轻当事人的讼累，法院从各个方面下大力气作了很多拓展司法便民利民的举措，这些改进努力都值得高度赞许。但是，在整个试点改革过程中，关注的主要是"如何让法院公正而有效率地审理案件"，在这种以法院为本位的改革观指导下，"当事人始终是处于协助法官'公正审理'的附属地位"●，而从根本上忽略了当事人在民事诉讼中的主体地位。

诚然，这种法院本位主义的改革观的确具有鲜明的"司法为民"的导向，并且也具有相当的诱惑力，"对人民法院而言，可以维系甚至强化其在诉讼中的家长式权威"●，但是这种司法公正观只能适用于诉讼案件量不大、纠纷简单、正义显明的社会环境中，无法适用于今天这种诉讼爆炸、案多人少、各种复杂利益纷争的司法和社会环境下。就现代程序制度而言，民事诉讼中的当事人主义强调意味着当事人在诉讼程序中居于主导地位，当事人是程序的主体并且也承担相应的诉讼成本及败诉风险，即当事人自我负责，而法官只是一个被动、中立的裁判者。通过当事人诉权的行使制约且划定了法官行使审判权的范围，且因内化当事人的诉讼风险而使得审判获得了很大程度上的正当性，这才是现代意义上的民事诉讼而不是为民做主式的古代青天的裁判。

改革到了今天，当我们已经构建起现代程序制度的基本框架，在面对越来越纷繁复杂的利益纠纷时，如果仍然在诉讼制度改革中单方面地强调法院的种种努力，不落实当事人的程序主体性这一现

●❷ 汤维建，陈巍.司法改革应当以人为本——以民事诉讼为中心而展开的论述[J].中国司法，2007（2）.

代程序制度的核心原则，不确立当事人在诉讼中的主体地位，不给予其足够的权力意志空间并使之承担相应的责任和风险，就永远不能真正实现司法改革"让人民群众在每一个案件中都感受到公平正义"的目标。

三、深化科技赋能司法，全面改善非诉讼纠纷解决的生态机制

在繁简分流试点改革过程中，"互联网＋司法"的运用对于提高效率和降低成本发挥了很大作用，但从技术创新的能力和潜力的角度看，仍应有更大的发展空间。

在技术的使用上，目前应用最多的在线调解、在线诉讼提供的便捷主要体现在克服时间、空间上的限制，即在效率和案件管理方面的提升，如果从技术的运用程度看，还远未达到通过技术赋能带来可观的收益。

关于在线调解所带来的便利与快捷，已经有很多的体验与论述，这些是在线非诉纠纷解决机制的优势。但是，从规则设计和制度安排上来看，在繁简分流的试点改革中，我们还有必要在不作优劣判断的前提下，客观地看待和分析在线调解与传统纠纷解决机制的不同，在真正明晰其应用场景的基础上，明确在线调解协议确认程序的价值与功能定位，这样才可能最大限度地发挥其效能，而不只是为了追求一个在线调解协议确认率的数字。

实际上，与传统的非诉纠纷解决机制相比，在线调解明显具有三个不同的特征：第一，缺乏面对面的互动机制；第二，系统能够自动记录全部纠纷解决过程；第三，可以依靠智能系统帮助解决。

这三个显著的区别，可以说既是缺点也是优点。第一，缺乏面对面的交流降低了沟通的丰富性，但方便了那些希望采用异步沟通的人群，因为他们更看重在答复之前预留时间进行咨询或研究；第二，采用过程式的记录形式与采用私下对话形式相比，在沟通的质量方面属于好坏参半，好的方面在于有据可查，坏的方面在于无法做到传统的面对面调解可能达到的推心置腹的坦诚程度；第三，智能系统要真正发挥智能作用，需要有配套的及时反馈、深度学习和运维机制，而这些都是要花费大量的人力和资源投入的。

从机器学习和应用的角度说，在线调解最适合的是通过系统短时间内处理大量的小额批量纠纷。针对这类纠纷，其实不应再模仿依靠调解员等中立第三人主持的线下程序，而是主要依靠系统技术辅助解决纠纷，用软件取代调解员的调解程序。国外已有这样成熟的运用实例，例如，Square Trade 将调解过程拆解成若干操作步骤，利用技术辅助谈判模式，承担并执行调解员的众多职责，而且很容易就可以快速解决大量的纠纷。这些操作程序步骤包括：①确定纠纷类型；②当事人陈述请求；③询问双方立场；④重建各方需求；⑤提供解决方案的建议；⑥允许调整解决方案；⑦建立纠纷解决时间轴；⑧保持及时沟通；⑨将纠纷分解为若干问题；⑩找到解决问题的方法；⑪起草协议。这种从各方当事人提取、解析和处理信息的方式，使 Square Trade 创建了一个基于互联网的纠纷解决系统，每年处理数百万件纠纷。❶

实际上，在"互联网 + 司法"的时代，互联网不应仅作为工

---

❶ 伊森·凯什，奥娜·拉比诺维奇·艾尼. 数字正义：当纠纷解决遇见互联网科技[M]. 赵蕾，赵精武，曹建峰，译. 北京：法律出版社，2019：46-47.

具意义起到提升效率的作用，在线非诉讼纠纷解决系统更为重要的是，其生成的数据能够反映纠纷的核心事实与法律争议，在促成当事人达成协议方面起到调解员所不具备的令人信服的说服能力及对未来纠纷的预防作用。预防需要理解行为和实践模式，而这些只有通过数据路径才能发现。因此，通过技术赋能民事诉讼程序繁简分流改革，需要开发运用技术以提供更多的信息和新工具，解决传统的非诉讼纠纷解决程序中存在着信息交换无效、低效以及信任度不足的问题，而不只是把线下的调解程序、诉讼程序搬到线上那么简单，这需要对技术和现行的诉非机制有更为深刻的理解与制度设计、安排。

在线沟通与在线调解、调解协议确认程序、在线诉讼的结合，不仅可以提高效率还能保证公平，通过交互性的提高、协作性的增强，培育程序性的信任，提高纠纷解决的一致性和过程的透明度，在线诉非机制应改变既有的权力关系和行为范式，创造一个全新参与方、全新互动模式及全新的相互关系的诉讼生态，促进程序正义和实体正义的双重实现。只有这样，才能真正实现繁简分流改革所要达到的目标。

参考文献

一、中文著作与论文

[1] 范愉. 非诉讼纠纷解决机制研究 [M]. 北京：中国人民大学出版社，2000.

[2] 章武生. 民事简易程序研究 [M]. 北京：中国人民大学出版社，2002.

[3] 徐昕. 英国民事诉讼与民事司法改革 [M]. 北京：中国政法大学出版社，2002.

[4] 范愉. 诉讼纠纷解决的理论与实践 [M]. 北京：清华大学出版社，2007.

[5] 范愉，史长青，邱星美. 调解制度与调解人行为规范——比较与借鉴 [M]. 北京：清华大学出版社，2010.

[6] 顾培东. 社会冲突与诉讼机制：修订版 [M]. 北京：法律出版社，2004.

[7] 何兵. 现代社会的纠纷解决 [M]. 北京：法律出版社，2003.

[8] 季卫东. 法治秩序的建构 [M]. 北京：中国政法大学出版社，1999.

[9] 刘荣军. 程序保障的理论视角 [M]. 北京：法律出版社，1999.

[10] 田成有. 乡土社会中的民间法 [M]. 北京：法律出版社，2005.

[11] 齐树洁. 英国民事司法改革 [M]. 北京：北京大学出版社，2004.

[12] 强世功. 调解、法制与现代性：中国调解制度研究 [M]. 北京：中国法制出版社，2001.

[13] 冉井富. 当代中国民事诉讼率变迁研究——一个比较法社会学的视角 [M]. 北京：中国人民大学出版社，2005.

[14] 苏力. 送法下乡——中国基层司法制度研究 [M]. 北京：中国政法大学出版社，2000.

[15] 苏亦工. 中法西用——中国传统法律及习惯在香港 [M]. 北京：社会科学文献出版社，2002.

[16] 徐昕. 论私力救济 [M]. 北京：中国政法大学出版社，2005.

[17] 傅郁林. 民事司法制度的功能与结构 [M]. 北京：北京大学出版社，2006.

[18] 许士宦. 民事诉讼法 [M]. 台北：新学林出版股份有限公司，2008.

[19] 王亚新. 对抗与判定——日本民事诉讼的基本结构 [M]. 北京：清华大学出版社，2010.

[20] 孙汉琦. 韩国民事诉讼法导论 [M]. 陈刚，译. 北京：中国法制出版社，2010.

[21] 徐卉. 民事诉讼法学的新发展 [M]. 北京：中国社会科学出版社，2015.

[22] 傅郁林，兰姆寇·凡瑞. 中欧民事审判管理比较研究 [M]. 北京：法律出版社，2015.

[23] 王亚新. 民事诉讼与法律服务 [M]. 北京：法律出版社，2015.

[24] 齐树洁. 外国调解制度 [M]. 厦门：厦门大学出版社，2018.

[25] 李林，徐卉. 司法改革的上海经验 [M]. 北京：社会科学文献出版社，2019.

[26] 最高人民法院司法改革领导小组办公室. 民事诉讼程序繁简分流改革试点工作读本 [C]. 北京：人民法院出版社，2021.

[27] 范愉. 小额诉讼程序研究 [J]. 中国社会科学，2001（3）.

[28] 章武生. 司法 ADR 之研究 [J]. 法学评论，2003（2）.

[29] 吴英姿. 法院调解的"复兴"与未来 [J]. 法制与社会发展，2007（3）.

[30] 张华，赵可. 人民法院诉前调解制度的初步建构司法 ADR 模式诉前调解制度合理性、可操作性探究 [J]. 法律适用，2007（11）.

[31] 吴英姿. "大调解"的功能及其限度 纠纷解决的制度供给与社会自治 [J]. 中外法学，2008（2）.

[32] 范愉. 从诉讼调解到"消失中的审判"[J]. 法制与社会发展，2008（5）.

[33] 吴泽勇. 群体性纠纷的构成与法院司法政策的选择 [J]. 法律科学（西北政法大学学报），2008（5）.

[34] 肖建国. 司法 ADR 建构中的委托调解制度研究——以中国法院的

当代实践为中心 [J]．法学评论，2009（3）．

[35] 范愉．诉讼调解：审判经验与法学原理 [J]．中国法学，2009（6）．

[36] 苏力．关于能动司法与大调解 [J]．中国法学，2010（1）．

[37] 赵旭东．民事诉讼第一审的功能审视与价值体现 [J]．中国法学，2011（3）．

[38] 范愉．司法资源供求失衡的悖论与对策 以小额诉讼为切入点 [J]．法律适用，2011（3）．

[39] 王亚新．民事诉讼法修改中的程序分化 [J]．中国法学，2011（4）．

[40] 傅郁林．小额诉讼与程序分类 [J]．清华法学，2011（3）．

[41] 张嘉军．民事诉讼调解结案率实证研究 [J]．法学研究，2012（1）．

[42] 李浩．论小额诉讼立法应当缓行——兼评《民事诉讼法修正案（草案）》第 35 条 [J]．清华法学，2012（2）．

[43] 吴英姿．"调解优先"：改革范式与法律解读以 O 市法院改革为样本 [J]．中外法学，2013（3）．

[44] 李浩．先行调解制度研究 [J]．江海学刊，2013（3）．

[45] 熊跃敏．消费者群体性损害赔偿诉讼的类型化分析 [J]．中国法学，2014（1）．

[46] 周翠．德国司法的电子应用方式改革 [J]．环球法律评论，2016（1）．

[47] 王福华．电子诉讼制度构建的法律基础 [J]．法学研究，2016（6）．

[48] 胡仕浩，刘树德，罗灿.《关于进一步推进案件繁简分流优化司法资源配置的若干意见》的理解与适用 [J]. 人民司法（应用），2016（28）.

[49] 周翠. 中国民事电子诉讼年度观察报告（2016）[J]. 当代法学，2017（4）.

[50] 周翠. 我国民事司法多元化改革的现状与未来 [J]. 中国法学，2018（1）.

[51] 左卫民."诉讼爆炸"的中国应对：基于 W 区法院近三十年审判实践的实证分析 [J]. 中国法学，2018（4）.

[52] 刘加良. 小额诉讼程序适用的改进逻辑 [J]. 法学论坛，2020（1）.

[53] 张卫平. 民法典的实施与民事诉讼法的协调和对接 [J]. 中外法学，2020（4）.

[54] 左卫民. 通过诉前调解控制"诉讼爆炸"——区域经验的实证研究 [J]. 清华法学，2020（4）.

[55] 左卫民. 中国在线诉讼：实证研究与发展展望 [J]. 比较法研究，2020（4）.

[56] 张夔，程财. 从粗放到精细：繁简分流系统化模式之构建 [J]. 法律适用，2020（9）.

[57] 王韶华，李军波. 繁简分流改革背景下的民事诉讼程序设置研究 [J]. 中国应用法学，2021（4）.

[58] 刘敏. 论优化司法确认程序 [J]. 当代法学，2021（4）.

[59] 周翠. 德国在线庭审的现状与前景 [J]. 人民司法，2021（25）.

[60] 左卫民. AI 法官的时代会到来吗——基于中外司法人工智能的对

比与展望［J］．政法论坛，2021（5）.

［61］左卫民．后疫情时代的在线诉讼：路向何方［J］．现代法学，2021（6）.

［62］左卫民，靳栋．民事简易程序改革实证研究［J］．中国法律评论，2022（2）.

［63］纪格非．民事程序类型化的基础与逻辑［J］．社会科学辑刊，2022（3）.

二、中文译著

［1］诺内特，塞尔兹尼克．转变中的法律与社会［M］．张志铭，译．北京：中国政法大学出版社，1994.

［2］小岛武司．司法制度的历史与未来［M］．汪祖兴，译．北京：法律出版社，2000.

［3］莫诺·卡佩莱蒂．当事人基本程序保障权与未来的民事诉讼［M］．徐昕，译．北京：法律出版社，2000.

［4］布莱克．法律的运作行为［M］．唐越，苏力，译．北京：中国政法大学出版社，2004.

［5］史蒂文·苏本，玛格瑞特（绮剑）·伍．美国民事诉讼的真谛——从历史、文化、实务的视角［M］．蔡彦敏，徐卉，译．北京：法律出版社，2002.

［6］高桥宏志．民事诉讼法：制度与理论的深层分析［M］．林剑锋，译．北京：法律出版社，2003.

［7］高见泽磨．现代中国的纠纷与法［M］．何勤华，李秀清，曲阳，

译．北京：法律出版社，2003.

[8] 棚濑孝熊．纠纷的解决与审判制度 [M]．王亚新，译．北京：中国政法大学出版社，2004.

[9] 染野义信．转变时期的民事裁判制度 [M]．林剑锋，译．北京：中国政法大学出版社，2004.

[10] 戈尔德堡，等．纠纷解决——谈判、调解和其他机制 [M]．蔡彦敏，等译．北京：中国政法大学出版社，2004.

[11] 克里斯托弗·沃尔夫．司法能动主义 [M]．黄金荣，译．北京：中国政法大学出版社，2004.

[12] 莫诺·卡佩莱蒂．比较法视野中的司法程序 [M]．徐昕，王奕，译．北京：清华大学出版社，2005.

[13] 阿德里安·A.S. 朱克曼．危机中的民事司法 [M]．傅郁林，等译．北京：中国政法大学出版社，2005.

[14] 田中英夫，竹内昭夫．私人在法实现中的作用 [M]．李薇，译．北京：法律出版社，2006.

[15] 萨利·安格尔·梅丽．诉讼的话语——生活在美国社会底层人的法律意识 [M]．郭星华，王晓蓓，王平，译．北京：北京大学出版社，2007.

[16] 兰布克，法布瑞．法院案件管辖与案件分配：奥英意荷挪葡加七国的比较 [M]．范明志，张传毅，曲国建，译．北京：法律出版社，2007.

[17] 尼克拉斯·卢曼．法社会学 [M]．宾凯，赵春燕，译．上海：世纪出版集团，2013.

[18] 田中成明．现代社会与审判：民事诉讼的地位和作用 [M]．郝

振江, 译. 北京: 北京大学出版社, 2016.

[19] 彼得·吉勒斯. 德国司法危机与改革——中德司法改革比较与相互启示 [M]. 彭海青, 吕泽华, 译. 北京: 法律出版社, 2018.

[20] 瑞恩·卡洛, 迈克尔·弗兰金, 伊恩·克尔. 人工智能与法律的对话 [M]. 陈吉栋, 董慧敏, 杭颖颖, 译. 上海: 上海人民出版社, 2018.

[21] 伊森·凯什, 奥娜·拉比诺维奇·艾尼. 数字正义: 当纠纷解决遇见互联网科技 [M]. 赵蕾, 赵精武, 曹建峰, 译. 北京: 法律出版社, 2019.

[22] 福田雅树, 林秀弥, 成原慧. AI 联结的社会: 人工智能网络化时代的伦理与法律 [M]. 宋爱, 译. 北京: 社会科学文献出版社, 2020.

[23] 理查德·萨斯坎德. 线上法院与未来司法 [M]. 何广越, 译. 北京: 北京大学出版社, 2021.

三、外文著作与论文

[1] CAPPELLETTI, GARTH. Access to Justice: A World Survey [M]. Netherlands: Giuffre Editore, 1978.

[2] CAPPELLETTI, GARTH. Access to Justice: Emerging Issues Perspectives [M]. Netherlands: Giuffre Editore, 1978.

[3] ELLICKSON R. Order without Law [M]. Cambridge: Harvard University Press, 1994.

[4] GOLDSMITH, WU. Who Controls the Internet?: Illusions of a

Borderless World [M] . New York: Oxford University Press, 2008.

[5] HORNLE J. Cross-Border Internet Dispute Resolutions [M] . London: Cambridge University Press, 2009.

[6] HODGES, BENOHR, CREUTZFELDT-BANDA. Consumer ADR in Europe [M] . Oxford: Hart Publishing, 2012.

[7] GARDNER, DAVIS. The App Generation [M] . New Haven: Yale University Press, 2013.

[8] CARNEIRO, NOVAIS, NEVES. Conflict Resolution and Its Contexts [M] . New York: Springer, 2014.

[9] GREENSTEIN S. How the Internet Became Commercial: Innovation, Privatization, and the Birth of a New Network [M] . Princeton: Princeton University Press, 2016.

[10] KRAMER, BIARD. New Pathways to Civil Justice in Europe: Challenges of Access to Justice [M] . Springer, 2021.

[11] DIMITROPOULOS, BREKOULAKIS. International Commercial Courts: The Future of Transnational Adjudication—An Introduction [M] . London: Cambridge University Press, 2022.

[12] GALANTER M. Justice in Many Rooms: Courts, Private Ordering and Indigenous Law [J] . The Journal of Legal Pluralism and Unofficial Law, 1981, 13 (19): 1-47.

[13] FISS O.M. Against Settlement [J]. Yale Law Journal, 1984, 93(6): 1073-1092.

[14] FRIEDMAN L. Access to Justice: Some Historical Comments [J] . Fordham Urban Law Journal, 2010, 37 (1): 3-15.

[15] GALANTER M. Access to Justice in a World of Expanding Social Capability [J] . Fordham Urban Law Journal, 2010, 37 (1): 115-128.

[16] GHOSHRAY S. Employer Surveillance Versus Employee Privacy: The New Reality of Social Media and Workplace Privacy [J] . Northern Kentucky Law Review, 2013, 40 (3): 593-626.

[17] GRIMMELMANN J. The Virtues of Moderation [J] . Yale Journal of Law and Technology, 2015, 17 (8): 42-109.

[18] HIRSCH J. Worker Collective Action in the Digital Age [J] . West Virginia Law Review, 2015, 117 (3): 921-959.

[19] KATSH, RULE. What We Know and Need to Know about Online Dispute Resolution [J] . South Carolina Law Review, 2016, 67 (2): 329-344.

后　记

本书是北京市法学会2020年重点课题"民事诉讼程序繁简分流"（立项编号：BLS（2020）A005）的研究成果之一。

根据北京市法学会对重点课题的管理安排，本课题由我担任主持人，由北京市法学会专职副会长兼秘书长雷建权担任课题负责人。在整个课题的研究实施过程中，雷建权副会长高度重视、悉心组织，在课题的架构组织、成果展示、进度把握、规范运行等多方面都提供了重要的指导，并对课题成果的形成，调研等工作的顺利推进提供了全方位的支持与帮助。在此，向雷建权副会长表示最诚挚的感谢，并向北京市法学会办公室副主任王森、北京市法学会研究部干部肖然对本课题的大力支持一并表示谢忱。

本书的写作得益于许多师友的关怀和帮助，值此课题成果出版之际，除了向中国社会科学院法学研究所诉讼法研究室的同事以外，还要向过去一同参与研究的北京市高级人民法院、北京市委党校、北京市企业法治与发展研究会等单位的课题组成员表示由衷的敬意和谢意。特别感谢知识产权出版社龚卫编辑，是她认真、细致的工作，使本书最终得以顺利付梓。同时，真诚欢迎读者对本书中的谬误提出卓有见识的批判和建议。

徐　卉

2022 年夏于北京